MÚSICA CHAMA

FAPERJ
Fundação Carlos Chagas Filho de Amparo
à Pesquisa do Estado do Rio de Janeiro

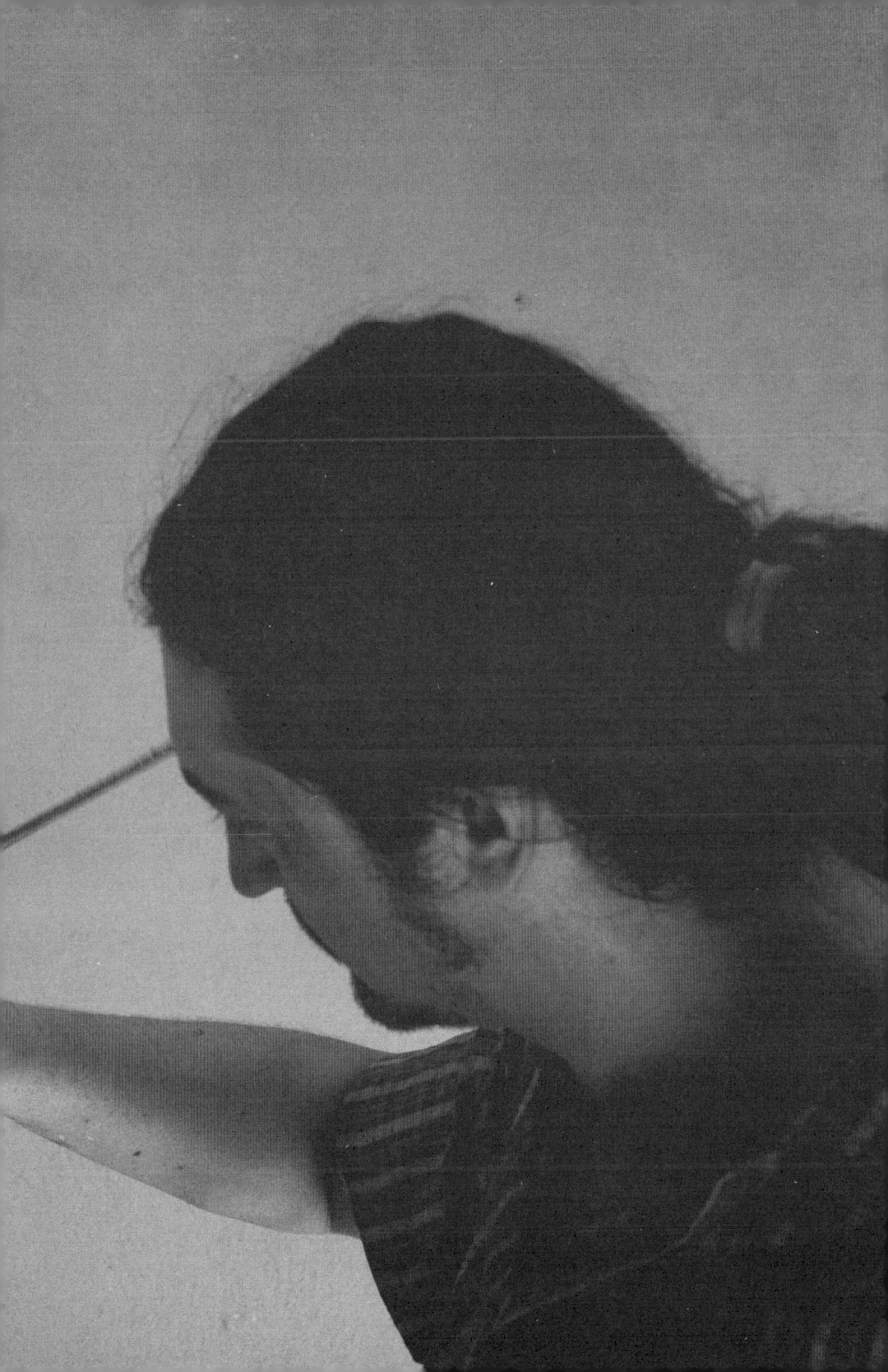

COPYRIGHT © 2016 Pedro Sá Moraes e Eduardo Guerreiro B. Losso

COORDENAÇÃO EDITORIAL Renato Rezende
CAPA E PROJETO GRÁFICO Rafael Bucker e Luisa Primo
DIAGRAMAÇÃO Luisa Primo
REVISÃO Leandro Salgueirinho

CAPA
Da esquerda para a direita, na fileira de trás estão Cezar Altai, Renato Frazão, Thiago Thiago de Melo e Ivo Senra. Na fileira de baixo, Fernando Vilela, Thiago Amud, Sergio Krakowski e Pedro Sá Moraes. Foto de Tomás Rangel.

NAS PÁGINAS ANTERIORES
O início do trabalho de Cezar Altai como diretor visual de projetos artísticos dos músicos que viriam a formar o Coletivo Chama se deu em 2008, quando criou, para Pedro Sá Moraes, a arte da capa de seu CD de estreia, *Claroescuro*, e dirigiu o videoclipe da canção "Incomunicável". Foto de Larissa Lax.

AO LADO E NAS PRÓXIMAS PÁGINAS
Em novembro de 2015, o Coletivo Chama foi convidado a realizar, em homenagem aos 70 anos de falecimento de Mário de Andrade, o concerto de encerramento da Bienal de Música Contemporânea – desde 1975, a mais importante vitrine dos compositores eruditos brasileiros contemporâneos. O concerto aconteceu na Sala Cecília Meireles. O convite foi motivado pelo fato do Coletivo circular, como propunha Mário, num campo de inspiração e tensionamento constantes entre o popular e o erudito. Na foto ao lado, Fernando Vilela canta "Toada pra Você", parceria de Mário e Lorenzo Fernandes. A próxima página retrata a cena de abertura do concerto, com Pedro Sá Moraes, Thiago Thiago de Melo, Fernando Vilela, Renato Frazão e Thiago Amud acompanhando uma vinheta da canção "Viola Quebrada", de Mário, harmonizada por Villa-Lobos. A foto é de Janine Moraes / MinC.

PÁGINAS SEGUINTES
A foto em tripla exposição de Victor Naine (I Hate Flash) capta o pandeirista, compositor e produtor musical Sergio Krakowski em cena no festival RC4 – uma mostra de música erudita e experimental contemporânea – que aconteceu no Oi Futuro, no dia 29 de janeiro de 2016. Sergio hoje vive em Nova York, onde se dedica a desenvolver uma linguagem musical em que o mais brasileiro dos instrumentos interage com a vanguarda internacional da eletrônica e do jazz. Foto de Victor Naine (I Hate Flash).

NAS PÁGINAS DE SUMÁRIO
Cezar Altai dirigiu visualmente e criou uma série de imagens-conceito que se desdobrariam na arte visual do primeiro CD de Thiago Amud, *Sacradança*. A esta composição, fotografada por Felp Scott, deu o nome de "Pesadelo Iluminura".

Renato Frazão e Thiago Thiago de Melo lideraram durante sete anos o grupo Escambo (no momento em hiato voluntário). Esta foto foi tirada por Pedro Sá Moraes no Teatro da Caixa de Curitiba, em agosto de 2014, durante o projeto Nascente e Foz – um ciclo de homenagens feitas por compositores contemporâneos a grandes poetas brasileiros. O Escambo homenageou Oswald de Andrade, num espetáculo com participação do ator Paulo Betti (à direita, em foco, preparando-se para entrar em cena).

ÚLTIMA FOTO
O compositor, arranjador e sintetista Ivo Senra foi apelidado pelo jornalista Tim Wilkins (NPR) de "o quinto Beatle do Coletivo Chama". Foi produtor musical do segundo CD do Escambo, *Neon*, e do segundo de Pedro Sá Moraes, *Além do Princípio do Prazer* (esta foto, de Novembro de 2014, foi tirada por Lívia Cunha no show de lançamento do álbum, no Solar de Botafogo), além de emprestar seus sintetizadores aos trabalhos de Thiago Amud, Fernando Vilela e Thiago Thiago de Melo.

Música Chama

Pedro Sá Moraes e
Eduardo Guerreiro B. Losso

[ORGANIZADORES]

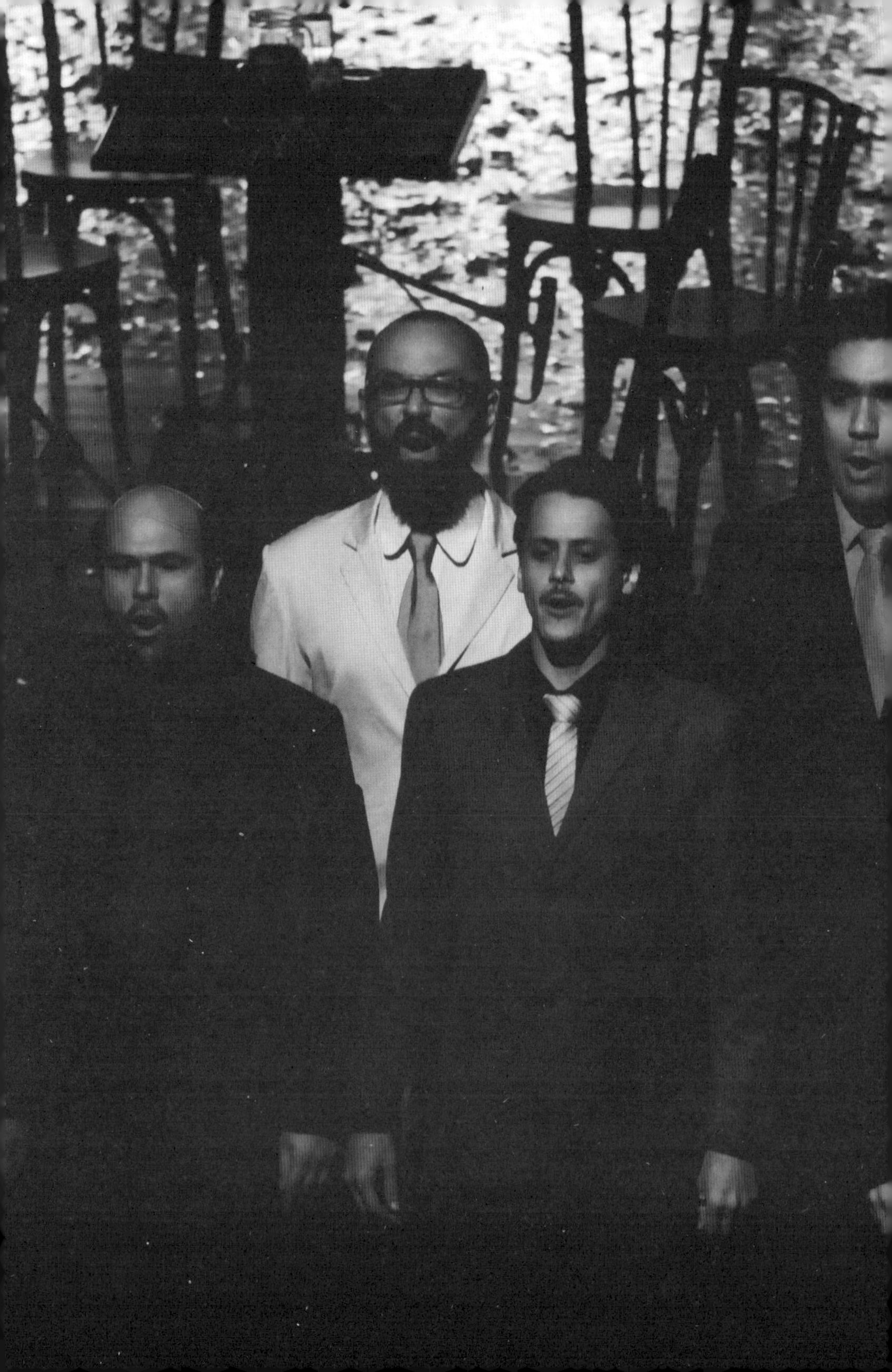

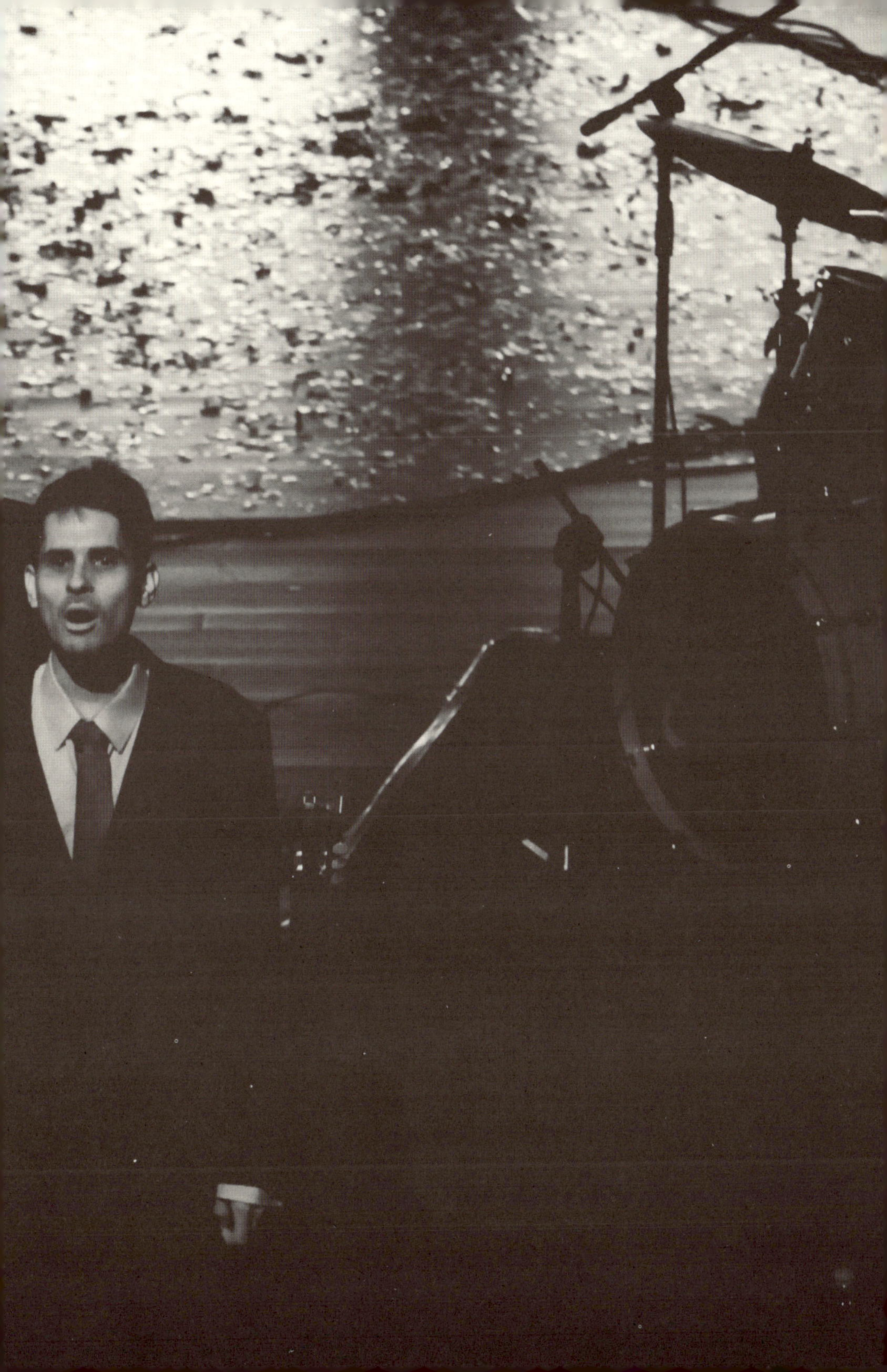

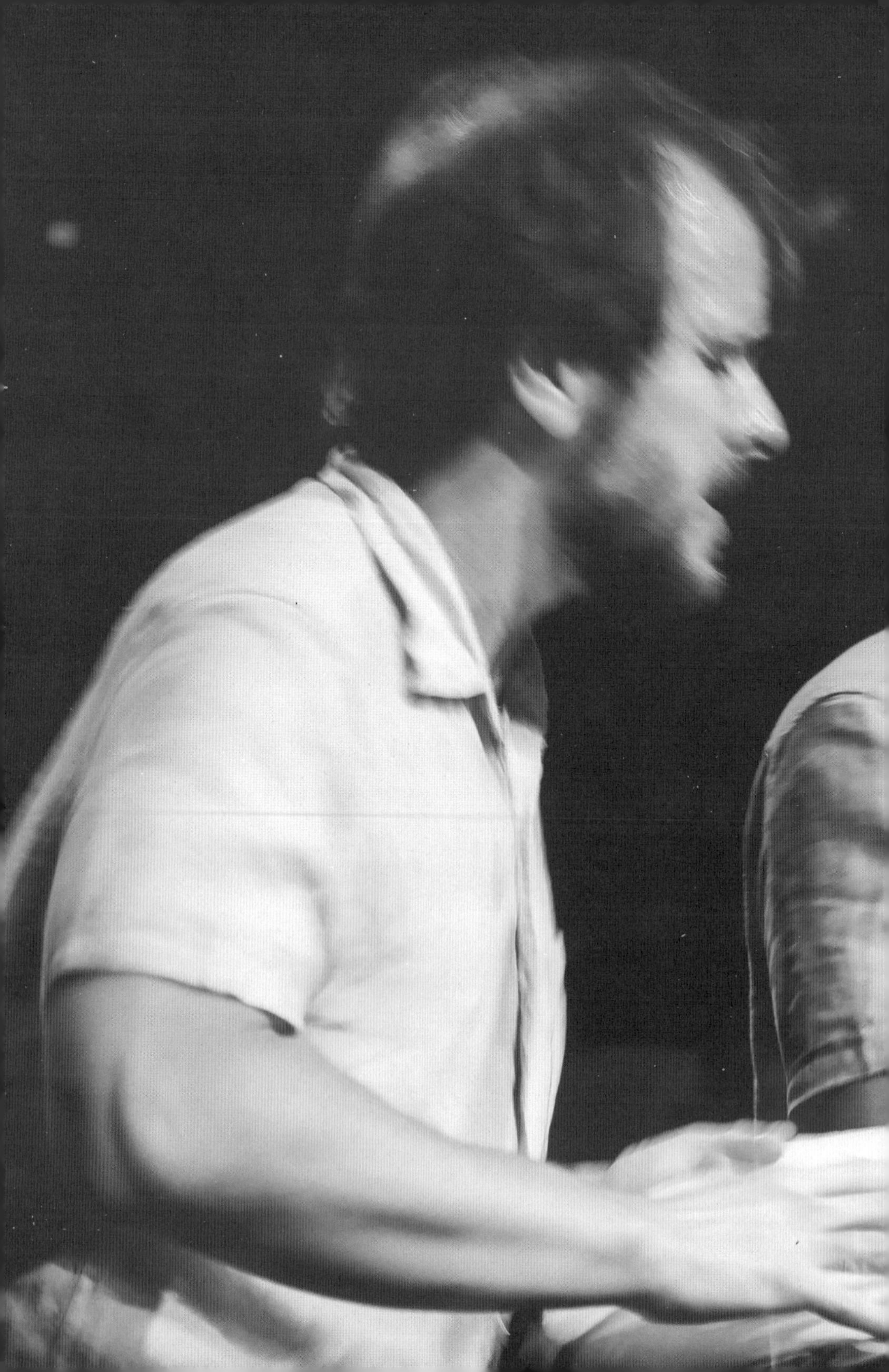

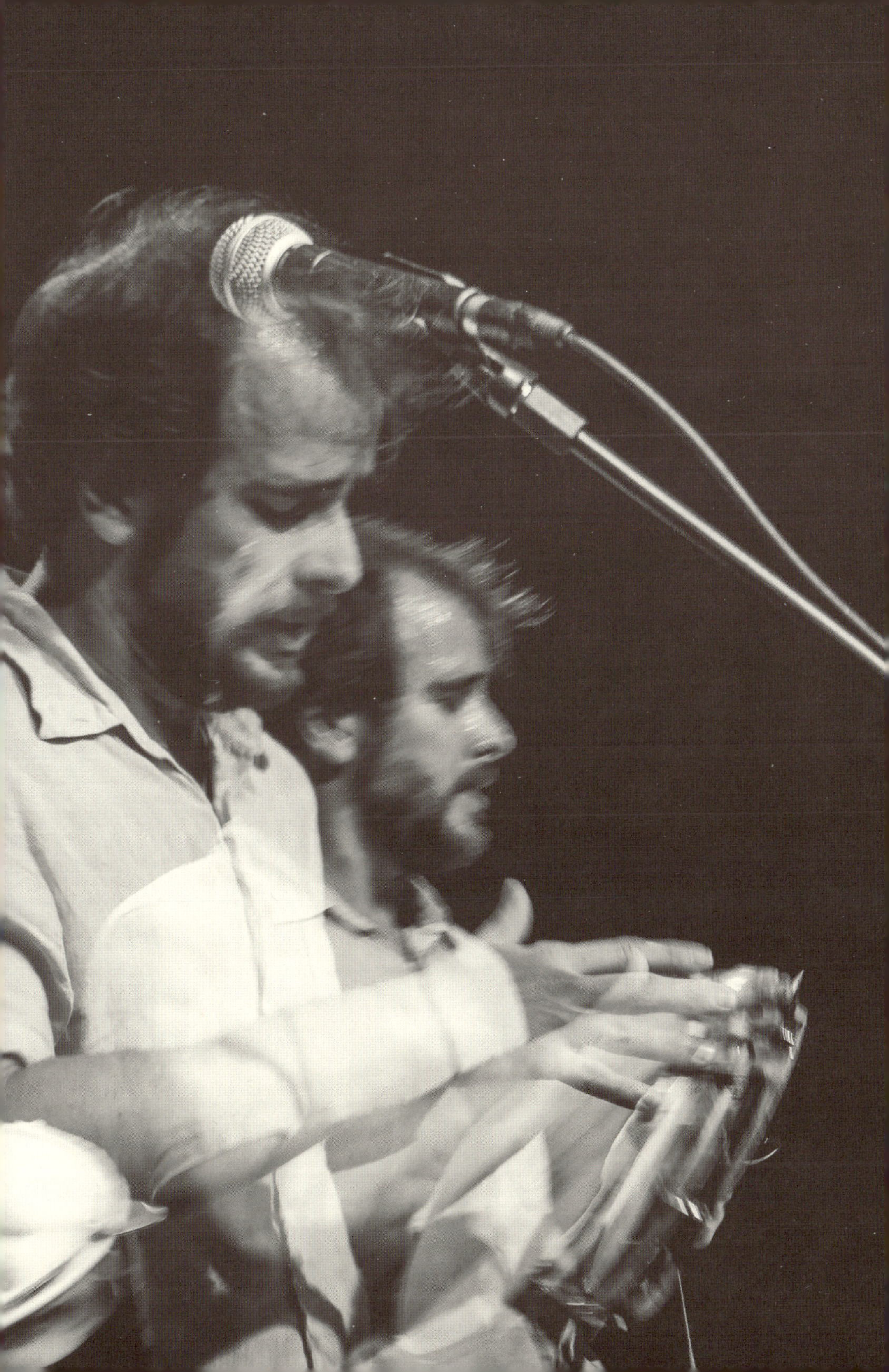

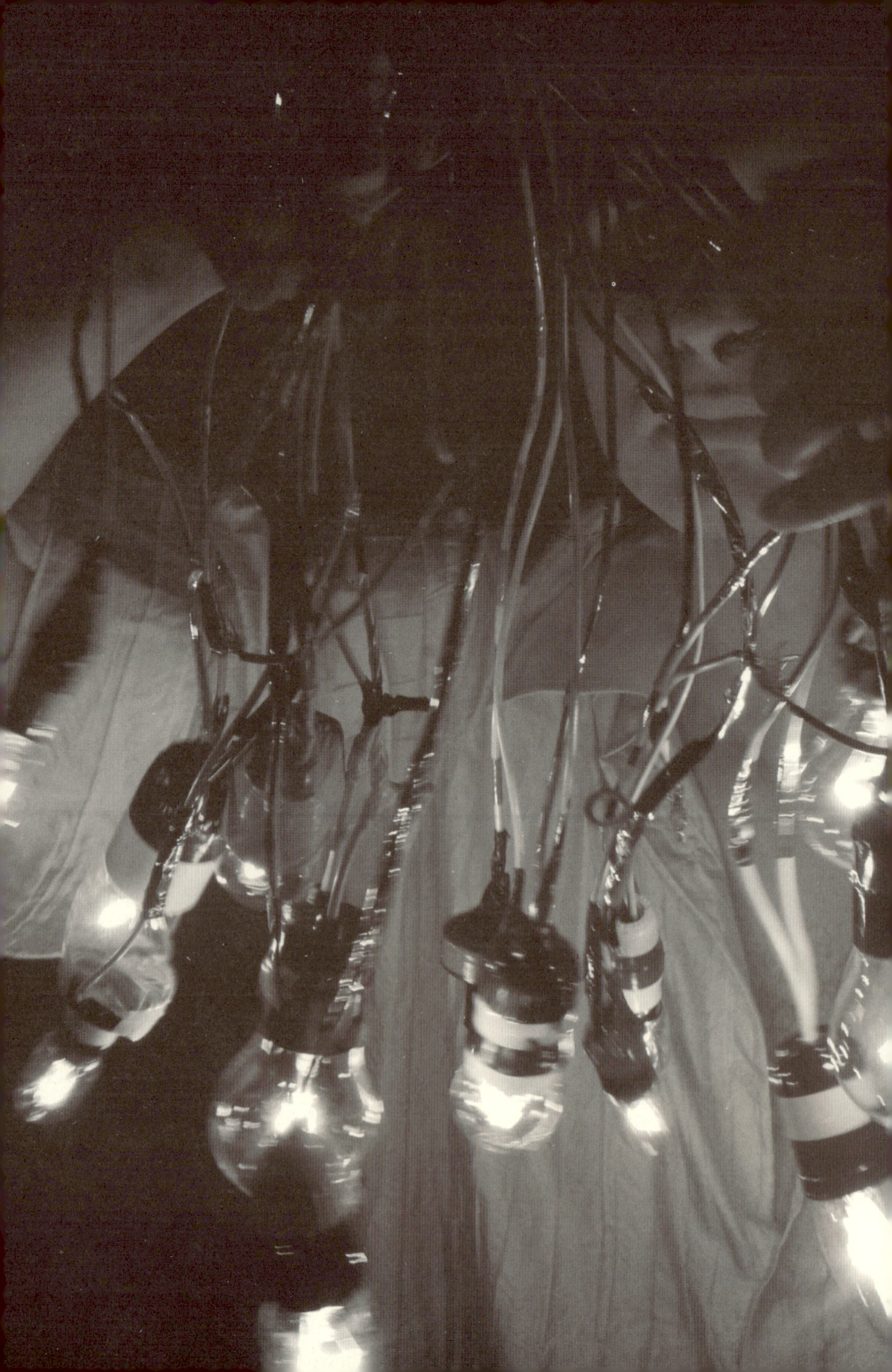

CHISPA 15

SEÇÃO 1: DE ONDE SURGE A CHAMA 22

    GERAÇÃO FORA DO TEMPO 24

    GERAÇÃO FORA DO TEMPO, MAS DEBATE ATUAL 27

    MÚSICA COMO VOCAÇÃO 29

    MPB NÃO É TUDO: OS DISCURSOS DE RENOVAÇÃO DA MÚSICA BRASILEIRA 32

    TRADIÇÃO: UMA INCURSÃO DE UM GRUPO DE CANCIONISTAS CONTEMPORÂNEOS NO TERRITÓRIO AGÔNICO DO RELATIVISMO 53

SEÇÃO 2: CHAMA O QUÊ? 74

    QUANDO O MOMENTO HISTÓRICO ACENDE A CHAMA 76

    BRAZILIAN EXPLORATIVE MUSIC 79

    CRIADO PARA DISCUTIR NOVOS RUMOS DA MPB, COLETIVO CHAMA VIRA PROGRAMA DE RÁDIO, TV E TURNÊ INTERNACIONAL 82

SEÇÃO 3: OS DISCOS CHAMAM 84

    BRASIL EM NEGATIVO 86

    NOTÍCIAS DA REPÚBLICA DE ELDORADO – DE PONTA A PONTA TUDO É PRAIA-PALMA 96

    A AVENTURA BARROCA DE FERNANDO VILELA 102

    ALARIDOS E INQUIETUDES: UMA AUDIÇÃO DE ALÉM DO PRINCÍPIO DO PRAZER, DE PEDRO SÁ MORAES 108

    PEDRO SÁ MORAES – PRAZER DO PRINCÍPIO AO FIM 117

    NEO-IRONIA NEON 119

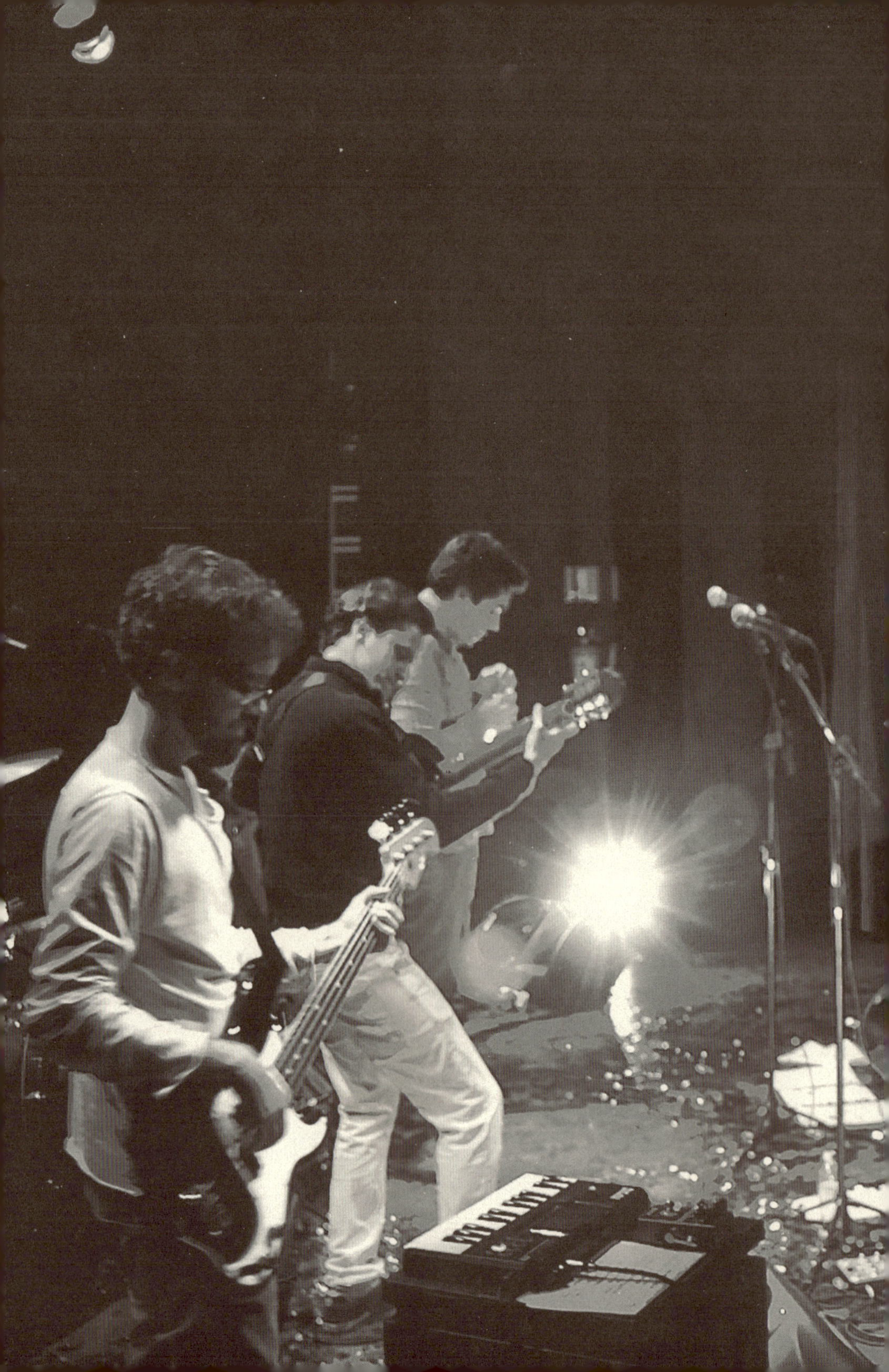

SEÇÃO 4: ENTREVISTAS COM O CHAMA 128

    ENTREVISTA COM PEDRO SÁ MORAES 130

    ENTREVISTA COM THIAGO AMUD 139

SEÇÃO 5: OUTRAS REFLEXÕES 148

    ESTRANHAS DELÍCIAS –
    DA LITERATURA AO ROCK,
    DA ÉTICA À ESTÉTICA 150

    NARCISISMO, AMBIÇÃO
    ARTÍSTICA E MERCADO 155

    CONVERSA COM FABIO
    AKCELRUD DURÃO 164

    INDÚSTRIA CULTURAL E
    DÉFICIT DE ATENÇÃO 174

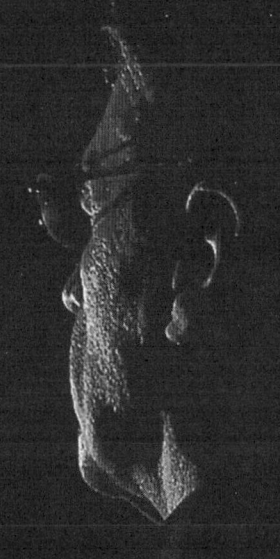

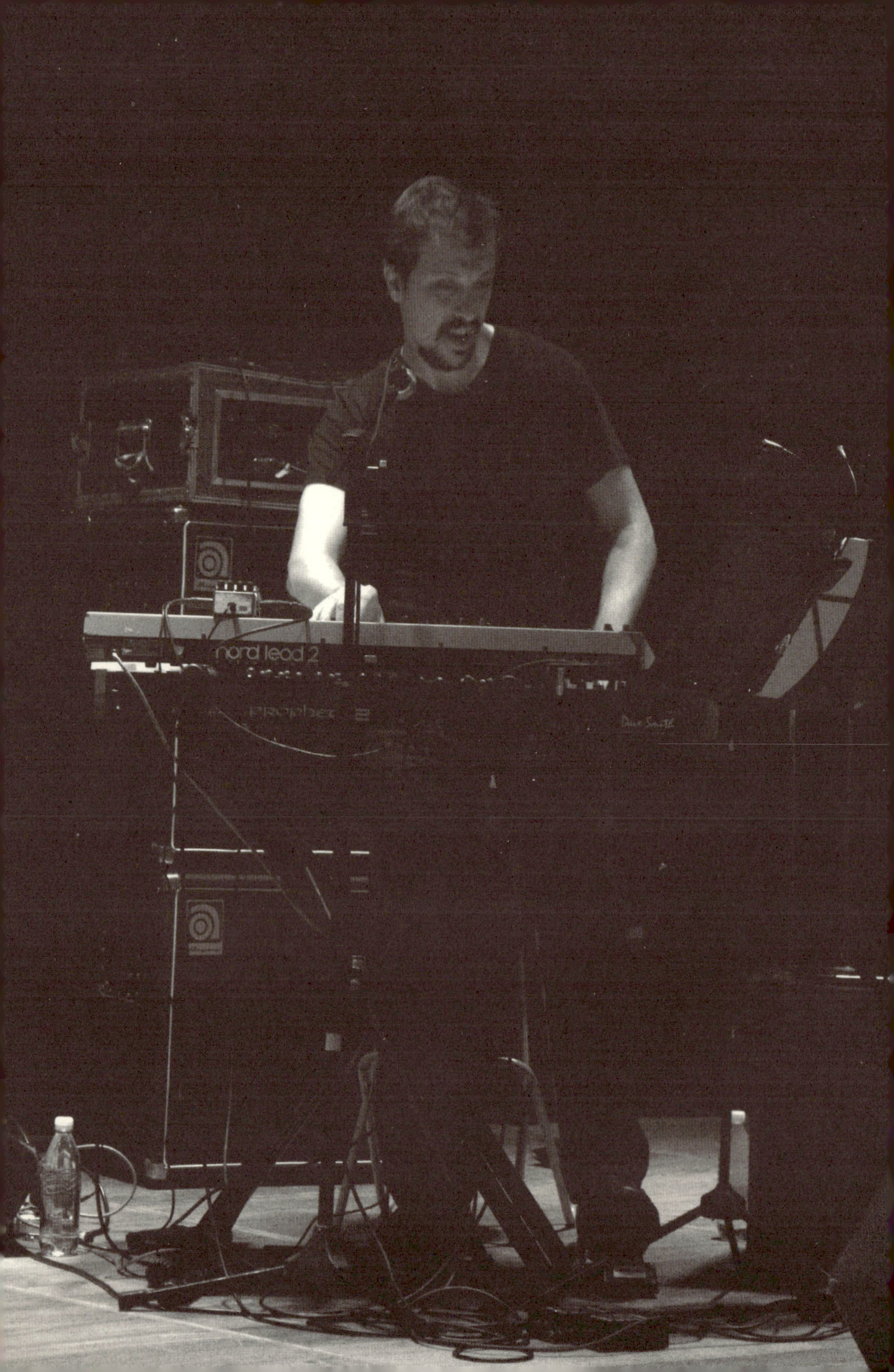
nord lead 2

Chispa

Era noite de lançamento do primeiro romance de Renato Rezende, *Amarração*, no café do Planetário da Gávea. Renato, amigo em comum de longa data, já vinha prometendo nos apresentar há um tempo – de um lado, o pesquisador e professor universitário, amante do rock progressivo e autor de uma tese de doutoramento sobre a mística em Adorno, Eduardo Guerreiro B. Losso; do outro, o compositor popular que, ao lado de alguns pares, estivera no centro de uma curiosa polêmica sobre a MPB contemporânea, que vinha ocupando páginas de reportagem no suplemento cultural d'*O Globo* e repercutindo em debates acalorados nas redes sociais, blogs e páginas na internet, Pedro Sá Moraes.

Aproximava-nos, de antemão, uma curiosidade mútua e uma vaga sensação de que compartilhávamos, talvez mais do que ideias, uma disposição espiritual de andar na contramão de consensos, de investigar estradas vicinais empoeiradas do pensamento e da arte em busca de respostas para intuições e questionamentos que as *highways* contemporâneas da mídia e da crítica não alcançavam responder.

Ao longo dos últimos três anos cresceram, deste encontro, uma amizade e uma parceria extraordinárias, cultivadas em conversas que parecem só se interromper pela autoridade tempestiva das obrigações. A estas conversas, não raro, agregam-se alguns dos demais membros do Coletivo Chama – Cezar Altai, Ivo Senra, Fernando Vilela, Renato Frazão, Sergio Krakowski, Thiago Amud e Thiago Thiago de Melo. Participam, seria possível dizer, mesmo quando não fisicamente presentes, uma vez que as preocupações, os assuntos, as perspectivas visitadas ganham corpo, densidade experimental, em grande medida, pela existência do grupo – que à época de nosso primeiro encontro ainda era um embrião. Nosso diálogo sobre a vida, a esperança e o caos imbricados na produção e no compartilhamento contemporâneos de música ganha corpo e oxigênio graças à participação na experiência destes músicos, sua lida cotidiana com questões como a relação com a herança da "grande MPB", as demandas da indústria cultural, os diálogos possíveis com o campo erudito, a vivência do artista-produtor-empresário-de-si-mesmo, o artista como intérprete e crítico de seu tempo...

Chama é um movimento musical que, na ânsia de ampliar as possibilidades expressivas de sua contribuição à música brasileira contemporânea para além de escaninhos pré-definidos (tradicionalistas *vs.* antenados, filhos de Caetano *vs.* filhos de Chico, música popular *vs.* música para especialistas), se viu, desde o nascimento, impelido a abraçar a reflexão e o questionamento de ideias e valores (seus e do mundo) como parte fundamental de seu processo criativo. Compreender as regras do jogo para arquitetar o movimento de suas pedras; afiar o gume da crítica – particularmente a autocrítica – para desimpedir a própria criação de hábitos irrefletidos e zonas de conforto.

Naturalmente, e é fatal que assim seja, as visões do artista e do crítico – ainda quando os papéis se confundem e misturam – são repletas de pontos cegos, de parcialidades, de atos falhos, particularmente no calor da hora. No entanto, como se trata, de fato, de criar algo novo, e não apenas acrescentar mais páginas ao interminável cabedal de análises sobre a MPB, que dela se aproximam com a reverência a que obriga um fato consumado, se nos apresentou como necessária, talvez urgente, a iniciativa de intensificar relações e interferências entre crítica e criação, permitindo que cada um dos campos catalise no outro seus maiores alcance, delicadeza e agudeza de olhar e sua máxima potência de ato performativo, ferindo a pele do cotidiano com notas, palavras, ruídos, ideias. As imprecisões e os excessos serão desbastados pelo tempo, mas por hora são absolutamente imprescindíveis. Não queiramos afetar sabedoria e equilíbrio. Pequemos pelo excesso, jamais pela apatia.

Nascido da curiosidade, da abertura, da inquietação, este diálogo de crítica e criação ganhou a forma de um projeto de pesquisa – com auspícios da FAPERJ – e foi, aos poucos, agregando a participação de dezenas de outros artistas, pesquisadores, estudantes, críticos, jornalistas, técnicos e pensadores, que se mobilizaram pelas questões e propostas surgidas deste encontro. O livro que o leitor tem em mãos é um dos dois frutos centrais do projeto. Aspira ser mais do que um registro histórico "no calor dos acontecimentos", mas oferecer contribuições à discussão sobre a relação entre teoria, música popular, indústria cultural e cultura brasileira, tendo a perspectiva e o acontecimento Chama como ponto de partida, mas se lançando como pergunta a ambientes de reflexão que lhe transcendem infinitamente, para trás e para frente no tempo, para o largo e para o fundo em escopo.

O outro fruto do projeto é um álbum com dez faixas de autoria dos membros do Coletivo Chama, com arranjos e direção musical de Ivo Senra e Thiago Amud, intitulado *Todo mundo é bom*. Sobre o álbum, refrearemos o anseio de adiantar aqui mais do que o fato de que é a primeira realização artística coletiva do grupo, que é um salto no desconhecido, que contou com a participação de um grande número de artistas que não são parte do Coletivo, mas se unem a ele por laços de profunda afinidade estética, e que foi cozido em fogo alto, desde o primeiro semestre de 2014, na busca de amalgamar alquimicamente, de traduzir uma na outra – a citar Ferreira Gullar – a metade vertigem e a metade linguagem desta investigação.

O livro *Música Chama* é, em paralelo, uma coleção de artigos e ensaios sobre a criação musical recente dos membros do Chama; momentos de reflexão e crítica elaboradas pelos próprios artistas em artigos ou entrevistas; diálogos com pensadores contemporâneos sobre temas que formam o fundo específico sobre o qual a figura do Coletivo se desenvolve (encruzilhadas de arte e cultura, indústria e crítica, estética e relativismo etc.); tudo isto entremeado por uma pequena coleção de registros históricos destes anos de atuação, como aparições dos artistas e do grupo na imprensa, trechos do programa semanal *Rádio Chama*, que o Coletivo produz para a Rádio Roquette Pinto desde julho de 2012, e uma pequena coleção de fragmentos de letras e imagens, tudo isto para ajudar o leitor a conectar os pontos desta complexa configuração, de como ela se vê e como tem sido recebida pelo mundo.

A primeira seção do livro é composta por ensaios e artigos, entre o jornalístico e o acadêmico, que situam, histórica e conceitualmente, o Coletivo Chama no ambiente da música e cultura brasileira contemporâneas. Um dos mais influentes jornalistas culturais brasileiros da atualidade, Leonardo Lichote, inaugura esta seção com duas matérias publicadas no jornal *O Globo*, no início de 2012. Com dois dias de distância entre si (a matéria original gerou tamanha repercussão nas redes sociais que levou o jornalista a elaborar o que, no jargão jornalístico, chamam de matéria "suíte") e anteriores à consolidação do Coletivo como tal, estas matérias originaram uma série de debates e expuseram oposições que marcaram a entrada do grupo e de vários de seus posicionamentos no debate nacional. Por mais que os artistas representados na matéria não estejam, todos, completamente identificados com o que viria a se tornar o Chama, e por mais que muitas das opiniões já se tenham metamorfoseado, nuançado, amadurecido e amaciado com o passar dos anos, o subtexto e a relevância históricas do episódio não devem ser subestimados. Como o próprio Lichote afirmou em entrevista ao site Banda Desenhada, mais de um ano depois, em 2013:

> Esse embate (...) entre os músicos do Coletivo Chama (vou além, ampliando para uma geração de jovens músicos e compositores de outros lugares, como Minas e São Paulo, que se identificam com a música do Coletivo Chama e não se enquadram na tal nova MPB, apesar de estarem também desenhando a música

popular brasileira contemporânea) e os da nova MPB (...) foi a disputa pelo direito de construir a tal narrativa sobre essa geração. Havia naquele grupo de músicos um ressentimento indisfarçável por artistas como Romulo Fróes (e, num nível bem menos acentuado, por jornalistas como eu e Marcus Preto) estarem defendendo uma narrativa sobre a música brasileira contemporânea que, mais que os excluir como produtores de arte, não contemplava sua visão como analistas desse momento. Aquela agressividade surge daí – do desejo de também falar em nome de sua geração.[1]

Ainda que feita de forma pouco hábil, talvez inocente, a expressão desta leitura, desta compreensão histórica do campo expandido da música brasileira (que abrange dos meios de comunicação e produção à própria criação artística) não teria, nos parece, despertado reações tão apaixonadas, tanto de adesão quanto de repúdio, se não tivesse tocado, de alguma forma, em algum ponto sensível de nosso momento histórico – crenças não declaradas, justificativas tácitas de um modo de vida, padrões psicológicos ou mesmo meios de subsistência.

Foi também investigando este campo de fricções conceituais e estéticas que surgiu outro daqueles que poderíamos chamar de documentos seminais do Coletivo Chama. Mais ou menos na mesma época em que foi publicada a matéria d'*O Globo*, o compositor Thiago Thiago de Melo finalizava a redação de uma tese de doutorado em Ciências Sociais pela UERJ, intitulada *MPB não é tudo: os discursos de renovação da música brasileira*. Trechos da tese, selecionados pelos organizadores em conjunto com o autor, são reproduzidos aqui, acompanhados por uma breve introdução que escreveu especialmente para este livro. Nela, Thiago situa, três anos depois de sua defesa, a relação de sua pesquisa de doutorado com sua biografia artística, e com o nascimento do Coletivo Chama.

Esta seção do livro se encerra com um artigo de um dos organizadores, Pedro Sá Moraes, que busca expandir e aprofundar os embates teóricos revelados pela polêmica dos "Fora do Tempo". As oposições entre diferentes grupos e perspectivas sobre a canção brasileira contemporânea – que parecem ser, numa primeira leitura, o que está em jogo no episódio – são complexificadas e situadas dentro de um arco histórico mais amplo, que é o dos desafios críticos da modernidade e pós-modernidade.

As próximas duas seções se debruçam sobre a história do Coletivo como tal. Nos quase quatro anos que se seguiram à sua formação, as infindáveis e inflamadas conversas dos primeiros meses foram sendo substituídas por uma dedicação, cada vez mais profissionalizada e bem-sucedida, aos meandros pragmáticos da

---

[1] LICHOTE, L. Quedas e Curvas – Entrevista. Disponível em: <http://bandadesenhada01.blogspot.com.br/2014/02/quedas-e-curvas.html>. Acesso em: 16 ago. 2015.

produção cultural – com seus projetos, editais, incentivos e contrapartidas – e também à gravação de novos álbuns de vários dos seus membros.

A seção dedicada à atuação do Coletivo se inicia com um artigo do outro organizador, Eduardo Losso, publicado na revista virtual *Polivox*. Em "Quando o momento histórico acende a Chama", o pesquisador apresenta, brevemente, o trabalho do grupo, alguns de seus projetos e discos, e o situa no contexto da indústria cultural contemporânea.

Uma das principais realizações do Chama ao longo dos últimos quatro anos é a organização e promoção de um mini-festival anual de música de inovação, ou, como chamaram, "música de exploração brasileira", nos gélidos janeiros de Nova York. Numa matéria publicada em janeiro de 2014, o decano da crítica musical do *New York Times*, Jon Pareles, relata suas impressões ao assistir as apresentações de Pedro Sá Moraes, Thiago Amud, do grupo Escambo e do trio instrumental Nomad, formado por Sergio Krakowski, Ivo Senra e Luis Leite.

A música popular brasileira tem poucos rivais no mundo, quando se trata de sofisticação estrutural. Isso não impediu que pelo menos um grupo de exploradores se lançasse ao desafio de acrescentar ainda mais meandros. Na noite de segunda-feira, a terceira edição do "Brazilian Explorative Music", um concerto organizado e liderado pelo compositor Pedro Sá Moraes, reuniu todos os membros do Coletivo Chama no SOB's. Os artistas do Coletivo Chama empunham formas avançadas de construir, desmantelar e por vezes sacudir as bases de uma canção.

Os artistas – um círculo de músicos com ideais semelhantes – não abandonaram seu direito congênito de brasileiros: o tesouro de ritmos regionais, as harmonias sinuosas e cromáticas, o gosto pela imaginação poética e por jogos de palavras, as melodias extensas. Pelo contrário, eles se aprofundaram em cada um desses parâmetros. (...) De muitas maneiras, os músicos estão extrapolando a herança da Tropicália, o movimento dos anos sessenta, que consciente e inteligentemente modernizou o pop brasileiro.[2]

Foi também durante uma das edições do "Brazilian Explorative Music" que conheceu o Coletivo Chama o jornalista e programador Tim Wilkins, da WBGO, principal rádio de jazz norte-americana, e é dele o segundo ensaio desta seção do livro. No texto, Tim narra sua aproximação do grupo, e o situa no cenário mundial de inventores musicais contemporâneos, em particular o ambiente do jazz.

---

[2] PARELES, J. Taking Brazil's Rhythms and Stretching Them Out. New York Times, 16 jan. 2014. Tradução dos organizadores.

Conclui esta seção uma matéria publicada na Revista d'*O Globo* pela jornalista Mariane Filgueiras, que, entre as atividades do grupo, chama atenção para o programa semanal Rádio Chama, com sua curadoria e humor incomuns.

Na terceira seção do livro, o núcleo do trabalho artístico propriamente dito é explorado com mais profundidade através de ensaios sobre alguns dos CDs que os membros do Chama lançaram ao longo dos últimos anos – todos, em maior ou menor grau, influenciados pelas interlocuções e fricções internas do grupo. O poeta e pesquisador Marcelo Sandmann (UFPR) e o jornalista e crítico Jocê Rodrigues assinam ensaios sobre o disco *Além do Princípio do Prazer*, de Pedro Sá Moraes. A produção musical de Ivo Senra, que é um elemento que chama a atenção – por motivos diferentes – de ambos os críticos, também deixa sua marca no segundo disco do grupo Escambo, intitulado *Neon*. O trabalho do grupo, liderado pelos compositores Thiago Thiago de Melo e Renato Frazão, é explorado num ensaio de Thiago Amud, que se desdobra numa reflexão honesta e original sobre a relação ambivalente de nossa geração com o legado do tropicalismo. O segundo disco de Amud, "De ponta a ponta, tudo é praia-palma", eleito um dos dez melhores de 2013 pelo jornal *O Globo*, é examinado de perto por dois dos mais perspicazes críticos da cena musical atual, Túlio Ceci Villaça e Pedro Cazes. Por fim, o lirismo líquido e tortuoso do CD *Quadro*, de Fernando Vilela – cujos arranjos são assinados por Amud – é espelhado por um também lírico e tortuoso ensaio de Jocê Rodrigues.

A quarta seção do livro consiste em entrevistas conduzidas pelas alunas de literatura da UFRRJ (Tamara Amaral, Amanda Vieira e Juliane Ramalho, além de Mariana Belize, que não pôde participar das entrevistas, mas participou ativamente da investigação), membros do núcleo de pesquisa de Eduardo sobre Mística e Indústria Cultural, junto com o próprio professor, com os artistas Pedro Sá Moraes e Thiago Amud. Nestas entrevistas, pós-modernamente conduzidas pelo "chat" do Facebook, muitos aspectos conceituais de seus discos são revelados e, em particular, a relação dos seus últimos discos com o mundo da literatura.

A quinta e última seção é onde a pesquisa escapa ao centro de gravidade do Coletivo Chama e se lança à investigação das questões em aberto, que formam com a própria produção artística uma espécie de sistema bi-planetário, o diálogo entre criação e reflexão que está na origem de nossa pesquisa em conjunto. A seção começa com dois artigos de Eduardo: "Estranhas delícias" e "Narcisismo, ambição artística e mercado". São reflexões sobre possibilidades (e impossibilidades) de autonomia e potência estética no seio da indústria cultural, articulando, com apoio da teoria crítica, a compreensão de sua história recente a uma visão mais dilatada dos processos culturais da modernidade e da pós-modernidade.

Também fazem parte desta seção duas entrevistas concedidas pelos pensadores Christopher Türcke e Fábio Durão a Eduardo, a segunda com participação de

Thiago Amud. Não poucos atribuem a Christopher Türcke o título de maior renovador da teoria crítica na atualidade. Seus livros e artigos sobre Escola de Frankfurt, teologia, psicanálise, Nietzsche e teoria da mídia foram traduzidos no Brasil e são muito discutidos aqui e internacionalmente. Nesta entrevista, Eduardo extrai do filósofo uma abordagem cuidadosa, questionando e aprofundando a matriz adorniana, para pensar os efeitos da indústria cultural no mercado de hoje, especialmente no caso da música popular.

Fábio Durão, professor de Teoria Literária da UNICAMP, tem-se destacado como crítico da vida universitária nacional e global, em especial da sua criação de estereótipos, formas de reprodução de noções e discursos estabelecidos, ideologicamente motivados, que produzem efeitos na sociedade. Nesta entrevista, exploraram-se os elos entre sua pesquisa e o campo expandido da cultura regida pelo mercado.

Instantâneo de uma cena, projetando seus desejos para o passado e o futuro, espécie de clamor dissonante, o livro *Música Chama* não tem a coesão programática de um manifesto moderno. Tampouco se adapta à realidade liquefeita da pós-modernidade. Aponta, sintetiza, combate, erra, escuta. Fundamentalmente escuta. Que este livro seja um convite à escuta – detida, cuidadosa – de toda música que busca abrir no seio do tempo uma passagem para outro tempo.

De onde surge a Chama

Geração Fora do Tempo
Na música e no discurso, grupo de artistas do Rio afirma diferença para a 'nova MPB'

REPORTAGEM DE LEONARDO LICHOTE PARA *O GLOBO* – 22/02/2012

RIO – Fora do tempo. O conceito cai como luva a certa geração de músicos que, silenciosamente, desenvolve no Rio, ao longo da última década, uma cena particular e consistente. Por um lado, porque o termo pode sintetizar o anticonvencionalismo de sua produção (que, quase sempre, traz elaboradas provocações rítmicas, harmônicas e melódicas). Por outro, porque – na obra e no discurso – esses artistas trabalham apoiados em valores que hoje parecem, à primeira vista, anacrônicos na esfera da canção popular: a valorização do estudo aprofundado (não só da técnica ou da teoria musical, mas de filosofia, literatura, história da arte, religião) no lugar da aproximação pop, rápida, no ritmo do olho que passeia frenético entre links e captura a informação em instantâneos; o desejo de estabelecer um diálogo mais intenso com a arte clássica do que com a produção cultural atual; o repúdio ao discurso de tolerância aplicado à música, que, alegam, nivela gênios e medíocres.

– Uma palavra importante é transcendência – diz Pedro Moraes. – As questões que nos interessam não estão nas relações do homem com seu tempo, mas com o infinito.

Na conversa com cinco de seus representantes para esta reportagem – Armando Lôbo, Edu Kneip, Sergio Krakowski e Thiago Amud, além de Moraes –, definições possíveis passavam também por termos como "canção culta", "música investigativa" e "rigor poético". Ao ouvir a classificação "música acadêmica", porém, Amud reage.

– Música acadêmica, para mim, é sertanejo universitário – diz, com um humor que também está presente na obra deles, seja no escracho (a desbocada "Tratamento de choque", de Kneip e Amud) ou na fineza corrosiva da ironia (a dedicatória de uma canção de Lôbo à música popular brasileira *in memoriam*).

A sério, Lôbo observa, com uma das tais afirmações que soa deslocada dita hoje:

– As maiores vanguardas hoje estão dentro da academia.

Amud continua:

– Há um preconceito com o cânone, mas é lá que está a violência criadora. Se você comparar a rebeldia roqueira e a rebeldia de Mozart, vai ver que Mozart era muito mais rebelde.

Um dos efeitos das escolhas estéticas do grupo – a escolha, em última instância, de estar fora do tempo – foi uma quase invisibilidade no debate sobre a nova música brasileira. Sua produção tem o respeito da crítica e o aval de artistas como Guinga – parceiro e referência para muitos deles. Mas essa cena não é captada pelos radares que mapeiam o terreno, apontando os artistas agregados em São Paulo (Tulipa Ruiz, Marcelo Jeneci, Romulo Fróes, Criolo) e seus colegas cariocas (o núcleo +2, Thalma de Freitas, Rubinho Jacobina), os filhos do samba da Lapa (Casuarina, Pedro Miranda), certa neo-MPB (Maria Gadú, Roberta Sá, Edu Krieger e Rodrigo Maranhão) ou, no terreno ultrapopular, o sertanejo universitário de Michel Teló.

Ao ouvirem a pergunta sobre como se encaixam aí, a resposta é simples: não se encaixam. Mais que isso, eles afirmam sua diferença com os artistas de São Paulo, destacados muitas vezes como a vanguarda da nova música brasileira. O centro da incompatibilidade é um diagnóstico que fazem dessa nova música: uma valorização da cultura num lugar que deveria ser da arte.

– Nessa arquibancada onde se aplaude a beleza da cultura, eu não estou – resume Amud.

– Se essa é a geração pós-rancor (termo cunhado pelo produtor cultural Cláudio Prado para se referir à postura dessa geração), quero afirmar que sou da geração pós-pós-rancor. Essa ideia do pós-rancor é a opressão com um sorriso nos lábios. É como aquela bandeira de (Gilberto) Gil, citando (Andy) Warhol, dizendo que gosta de gostar das coisas, de que tudo é bacana. Isso é uma manipulação de discurso que esconde rancor.

Moraes complementa:

– Porque quando você diz isso, está implícito o que é gostar e o que são as coisas.

O debate artístico acaba se deslocando, aponta Amud, para questões periféricas, como "o fim da canção" ou assuntos técnicos.

– Há um fascínio pelo aplicativo, pelo formato, se é MP3... – diz. – Fala-se muito em "canção expandida", mas canção expandida para mim é o disco do Jorge Ben de 1969. Rogério Duprat viu a possibilidade de um terror expressionista naquela música, além da malandragem do Ben. É coisa séria, são dois cabras machos partindo para a porrada.

– Entre Michel Teló e Romulo Fróes, sou mais o Michel Teló – afirma Lôbo, fazendo sua avaliação do sertanejo universitário e da nova geração paulista. – Prefiro algo feito para puro entretenimento do que algo cheio de pretensões mas que musicalmente é raso.

Sem ironia, Amud ressalva:

– Mas o disco do Criolo é uma sonzeira. Queria uma produção daquela para mim.

Polêmicas à parte, a obra dos cinco entrevistados – representantes de um grupo que inclui nomes como Fernando Vilela, Francisco Vervloet, Mauro Aguiar, Thomas Saboga e Paloma Espínola – tem força independente de seu discurso. E cada um traz características bem particulares. Isso estava claro desde o embrionário projeto Confraria da Música Livre, que rendeu um CD em 2004 e reunia muitos deles.

O pernambucano Lôbo "mete o dedo na ferida conceitual", na definição de Krakowski. Suas canções têm forte carga filosófica e muitas vezes diálogos densos entre cultura popular e clássica ("O crepúsculo do frevo" tem Wagner unido ao ritmo pernambucano). Kneip carrega mais uma malícia da rua nos versos e no ritmo – com venenos de Hermeto Pascoal, Guinga e João Bosco. Sua leitura personalíssima do samba, segundo Moraes, "é tão renovadora quanto a de Djavan".

Moraes é o que mais diretamente dialoga com a tradição da MPB, a geração da década de 1960. Sua música é, entre as deles, a que tem mais potencial de comunicação com o público do gênero, apesar de carregar um olhar provocador que escapa da abordagem comumente dada a essa tradição. Krakowski chamou atenção pelo vigor inventivo que imprimiu ao seu pandeiro como integrante do Tira Poeira. Instrumentista e produtor que circula nos discos dessa geração, trata o funk com a mesma inquietude com que toca choro em seu projeto Chorofunk. Criador do sarau Radial Sul, que reúne essa cena e é transmitido ao vivo pela internet, ele se vê como um articulador do grupo. Já Amud é descrito por Lôbo como "o portador da maior carga literária da música brasileira". Para Guinga, é simplesmente gênio. A comparação com o Chico Buarque recente – apesar do universo poético distinto – é pertinente por seu trabalho de sofisticada ourivesaria da canção.

Apostando na força de sua estranha MPB ("Música Pós-Björk", propõe Amud, brincando com a sigla), eles acreditam que a visibilidade virá com o tempo.

– Nosso reconhecimento é mais gradual que viral – avalia Moraes.

Bola levantada, Lôbo corta:

– Nossa geração não é viral, é bacteriana.

Geração fora do tempo, mas debate atual
Reportagem sobre cena de músicos cariocas produz reação e reflexões

REPORTAGEM DE LEONARDO LICHOTE PARA *O GLOBO* – 24/02/2012

A reportagem "Geração fora do tempo", publicada quarta-feira no Segundo Caderno, deu início a um debate entre músicos, pesquisadores e pessoas simplesmente interessadas na música brasileira. O texto apresentava um grupo de artistas do Rio – Edu Kneip, Pedro Moraes, Sergio Krakowski, Armando Lôbo e Thiago Amud – com afinidades na obra e no pensamento que marcavam sua diferença para os caminhos que têm sido apontados como a "nova MPB". Entre suas características, a defesa do cânone e do estudo profundo (de música e assuntos como filosofia e literatura) e a acusação de que a discussão sobre arte hoje está ocupada por questões referentes à cultura. Os artistas fizeram questão de se opor diretamente à atual produção de São Paulo, de nomes como Criolo, Tulipa Ruiz, Marcelo Jeneci, Céu e Romulo Fróes. Citado por Lôbo ("Entre Michel Teló e Romulo Fróes, sou mais o Michel Teló"), o compositor paulista comenta o debate:

– Acredito que a divisão proposta pelos artistas da reportagem tem a ver com um binômio, anacrônico para mim, entre composição e gravação, onde teria maior importância a estrutura da canção que o modo como ela será registrada. Acredito em um novo desdobramento dentro da canção brasileira, que se dá antes pelo som do que pela composição em si. Para mim, um projeto que se pretende de renovação não pode excluir qualquer conquista, seja ela musical, seja ela tecnológica. Isso não quer dizer que não tenha profundo respeito e admiração pela história da música popular brasileira.

Romulo postou a reportagem em sua página do Facebook, com humor e ironia ("Você sabe que está crescendo em importância quando começam a te comparar com nomes do mainstream"). Mais de 60 comentários se seguiram ao post, entre eles de músicos como Mauricio Pacheco e Nina Becker ("Mais uma cena de ciúmes da nova cena paulistana?") e pensadores como Francisco Bosco. Surgiram questões como a oposição Rio X São Paulo (ora alimentada, ora esvaziada), a inadequação do pensamento da canção brasileira a partir de oposições (pop X erudito, clássico X contemporâneo) e a importância da defesa (feita pelo grupo da reportagem) de conceitos como "transcendência" e "estudo" para enriquecer o debate.

Outras discussões surgiram na página de Pedro Moraes. O músico Bruno Cosentino, por exemplo, avaliou que a MPB do Rio se divide "em dois grupos que não se comunicam bem": os seguidores de Guinga (tema da reportagem) e os de Caetano Veloso ("grupo que gira em torno da Orquestra Imperial").[3]

Por telefone, Guinga (parceiro de Amud e Kneip) emite sua opinião, fazendo a ressalva de que "não uso meu espaço na imprensa para falar mal de ninguém".

– Venho do povo, não tenho estudo formal. Minha relação com música sempre foi de ouvir, gostar, tentar, sempre foi como escalar uma montanha. Respeito os jovens do Rio e de São Paulo. Digo só que a palavra final vai ser dada pelo tempo. O tempo é implacável, afunda o que é ruim e deixa ficar o essencial. Não tem compromisso com o modismo.

Júlio Diniz, coordenador do Nelim (Núcleo de Estudos em Literatura e Música) da PUC-Rio), faz seu diagnóstico:

– Falar em influência, tradições "mais nobres" e retorno à grandeza do passado, para mim, soa a conservadorismo político. Nada tem de estético. Ao mesmo tempo, o relativismo que dominou parte do campo hegemônico do debate cultural chegou ao seu esgotamento. Sou contra a ideia de que podemos mixar tudo, utilizar tudo e vender tudo, sem juízo crítico e de valor. O problema é explicitar os critérios. Acho que o último trabalho da Gal e o primeiro do AVA são emblemáticos desse poder que a canção brasileira ainda tem. Traduzem tradições e incorporam mudanças. O resto é silêncio, ou, melhor dizendo, barulho.

---

[3] Uma carta de Thiago Amud, publicada pelo jornal alguns dias depois, encerrou a vida impressa dessa discussão. Ei-la aqui reproduzida na íntegra: "Cordialmente, eu solicitaria que o professor Júlio Diniz ouvisse os discos citados na reportagem "Geração fora do tempo" (22 de fevereiro de 2012) e procurasse pensar nossa meia-dúzia de frases bombásticas e/ou desastradas em função da música ali presente, e não o contrário. E que nos respondesse: por que será que o conservadorismo político está em artistas que procuram pensar o Brasil e a contemporaneidade para além da hegemonia pop, e não no diuturno aval da academia à "popficação" compulsória de quase todos os debates sobre arte?

Pediria também que o colega Romulo Fróes escutasse os mesmos discos, já que, segundo ele, o que dissemos na tal matéria denotaria certo desprezo às suas conquistas na direção da emancipação do som. Feito isto, solicitaria que tentasse ler no "MPB – Música Pós-Björk" algo mais que mero jogo de palavras: talvez justamente a aceitação de um desafio no mesmo sentido do seu - embora feito em outras bases.

E, finalmente, pediria que os leitores lembrassem que uma obra artística traz a chave para novas dimensões do mundo, enquanto uma frase não passa de senha para a entrada no quarto opaco das opiniões. Repito: cabe escolher entre ouvir nossa música em função de nossas frases ou pensar nossas frases em função de nossa música.

Como cantou Caetano Veloso: "Que o menino de olho esperto saiba ver tudo/ Entender certo o sinal/ Certo se perto do Encoberto". Meninos caetânicos, cadê seus olhos espertos?"

Música como vocação

THIAGO THIAGO DE MELLO

A música sempre esteve perto de mim, embora durante muito tempo independentemente de minhas escolhas. Minha avó materna tocava teclado, era muito musical. Minha família paterna, do interior do Amazonas, é redondamente sonora. Desde o fim do século XIX tenho parentes músicos (amadores e profissionais), muitos deles compositores, o que eu mesmo me tornei aos 13 anos, quando comecei a praticar violão.

Sempre toquei em bandas. Mas não fiz faculdade de música. Escolhi Ciências Sociais. Aos 18 anos, não cogitava estudar MPB na universidade ou virar músico profissional. Mas a música não me abandonava, e eu a seguia. No fim da graduação, na Uerj, escrevi uma monografia sobre a trilha sonora do filme *Cidade de Deus*. Sem perceber, era uma maneira que me mantinha próximo à música, mesmo distante – digo distante profissionalmente, porque a música estava comigo. Após acabar o curso universitário, fiz um Mestrado (na PUC-RJ) e, em seguida, um Doutorado (na Uerj), ambos em Ciências Sociais e tendo a música como objeto de estudo. Durante este tempo (defendi a tese com 30 anos de idade), nunca deixei de tocar, cantar, compor, fazer shows – em 2006, criei, com outros compositores, a banda Escambo, hoje com dois CDs gravados (*Flúor*, de 2009, e *Neon*, de 2013).

No início do Doutorado, em 2008, meu objetivo foi pesquisar a cena contemporânea de MPB no Rio de Janeiro. Em pouco tempo notei o óbvio: eram muitas cenas, muitos contemporâneos, muitas MPBs. Havia a discussão – sempre há – entre músicos, público, academia e crítica especializada, sobre quem podia falar com autoridade em nome dessas categorias. Em vez de propor uma leitura das muitas possibilidades de se falar/fazer MPB na cidade, escolhi um grupo de compositores e suas provocações sobre a música popular brasileira. Mas isso não aconteceu tão rápido, e nem foi de modo direto – custei a encontrar minha cena, que hoje eu prefiro chamar de quadro, mas, quando a encontrei... ah, foi arrebatador, definitivo! Hoje, quatro anos depois, vejo que minha escolha seguiu critérios menos antropológicos e acadêmicos do que intuitivos e artísticos. Eu queria aquela música, independentemente dos compositores serem ou não ainda uma marca no mercado ou um objeto antropológico consistente. Minhas preferências estéticas incidiram sobre o modo como eu fiz pesquisa antropológica sobre música. Foi ótimo que tenha sido assim. Caso contrário eu não teria me aproximado de Thiago Amud, Pedro Sá Moraes, Edu Kneip, Ivo Senra, Mauro Aguiar, Sergio Krakowski e Fernando Vilela, entre tantos outros, por cuja música me apaixonei e tive a vida transformada.

No Exame de Qualificação, em 2009, escrevi sobre alguns desses compositores e o modo como eles construíam o Brasil em suas produções musicais. A saudosa professora Santuza Cambraia Naves (1952-2012), que me orientara no Mestrado e estava na banca da Qualificação, não deixou de questionar criticamente a escolha daqueles compositores, os quais, segundo ela, talvez não fossem os ideais para o assunto em questão: o Brasil na nova MPB. Afinal de contas, ponderava Santuza, havia tanta gente fazendo misturas na música popular, que eu talvez pudesse escrever sobre outras cenas.

Em 2010, quando ouvi *Sacradança* (Delira Music), primeiro CD de Thiago Amud, tive uma mistura de sentimentos. Lembro-me, sobretudo, de estar muito feliz (e espantado) por um compositor contemporâneo produzir aquele som: canções com poética densa, pegada progressiva, olhar crítico, tortuoso e belo sobre o país, guitarras elétricas, batuques e arranjos eruditos, a participação de Guinga no meio disso tudo. E por ele ter feito aquela música justamente quando eu estava escrevendo a tese. Era a confirmação de uma hipótese pessoal: a de que existia, no Brasil, um tipo de compositor que lidava com a tradição de um modo singular e arrojado, e o qual, não estando fechado às informações estrangeiras, pop ou eruditas, nem defendendo concepções puristas, não deixava de fazer música com características ora urbanas, ora folclóricas, ora sinfônicas, ora mais brejeiras. Ou seja, música do Brasil do século XXI em contato desafiador com a tradição e a (pós-) modernidade. Impressões parecidas eu tive quando escutei *Claroescuro*, de Pedro Sá Moraes; *Herói*, de Edu Kneip; e *Técnicas Modernas do Êxtase*, de Armando Lôbo, entre outros CDs daquela época. Escrevi a tese (co)movido por essas escutas.

Em 2011, fiz muitas entrevistas, principalmente com compositores que eu identifiquei como gravitando em torno de uma ideia mais ou menos comum de música popular brasileira no Rio de Janeiro: Thiago Amud, Pedro Sá Moraes, Edu Kneip, Mauro Aguiar, Paloma Espínola, Julio Dain, Álvaro Gribel, Armando Lôbo. Após o período de entrevistas e antes de defender a tese (em junho de 2012), me tornei parceiro musical de alguns deles e mantive com Amud (e o cineasta André Felix), durante os últimos meses de 2011, um encontro semanal para falar sobre música: todas as quartas-feiras à noite, religiosamente, falávamos sobre a música brasileira feita naquela época. Mas, principalmente, falávamos sobre o que falavam sobre a música brasileira feita naquela época. Foi nitroglicerina pura; e, de certa forma, o embrião do Coletivo Chama. (O Coletivo propriamente nasceu de um chamado de Thiago Amud, logo após um show do Escambo no Bar Semente, em dezembro de 2011, no qual ele e Edu Kneip foram nossos convidados: "Ou a gente se une ou nossas carreiras artísticas não existirão!")

Relendo a tese alguns anos depois, não deixo de notar o quanto estava envolvido com meus informantes de pesquisa. Foi difícil manter distanciamento crítico. Encontro de afetos, estávamos no mesmo barco, ou melhor, inventávamos juntos as ondas e a embarcação. Por isso, peço ao leitor das próximas páginas que leve em conta o tom possivelmente visceral da escrita e das entrevistas. Via neles (e talvez alguns deles vissem em mim) muita inquietação, vigor e uma vontade de se insurgir irônica mas violentamente contra certos estados de coisas da MPB, neoMPB etc. O tempo e a temperança deixaram hoje essas questões menos complicadas e ardentes, mas não tinha como ser diferente naquela época, sobretudo em relação aos efeitos do tropicalismo no (som do) Brasil, aos quais por vezes reagimos, eles e eu, demasiadamente insistentes: tivemos que olhar criticamente para nós mesmos, nosso passado e o que estava à nossa volta para realizarmos novas sínteses. Por último, quem ler, considere a seguinte confissão: somente depois de fazer a tese foi que eu descobri finalmente que a música na minha vida era mais do que um acidente, uma paixão ou um objeto de estudo. É mesmo uma vocação, pela qual desde então eu atenciosamente zelo e sou grato. E mais do que falar sobre música nos botequins, o que ainda é um programa legal, eu descobri o que realmente vale a pena: fazê-la. Em casa, nos palcos, comigo, com os outros. Religiosamente.

MPB não é tudo: os discursos de renovação da música brasileira
(trechos selecionados da tese de doutorado)

THIAGO THIAGO DE MELO

Nos últimos anos, foram suscitados inúmeros debates em torno do *fim da canção*, tanto no meio musical como nos círculos acadêmicos, no âmbito da crítica e do jornalismo. O suposto aniquilamento formal desse produto central na história da MPB acompanharia de certa maneira o desgaste simbólico da própria sigla nas últimas décadas, quando, paralelamente, os estudos culturais enfatizaram a preocupação teórica sobre os significados da *nação* no mundo contemporâneo, marcado pelos efeitos da globalização. Acompanho a discussão entre música e nação desde o curso de Mestrado na PUC-RIO, quando desenvolvi uma reflexão sobre a MPB a partir do CD *Carioca* (Biscoito Fino, 2006), de Chico Buarque, sob orientação da professora Santuza Cambraia Naves.

    O tema do Doutorado são as discussões sobre a *renovação* da *música popular brasileira*, tomando como fio condutor a figura do compositor, ou, mais especificamente, do cancionista. Os debates sobre o *fim da canção*, sobre os sentidos da MPB e as idealizações do Brasil foram incorporados por artistas mais ou menos articulados em torno de uma *cena* de *música popular brasileira*, no Rio de Janeiro. Por também atuar como músico e conhecer *de dentro* as discussões, percebi que havia na cidade um grupo variado de compositores cujos trabalhos se apresentavam como *inovadores*, ou, melhor dizendo, *renovadores*. Meu objetivo é analisar os discursos que refletem os modos como a música e o Brasil são articulados por essa *nova música brasileira*, numa época marcada pela *crise* de certos paradigmas – o *fim da canção, o adeus à MPB*[4], a *fragmentação* nacional. Adotei, como metodologia

---

4   Título de artigo de Carlos Sandroni (2004).

de pesquisa, o *trabalho de campo* e a etnografia, realizada basicamente a partir do meu encontro com esses compositores[5].

Escolhi, como meus *informantes de pesquisa*, compositores associados à renovação da MPB no Rio de Janeiro na última década. Armando Lôbo, Edu Kneip, Paloma Espínola, Pedro Sá Moraes, Thiago Amud, Mauro Aguiar, entre outros, possuem uma produção musical heterogênea, baseada na canção popular. Em comum, o fato de muitas vezes passarem despercebidos pelo grande público, mas geralmente serem agraciados pela crítica musical especializada. As entrevistas tangenciaram as discussões apresentadas mais acima, sobre os rumos da canção e da nação. O recorte de escolha estabelecido por mim levou em consideração a maneira como geralmente esses compositores lidam com música e letra, que os remete à imagem do artista enquanto intelectual, no sentido daquele que articula sua produção poético-musical com um pensamento abrangente sobre a arte e a cultura da sociedade. Na verdade, a maioria deles tem formação cultural abrangente, passando pelos domínios da música *popular* e *erudita*, a literatura, o cinema, artes plásticas, poesia, filosofia. Lido aqui com o fato deste tipo de compositor – tão caro à *MPB dos anos 1960*, por exemplo – não mais representar o papel de protagonista dos debates culturais do país. Sendo desconhecidos do grande público (e, em geral, da grande mídia), não deixam de atuar criticamente na busca por novos caminhos para a canção.

As músicas identificadas à sigla MPB em seu momento *inicial*, em meados da década de 1960, na fronteira entre o erudito e o popular, fizeram com que muitos artistas fossem reconhecidos pela sociedade como intelectuais e formadores de opinião e visões sobre o que era o Brasil, ao fundirem elementos rítmicos *populares* a técnicas de composição sofisticadas. Minha pesquisa, sem deixar de atentar para as repercussões na crítica especializada, buscou discutir como uma nova geração de compositores cariocas, aglutinados sob a sigla MPB (e suas derivações, como *neoMPB* ou *nova MPB*), se coloca diante da possibilidade de recriar a canção – a partir da (re)combinação de ritmos, sonoridades, arranjos e letras – e quais propostas estéticas apresenta para o Brasil.

A propaganda de uma estação de rádio carioca – a MPB FM – diz que "MPB é tudo". A ideia de que a sigla seja capaz de aglutinar as mais heterogêneas sonoridades e estilos é própria do período tropicalista (1967-69), quando os artistas brasileiros passaram a incorporar criticamente às suas criações elementos da produção da música *pop* nacional (principalmente da *Jovem Guarda*) e internacional. Declarando-se *herdeiro* musical de João Gilberto, Caetano Veloso – talvez o nome mais

---

5 Eduardo Viveiros de Castro (2002) considera que a antropologia pode analisar sociedades a partir de um viés *teórico*, legitimando proposições de cunho totalizante. Por outro lado, afirma que a disciplina é apta para desenvolver suas interpretações sob uma ótica *etnográfica*, com ênfase no *trabalho de campo*. No processo de elaboração da tese, optei por este paradigma e enfatizei análises centradas em casos particulares.

representativo do período – ao mesmo tempo também optou pela assimilação da música *brega*, investindo contra o que era considerado como *bom gosto* na época. Esta proposta interativa de elementos nacionais e internacionais da cultura fez com que a Tropicália – espécie de *movimento* abrangente de diversas produções no campo da música, do teatro, do cinema e das artes plásticas – oferecesse caminho para sensibilidades mais fragmentadas, as quais, sintetizando informações *locais* e *globais*, não buscariam uma totalidade brasileira. Ao admitir o *estrangeiro* como eixo inexorável na relação com o *nacional*, pode-se dizer que os músicos tropicalistas ampliaram a concepção de *música popular brasileira* entendida como MPB, assim como repensaram o Brasil em relação ao modo como era *imaginado* pela fase imediatamente anterior, marcada pelo projeto nacional-popular. Já no fim da década de 1960, Augusto de Campos (2005) considera o tropicalismo fenômeno típico de uma época em que se incrementou o desenvolvimento da *indústria cultural* e dos meios de comunicação de massa, tornando praticamente impossível alegar a nacionalidade de um determinado movimento, o que contribuía para a ruína do projeto *nacional-popular*, tal como defendido, por exemplo, pelos artistas e intelectuais reunidos em torno do CPC da UNE.

Durante a pesquisa, constatei que o tropicalismo era entendido por meus informantes como um ponto de ruptura na história da MPB. Deve-se levar em conta que a maioria deles conhecia uma bibliografia específica sobre música *popular*, fazendo com que sua compreensão não fosse simplesmente *nativa*. Pelo contrário, muitas vezes os compositores discutiam comigo interpretações *especializadas*. Dentre essas destaco: o *Balanço da Bossa* (Augusto de Campos, 2005), *Canção Popular no Brasil* (Santuza Naves, 2011), *O Século da Canção* (Luiz Tatit, 2004), e alguns trechos de palestras e artigos de José Miguel Wisnik sobre o *fim da canção*.

Este era apenas um dos vários aspectos inquietantes da pesquisa, a começar pelo caráter contemporâneo de uma cena que *está acontecendo*, o que me exigiu esforço no sentido de recuperar o pouco material bibliográfico existente. Além disso, não havia nome que definisse um movimento de compositores ou algo do tipo, apenas termos vagos, como neoMPB. Por isso, durante o período das entrevistas, foi importante perceber que a maioria dos compositores ouvidos por mim se conheciam e seus trabalhos de certo modo se relacionavam. Ou seja, eu não me via como estando diante de representantes de uma sigla da MPB, mas sim de artistas que buscavam se afirmar na profissão, através de uma atitude crítica em relação ao que eles entendiam como a canção *brasileira*.

A MPB é entendida aqui como uma *tradição inventada*. Eric Hobsbawn (1984) concebeu as *tradições inventadas* como aquelas que passam por um processo de construção, institucionalização e, enfim, estabelecimento num determinado período de tempo. Paradoxalmente, Hobsbawn associa este tipo de tradição ao caráter histórico *inovador* que representou a *invenção* das nações, que geralmente envolve a legitimação de instituições e status, a socialização de ideias, sistemas de valores e padrões de comportamento. No caso da MPB, pode-se dizer que seus usos e sentidos mudam frequentemente, e, no campo simbólico, a sigla sempre é objeto de disputa entre artistas, público e crítica.

Quando iniciei meu trabalho de campo – basicamente realizando entrevistas com compositores, músicos e jornalistas –, pessoas conhecidas me perguntavam em que consistia minha tese. Na maioria das vezes, respondia que era sobre certa MPB contemporânea, feita no Rio de Janeiro, cuja produção musical envolvia *misturas* que, mesmo baseadas em estilos e ritmos reconhecidos como próprios da MPB (samba, marcha-rancho, frevo, canção, entre outros), não se limitariam a estes, ao incorporar, por exemplo, elementos da música clássica e da cultura erudita. Ademais, em alguns momentos, a imprensa especializada reuniu determinados artistas em torno de uma *cena* de *renovação da música popular brasileira*. Em termos antropológicos, elegi compositores deste nicho como alguns dos *informantes* da pesquisa.

Colegas da academia me provocavam, ao pedirem que eu contasse como esses *nativos* se definiam e quais os modos através dos quais a imprensa os identificava, já que haviam saído algumas publicações sobre eles na imprensa nos últimos anos. Apesar de serem considerados *renovadores*, algumas vezes foram definidos pela crítica como *impopulares* ou *extemporâneos*.

Em 2004, o compositor, cantor e escritor Chico Buarque, em já notória entrevista ao jornal *Folha de S.Paulo*, declarou que, diante de fenômenos musicais como a *música eletrônica* e o *rap,* que balançariam multidões, a canção estaria perto do fim.[6] O debate que se seguiu sobre o tema foi consideravelmente intenso por parte de músicos, acadêmicos, jornalistas e críticos, que ainda discutiam os possíveis caminhos da *música brasileira*. Há uma tendência em ver a MPB atualmente como uma sigla cada vez mais confusa, cheia de significados. No Rio de Janeiro, floresceram, principalmente na imprensa, discursos sobre a renovação da *música popular brasileira* na primeira década do século XXI. Chamou minha atenção o fato de alguns compositores serem destacados em matérias de jornais que, não raras vezes, apontavam para o contraste entre a boa qualidade artística de seus trabalhos e a distância destes para com o *público* e o *mercado*.

O uso da categoria MPB tem hoje muitos significados possíveis, e não poucas vezes é associado a uma mera nomenclatura de mercado, como sugeriu Carlos Sandroni (SANDRONI, 2004). Mais do que simples etiqueta mercadológica, os muitos discursos sobre uma *nova MPB* nos mostram como a sigla ainda é objeto de disputa por

---

6 *Folha de S.Paulo*, 26/12/2004. "O tempo e o artista". Entrevista a Fernando de Barros e Silva. *In:* http://chicobuarque.uol.com.br/texto/index.html.

parte de músicos e críticos. Numa pesquisa que fiz em matérias de jornais publicadas na internet, por exemplo, pude perceber que, nos últimos anos, o termo *nova MPB* (ou *neo MPB*, em alguns casos) foi aplicado pela imprensa a artistas e cenas diversas. O lugar que a *canção de MPB* ocupou na sociedade brasileira certamente mudou, perdendo sua força simbólica e mercadológica. Mas isso não representou o desaparecimento de seus criadores. A maioria dos compositores com quem conversei, por exemplo, quando instigados por mim a falar sobre seus trabalhos, recorreram a categorias típicas da modernidade, como *autor* e *obra de arte*.

No Brasil, falar em *música popular brasileira* nos dias de hoje engloba uma produção variada, que pode abranger, por exemplo, o período pré-bossa nova, passando pela MPB dos anos 1960 (época em que a sigla passou a ser divulgada pelos meios de comunicação), o tropicalismo, a safra nordestina dos anos 70, o "rock anos 1980", e artistas que passaram a fazer sucesso nos anos 1990, como Cássia Eller, Lenine e Zeca Baleiro. O signo MPB, mesmo que dinâmico, está consolidado no imaginário do público, atuando também como um (confuso) critério de classificação. Mas a amplitude simbólica do termo não impede, por outro lado, que existam centenas de compositores de música popular desconhecidos do grande público, com dificuldade de difundir sua produção musical ou mesmo de estabelecer uma rotina permanente de shows.[7]

Quando mencionados em matérias de jornais na última década, os compositores Pedro Sá Moraes, Thiago Amud, Armando Lôbo, Álvaro Gribel, Mauro Aguiar, Edu Kneip, Julio Dain e Paloma Espínola, entre outros, geralmente são associados pela crítica especializada como renovadores da MPB. Um aspecto fundamental quando a sigla foi *inventada* em meados dos anos 1960, foi o comentário da *nação* através das canções – que podia ser evocado no texto, nos arranjos, nos ritmos empregados, na parte harmônica, nas fusões de estilos etc. Neste sentido, são notórios os casos de Chico Buarque e Edu Lobo, este último chegando a dialogar conscientemente com o projeto modernista de Mário de Andrade de comentar o Brasil através da música. Já o misturador de águas que foi o tropicalismo propunha uma conexão do país com o mundo, ao adotar o procedimento de mesclar referências nacionais e internacionais (fusão de ritmos regionais com informações da música *pop*) em suas canções. Quando tomei contato com o *campo de pesquisa*, atentei para a possibilidade dos compositores contemporâneos lidarem com este aspecto de *comentário do Brasil* em suas músicas.

---

7 O compositor Gilberto Gil, em entrevista ao jornal *O Globo*, publicada em 02/12/2011, considerou que, diante dos avanços digitais, seria normal se esperar que uma quantidade significativa de compositores e outros criadores ficasse fora do mercado: "A cada intensificação da maquinização, o lado humano vai ficando mais difícil." In: http://oglobo.globo.com/cultura/embaixador-do-festival-culturadigitalbr-gilberto-gil-fala-sobre-mundo-digital-3364506

Atualmente, diversos gêneros musicais associados às periferias das grandes cidades brasileiras – como o *rap*, o *funk*, o *hip-hop*, a música *brega* – ganham destaque nos discursos sobre a renovação da *música popular brasileira*. Tais gêneros são muitas vezes definidos através do procedimento artístico de *colagem* ou *recriação* de materiais já existentes, prática que remete à figura do *bricoleur*, pensada por Claude Lévi-Strauss (1976), em oposição à figura do *engenheiro*, que demandaria o uso de materiais novos. Muitos dos compositores contemplados nesta pesquisa se aproximam desta última imagem. As *misturas* que empreendem em suas canções – poesia, cinema, filosofia, música *pop*, batuques de candomblé, *alta* literatura, música *erudita*, ritmos regionais como o frevo, o baião e o jongo, ou ainda o samba e a marcha-rancho, por exemplo – os remetem à ideia de *autor*, pois não prevalece a imagem de "colagem" no fazer artístico. Em vez disso, tratam sua *obra* como uma possibilidade de inaugurar algo novo, conforme muitos me disseram.

"As pessoas não querem ouvir minha música. Ninguém quer ouvir não. A canção de hoje em dia é a canção simples, com muito menos harmonia do que teve no passado [...]. Menos ideias, melodias menos agônicas, melodias com menos saltos intervalares, com menos tensão. É tudo muito bem gravado, com um ritmo pulsante. E uma mensagem imediata, porque as pessoas não têm tempo. As pessoas não entram mais no universo de um artista. Eu sou um tipo de pulsão criativa que precisa ser absorvido com calma. Essa época não é disso. Como eu vou vender um produto que tem um nível de dificuldade que transcende a expectativa do público que consome este tipo de coisa?" (ARMANDO LÔBO).

"Eu faço MPB: música *purgatorial* brasileira." (THIAGO AMUD).

Num primeiro contato com o *campo de pesquisa*, no começo de 2008, fui algumas vezes ao bar Semente, no sopé dos Arcos da Lapa, esquina da rua Joaquim Silva. Ponto de referência da *renovação* desse bairro carioca, o bar tornou-se mais conhecido no fim dos anos 1990, quando em suas rodas de samba se formou o grupo que acompanhava a cantora Teresa Cristina, o Semente. Desde então, a imagem do bar é geralmente associada à manutenção ou à renovação da tradição de ritmos considerados brasileiros, como o choro e o samba. Fui assistir algumas vezes ao show dos Sonâmbulos – duo formado pelos compositores Edu Kneip e Thiago Amud –, que acontecia todas as terças-feiras do mês, em noites dedicadas a novas músicas *autorais* de MPB. Acompanhados pelo percussionista Sergio Krakowski, tocavam canções suas e sempre recebiam convidados. Músicos, cantores e compositores davam "canja" na segunda parte do show, que tinha o hábito de começar depois das dez horas da noite e adentrar pela madrugada, num clima de bastante informalidade. Egressos da Universidade Federal do Estado do Rio de Janeiro (UNIRIO), onde se formaram, respectivamente, em Licenciatura Musical e Bacharelado em Música Popular Brasileira (MPB), Kneip – que já havia lançado um CD, em 2005 – e Amud trabalhavam na produção de seus discos *solo*.

Em setembro de 2008, uma matéria na capa do Segundo Caderno do jornal *O Globo* me chamou a atenção, a começar pelo título: *A neoMPB – Fora da mídia, compositores insistem na boa música impopular*. Assinada por Antônio Carlos Miguel, a reportagem mencionava um grupo heterogêneo de compositores que não teria seu trabalho veiculado frequentemente pelos meios de comunicação. Com isso, não haveria tampouco aproximação com o grande público. Miguel buscou defini-los:

> Suas canções não tocam em rádio e TV. Seus discos estão restritos a pequenas tiragens. Os shows fora de suas cidades são raros. Mesmo assim, é grande o número de compositores contemporâneos com (bons) trabalhos próximos do que, na era dos grandes festivais dos anos 1960, ficou conhecido pela sigla de MPB, de música popular brasileira. Nesta NeoMPB, trafegam tanto artistas novíssimos quanto gente com mais estrada, insistindo em sua, hoje, "música impopular". Apesar de diferentes abordagens, essa gente tem em comum o instrumental acústico e influências que vão de Edu Lobo a Guinga, passando por Sérgio Ricardo, Chico Buarque, Milton Nascimento e João Bosco.

Foi interessante perceber que as *influências* apontadas iam de Edu Lobo, artista que simbolizou a primeira geração da MPB, em meados dos anos 1960, até Guinga, compositor quase da mesma geração que Edu, mas que só lançou seu primeiro CD em 1991. Guinga, aliás, já tinha trabalhado em colaboração com alguns dos músicos citados pelo jornalista.

Em setembro de 2009, voltei a assistir aos Sonâmbulos, dessa vez no Espaço Rio Carioca, em Laranjeiras, onde tocaram acompanhados por uma banda formada por Gabriel Geszti (piano e acordeom), Julio Merlino (flauta e sax), Mariana Baltar (voz), Rui Alvim (clarinete e clarone) e Sergio Krakowski (pandeiro). O instrumental, que privilegiava a sonoridade dos violões acústicos, aliava a base percussiva a sopros comumente empregados na música *erudita*.

Enquanto assistia ao show, pensava na fala de Chico Buarque sobre o fim da canção e em todo o debate que ocorreu depois disso. No fim de 2009, defendi, no Exame de Qualificação, um projeto de tese intitulado *As ideias de nação em músicas brasileiras contemporâneas*, no qual apresentei uma pequena etnografia – na verdade, algumas observações – sobre alguns compositores. Além dos dois Sonâmbulos, também escrevi sobre a produção musical de Pedro Sá Moraes, que ganhava certo destaque na imprensa especializada por sua originalidade, recriação da MPB e pela realização de shows no exterior.

Em fevereiro de 2011, o Escambo tocou no Espaço Cultural Sérgio Porto, no Humaitá, zona sul do Rio. Cheguei ao teatro por volta das cinco horas da tarde para fazer a passagem de som. Lá, por acaso, encontrei o Sá Moraes, que conversava com o produtor musical da casa (provavelmente o Thiago Vedova) em uma das arquibancadas. Já havíamos nos visto algumas vezes, mas acho que ele não sabia exatamente quem eu era. Não titubeei, e após testar os instrumentos no palco, fui conversar com ele. Falei qualquer coisa sobre o show daquela noite e logo lhe contei sobre a tese. Pedro se mostrou interessado. Ele e outros compositores – é comum que seja assim – sempre debatiam questões da canção, das cenas musicais, da MPB etc., e buscavam incorporar essas discussões em suas próprias criações. Quando ele falou os nomes de Thiago Amud e Edu Kneip, tentei esconder minha surpresa, já que era justamente sobre estes dois compositores e mais o próprio Pedro que eu estava interessado em escrever. Fiquei exultante. Ele me disse para procurá-lo dentro de um mês, quando regressaria de uma turnê de shows nos Estados Unidos.

Nesse súbito encontro, Pedro teve tempo de me dizer que não concordava completamente com certa abordagem *acadêmica* sobre o assunto da música popular no Brasil e, particularmente, da canção. Recordo que ele disse estar cansado de algo como um *vício antropologizante* de se considerar como relevante para a discussão apenas os fenômenos *pulsantes*, tais como, segundo ele, o funk carioca, o manguebeat de Recife, o tecnobrega do Pará ou o hip-hop de São Paulo. Além disso, o fato de que tenha mencionado compositores que eu estava *observando* e *escrevendo sobre* foi fundamental. Ali foi que realmente percebi que havia um *campo de pesquisa* a ser explorado. Quando Pedro criticou a abordagem feita pela academia e pela imprensa sobre a música popular no Brasil contemporâneo, percebi que poderia haver um diálogo interessante entre eles.

No dia seguinte, enviei um e-mail para o Thiago Amud, contando-lhe da tese e pedindo uma conversa, a qual se daria dali a alguns poucos dias, num restaurante no Largo do Machado. Levei o gravador, mas não sabia direito como proceder, já que fazia algum tempo não entrevistava alguém e pelo fato de sermos colegas – ele inclusive já tocara com o Escambo um par de vezes antes daquela noite. Meu gelo foi imediatamente quebrado quando começamos a falar sobre o tema da tese, e Amud – assim como fizera Pedro Sá Moraes dias antes – questionou certa abordagem acadêmica por seu suposto relativismo em relação a questões musicais e sobre as interpretações da MPB contemporânea. Pedi para usar o gravador, e conforme conversávamos – neste momento, ainda do lado de fora do recinto, onde apenas depois entraríamos, por causa do barulho da rua –, ia lhe enxergando, mais e mais, como um *nativo* da minha pesquisa. Pois ele me mostrava um olhar absolutamente comprometido não apenas com a canção, mas com a música de maneira mais ampla, e tinha muito conhecimento sobre produções de outros períodos históricos, como a música clássica e a atuação das vanguardas artísticas no século XX.

Naquela noite, fim de fevereiro de 2011, começava meu *trabalho de campo* propriamente dito. Lembro que a conversa despertou em ambos uma curiosidade pelo que o outro tinha a dizer. Por várias vezes ele me indagou sobre tal ou qual artista, o que eu gostava de ouvir, de ler. Acho que ele queria saber de que *lugar* eu estava falando: como um compositor de canções ou como um doutorando em Ciências Sociais? Disse, mais acima, "lembrar", pois – a vida tem dessas coisas – meu gravador quebrou durante nossa estada no restaurante e eu perdi o registro do áudio das muitas horas de conversa que tivemos. Marcamos novo encontro na semana seguinte, dessa vez num bar na esquina da rua Rodrigo de Brito, em Botafogo, no começo da tarde.

Ali eu conversava com um cara de 30 anos que era visto por muitos de seus pares musicais como um compositor extraordinário e cujo primeiro CD – *Sacradança* (Delira Música, 2010) – propunha, segundo ele, mais que uma renovação da canção, uma discussão sobre a estética nacional e os caminhos trilhados atualmente por artistas da MPB.

Thiago Amud é carioca, morador da Urca. Seu CD, que teve todas as partituras escritas por ele antes da gravação, é marcado pela *mistura* de ritmos e estilos, tão cara a uma interpretação multiculturalista do mundo. Em vez do uso extensivo do violão (que só aparece em duas músicas), nos arranjos prevalece o som distorcido da guitarra elétrica, amplificado por pedais como o *overdrive* e o *wah-wah*, aliado a instrumentos de percussão, baixo, piano, flautas, instrumentos eruditos, órgão e coro. Os ritmos alternam-se entre o samba, a salsa, o baião, a marcha-rancho, o frevo, e por vezes um estilo *rock* dá o tom, com um som *progressivo*. É também nítida a influência da música de Villa-Lobos.

O disco, segundo o compositor, foi *conscientemente* feito de acordo com a época em que vive a canção. Refiro-me às inúmeras discussões, travadas em artigos acadêmicos, filmes, imprensa etc., sobre o suposto desgaste da canção, fenômeno que não seria apenas de âmbito nacional. Ele concorda que existe realmente uma *crise*, porém afirma que existem novos caminhos na composição a serem trilhados:

> O final de todos os processos é necessariamente o começo de outros. Não existe esse fim definitivo. Todo final é recomeço. A não ser o último final, onde a gente vai estar diante da Eternidade [...] Vamos supor que a canção tenha acabado. De que fardo a gente se despojou, então? Não tem que fazer mais

um negócio chamado canção naqueles termos. Vou fazer em outros. Vou fazer canção pensando em cinema, vou elaborar um arranjo pensando como se fosse uma cena de cinema, mas não como músicas para cinema, mas pensando como cenas mesmo. Usando sinestesias, usando pontes. Vivendo um delírio, vivendo sob o signo do delírio. Quero fazer um disco delirante. Por quê? Porque acabou aquela coisa pautada [...] Aquilo, daquele modo, com o vigor que teve, não vem mais. Então que venha uma outra coisa. Tudo bem, tem uma parcela de incomunicabilidade que eu pago por conturbar o campo sonoro daquele jeito.

Na minha frente, um compositor que se via como *autor*, consciente das mudanças que estava propondo dentro de seu campo artístico. Neste sentido, será interessante pensá-lo à luz da definição de *artista inconformista* – tal como esboçada por Howard Becker (1977) – o qual não aceitaria totalmente as convenções do mundo artístico do qual faria parte. Existindo em todo e qualquer mundo artístico organizado,

> [os] inconformistas são artistas que, tendo pertencido ao mundo artístico convencional próprio de sua época, lugar e meio social, acharam-no tão inaceitavelmente restrito que acabaram por não querer mais conformar-se com as suas convenções [...] Não é de espantar, portanto, que os inconformistas tenham que enfrentar sérias dificuldades para verem o seu trabalho realizado. Essas dificuldades são às vezes tão grandes que o trabalho planejado não chega a se efetivar. (BECKER, pp. 14-15).

O *inconformista* seria ainda aquele que forçaria o seu mundo artístico de origem a reconhecê-lo, posto que não abandonaria muitas convenções de sua arte. Amud, por exemplo, reconhece que o que faz é *canção*. Canção com ritmo, melodia, harmonia, letra, percussão, violão, baixo, bateria, guitarra elétrica. Canção com *pulso*, com duração de três, quatro minutos. Assim como o *inconformista*, pode-se dizer que ele se volta para o mundo da arte canônica, sem perder de vista a mudança de algumas de suas convenções. O fator da incomunicabilidade, aceito por Amud, pode ser explicado por ele lidar virtualmente com os mesmos públicos dos artistas mais convencionais, que eventualmente têm maior dificuldade em assimilar trabalhos inovadores, exigindo um maior esforço de sua parte. O argumento central de Becker é que o inconformismo não chega a ser uma característica inerente ao trabalho do artista, sendo antes fruto da relação desse trabalho com o mundo artístico convencional em que está inserido.

Em nossa primeira conversa gravada, Amud e eu falamos das mudanças nas percepções sobre as camadas populares a partir da ótica da MPB; a incorporação, desde a Tropicália, de elementos relacionados às massas, devido, sobretudo, a suas possibilidades contraculturais. A Tropicália trouxe

> a entropia para dentro do tecido cultural... o grande legado é a entropia... Por exemplo, quando a gente vê o modo como eles lidavam com o gesto, com a atitude, com a transformação do vestuário, do comportamento... e o modo como isso tudo ia entrando dentro da área chamada produção de canção brasileira, que era uma coisa que não era conhecido ali dentro, não como uma tema autoconsciente. Quando eles pegam os emblemas, o emblema Carmem Miranda, o emblema Roberto Carlos, o emblema Beatles, e colocam tudo isso como um modo novo de fazer canção popular no Brasil, muda tudo porque eles não estão apenas compondo da maneira desse ou daquele... eles estão lidando com a questão da imagem dentro da música, com a questão da reprodutibilidade da imagem, com a reprodutibilidade técnica de que fala o Benjamim. Eles estão lidando com isso, com o mito. Uma era de mitos voláteis.

A postura crítica que Thiago Amud me mostrou em relação ao tropicalismo e às *heranças* desse movimento aludia, segundo ele, à *tradição da ruptura*, "já em grau avançadíssimo". Ele se referia a Octavio Paz (1984), que considera a *modernidade* como uma tradição movida a interrupções que sempre inauguram algo novo. A contradição entre os termos revela, segundo Paz, que a "tradição da ruptura implica não somente a negação da tradição, como também da ruptura" (PAZ, 1984:17).

O período moderno, iniciado no século XVIII, seria o primeiro a instaurar a mudança como seu fundamento. A arte moderna se moveria pelas noções de *novidade*, *desenvolvimento* e *revolução*. A ideia de romper com a MPB mais tradicional a partir da mistura de elementos musicais das camadas populares, como a música *brega* ou o *rap*, por exemplo, o uso de temáticas e ritmos *regionais*, como o baião e o maracatu, ou a incorporação da música *pop* internacional, seriam procedimentos, segundo Amud, utilizados na feitura das canções desde os tropicalistas até os dias de hoje:

> [...] já no disco de Caetano, de 1967, tem uma ruptura muito agressiva. Acho que ali você tem uma assunção de uma complexidade maior do que é o Brasil. Eles [os tropicalistas] assumem isso. O Brasil é mais complexo do que esse bel-cancioneiro que está se tentando fazer, vindo a reboque da bossa nova e num projeto nacionalizador e alinhado a uma esquerda tradicional moralista. Eles falam: nós somos a esquerda da esquerda. Mas isso é mais uma coisa do mesmo, no fim das contas. É a ideia da revolução, a ideia daquilo que Octavio Paz chamou de tradição da ruptura. A Tropicália é a tradição da ruptura já em

grau avançadíssimo. E vai gerar coisas, as pessoas ainda estão querendo fazer, aí canta Sérgio Mallandro, ó, eles estão cantando Sérgio Mallandro, vai nu pra televisão rebolar, ó, tá rebolando nu na televisão. Aí entra a coisa do xerox. Você tira xerox em grandes quantidades, espalha aquele negócio. Não tem mais nenhum fôlego de novidade nesse negócio.

Muitos dos meus entrevistados haviam participado, em 2004, de um coletivo chamado Confraria da Música Livre. Definido por eles como uma Liga de Compositores, o grupo fez shows em alguns lugares da cidade e gravou um CD (independente). Formado por Armando Lôbo, Thiago Amud, Paloma Espínola, Pedro Moraes, Edu Kneip, Daniela Mesquita, Francisco Vilela, Francisco Vervloet, Marcelo Caldi e Thomas Saboga, o CD do grupo, que conta ainda com uma parceria de Kneip e Mauro Aguiar, apresenta 17 músicas, todas compostas por esses artistas. Há, no encarte do trabalho, um pequeno texto em que se apresentam através da aposta em *outras formas de fazer música brasileira*, pois "sempre haverá um novo sentido, uma busca, um desassossego". Identifico no texto o caráter cooperativo com o objetivo de viabilizarem seus projetos individuais ou em conjunto, e destaco sua busca em "estabelecer um diálogo interdisciplinar com aspectos da cultura brasileira, do mundo das ideias, a literatura, o cinema e outras artes, sem perder de vista, no entanto, a ênfase na densidade da arquitetura musical".

Nessa definição, percebem-se outras interpretações das *misturas* feitas na *música popular brasileira*. Discutir a *cultura brasileira* a partir de seus processos de *mistura* enfatiza, segundo Luiz Tatit (2004), nossa tendência de assimilação, vista privilegiadamente como um *enriquecimento* cultural em detrimento da noção de profanação. Para Tatit, o tropicalismo teria diluído os limites entre canções de *qualidade* e canções voltadas apenas para o *consumo*, ao admitir que o processo de composição de ambos os tipos abrangeria operações muito semelhantes quanto à busca por compatibilizar melodia e letra. A relativização do conceito de música de *qualidade* seria uma marca deixada pelos tropicalistas, responsáveis, por exemplo, pela aceitação do *rock 80*, da música sertaneja, do *axé* e do *pagode* como expressões da música brasileira. A apreciação das misturas de gêneros como sendo algo saudável deflagraria, a seu ver, um novo lugar para a canção popular na cultura do país. Viveríamos numa época em que noções como *vanguarda* e *busca pelo novo* não fariam mais sentido diante do panorama atual, marcado pelo aparecimento de inúmeras singularidades artísticas de todas as regiões do país. A força da fragmentação trazida pela *globalização* seria sentida através desse novo arranjo dos *localismos*.

Neste sentido, as propostas da *Confraria* de buscar novas formas e sentidos em fazer música *brasileira*, se afastariam das tendências contemporâneas (tropicalistas por excelência) de relativizar as diferenças entre *qualidade* e *entretenimento*, e de "eliminar qualquer complexidade harmônica ou rítmica de seus produtos, bem como os sinais de elaboração menos linear do conteúdo das letras" (idem, pp. 108). Por outro lado, os diálogos propostos pela *Confraria* – cinema, filosofia, literatura e aspectos da cultura brasileira – não perderiam de vista a "ênfase na densidade da arquitetura musical".

Antes de *Sacradança* ser lançado, foi publicada uma reportagem de Luiz Felipe Reis, no *Jornal do Brasil*, sob o título "Villa-Lobos encontra Glauber na Urca – Thiago Amud estreia em Cd atrás de uma MPB perdida". O compositor foi destacado, mesmo que à sua revelia, como um dos principais nomes de uma *neo-MPB*. Chamo a atenção, a seguir, para trechos em que o jornalista reforçou as ideias de originalidade nas composições e a busca por uma "nova síntese de brasilidade":

> Navegando pelas águas bravias da polirritmia, da multiplicidade de camadas sobrepostas, Amud desbrava melodias que se desdobram ao ponto original das canções [...] Imbuído na tarefa de encontrar e propor uma nova síntese de brasilidade, aponta para a época de fragmentação de opiniões e considera seu trabalho um painel tropical de canções [...] Para lidar com suas proposições de rupturas estéticas e existenciais, o artista aferra-se a referências nacionais, como *Terra em Transe*, de Glauber Rocha; Choros nº 10, de Villa-Lobos; e *Grande sertão: veredas*, de Guimarães Rosa.[8]

Esta matéria mais uma vez abria meus olhos para o fato de que existiam músicos da minha geração que lidavam com ideais de *mistura* distintos dos praticados por artistas da MPB que tinham seus trabalhos frequentemente veiculados pelos meios de comunicação. Amud, por exemplo, dizia pensar o Brasil através da canção popular, mas não incorporava em sua música uma série de signos contemporâneos, geralmente associados às camadas populares, como, por exemplo, o funk, o rap ou o hip-hop, deflagradores de uma música *transnacional*. A mistura feita por ele envolvia literatura, poesia, música erudita, música regional (do Brasil) e sonoridades de rock n'roll.

O músico pernambucano Armando Lôbo, que mora no Rio de Janeiro desde o começo dos anos 2000, liderou o grupo musical Santa Boêmia na época em que Recife vivia o auge do movimento manguebeat, em meados dos anos 1990. Lôbo lida em sua música com elementos da cultura popular, do pop e do erudito. Em seu site oficial, o artista é apresentado como sendo "plantado na tradição e em busca

---

[8] In: http://jbonline.terra.com.br/leiajb/noticias/2009/03/22/cultura/villalobos_encontra_glauber_na_urca.asp; consultado em 23/10/2009.

constante do *novo*". Desde 2003, lançou três CDs: *Alegria dos Homens*[9] (Seven, Sony, 2003), *Vulgar e Sublime* (Delira Música, 2008) e *Técnicas Modernas do Êxtase* (Delira Música, 2011). Compositor premiado por seu trabalho à frente da Orquestra Frevo Diabo, Lôbo é frequentemente visto pela imprensa (e mesmo por seus pares) como um *provocador*. Por ocasião do lançamento de seu segundo disco, o crítico Leonardo Lichote escreveu pequena nota em *O Globo*, descrevendo sua música através da busca por experiências formais. A crítica feita por Luis Felipe Reis (impressa no *Jornal do Brasil* em 11 de novembro de 2008) acompanhou o mesmo tom proposto por Lichote:

> Esqueça o Vulgar. Sublime, sim, é o termo que pode definir a fusão da música popular à erudita do segundo trabalho do pernambucano Armando Lôbo. Produtor e arranjador do álbum, relê ainda *O quereres* (Caetano Veloso) e *As I Sat sadly by her side* (Nick Cave). Mergulhado entre o maracatu e a bossa nova, *ele ataca a mesmice e provoca o que há de melhor desde a geração manguebeat* (grifado por mim).

Na crítica feita por Hugo Sukman para *O Globo*,

> Armando deflagrou sua diferença em relação aos conterrâneos do movimento manguebeat, ao estabelecer o elemento barroco como cerne de sua orientação artística, mesmo em momentos em que mistura o uso do cravo com samplers (na música "Ciência, a alegria dos homens"):
> Faço uma MPB contemporânea, filtrada pelo sentimento barroco. O que me interessa é dialogar com a tradição da música brasileira de Tom, Edu e Chico. Com Villa-Lobos e Glauber Rocha. Uma tradição mais urbana, que envolvia o Brasil como um todo, menos regional e engajada que de um movimento como o manguebeat [...] Nos últimos anos a riqueza da música pernambucana foi toda intuitiva, muito mais ligada ao maracatu e ao coco do que ao frevo, por exemplo. Eu busco mais a técnica, e a mistura entre a música popular e a erudita, que sempre caracterizou a canção brasileira que eu gosto [...] Quero fazer uma carreira discográfica de música brasileira, mas paralelamente manter esse pé na

---

9 A chegada de Armando Lôbo ao Rio de Janeiro chamou a atenção de um grupo de compositores reunidos em torno de *A lira e a lâmina*, grupo formado no início dos anos 2000 por Pedro Moraes, Fernando Vilela, Francisco Vervloet, Thomas Saboga, Thiago Amud e Paloma Espínola, entre outros. Quando a entrevistei, Paloma, compositora interessada na *poética do som*, me disse que alguns músicos do grupo assistiram ao show de lançamento de *Alegria dos homens*, primeiro CD de Armando Lôbo, no teatro Sérgio Porto. O impacto causado pela apresentação de Lôbo fez com que se aproximassem logo após o show, pois não se conheciam. Dali a pouco tempo, aqueles compositores e Armando Lôbo formariam a *Confraria da Música Livre*.

chamada música erudita [...] Também gosto de Schoenberg e Stravinski, e da mistura disso com música popular. Em "Bachiando no frevo", por exemplo, eu tento adaptar ao frevo os contrapontos da música barroca.

Sukman descreve a música de Armando Lôbo através do uso de "harmonias elaboradas e estranhamento poético", além de perceber a influência barroca de que fala o compositor, que nitidamente situa sua música como uma possibilidade alternativa de pensar o Brasil, quando, por exemplo, mencionou a distinção entre o movimento manguebeat e o Movimento Armorial, não se identificando com ambos. O manguebeat teria sido motivado, segundo Rejane Calazans (2006), por um sentimento de insatisfação com a produção de música *pop* nacional, buscando atualizá-la de acordo com as informações do *pop* internacional. A mistura de gêneros tradicionais com sonoridades do mundo globalizado conectaria Recife com as tendências contemporâneas. Por outro lado, o Movimento Armorial, estabelecido em torno do escritor pernambucano Ariano Suassuna na década de 1970, buscaria, segundo Frederico Barros (2008), intervir na *cultura brasileira*, entendida como patrimônio nacional a ser preservado:

> [...] ao detectarem o que veem como uma espécie de descaracterização, ou mesmo risco de desaparecimento, que essa cultura estaria sofrendo, os armorialistas se articularam em torno de uma proposta de intervenção que buscasse, de alguma maneira, reverter esse processo. (BARROS, 2008:335).

Em crítica anterior, Hugo Sukman já havia escrito sobre essa diferença de Lôbo em relação a ambos os movimentos nascidos em Recife:

> Quando lançou no início do ano seu primeiro disco independente, *Alegria dos homens*, o pernambucano Armando Lôbo surpreendeu a crítica não apenas pela qualidade de sua música. O que espantou, sobretudo, foi a filiação deste autor que, ao contrário dos seus conterrâneos, não reza pela cartilha regionalista da tradição armorial de um Antonio Nóbrega nem tem antenas parabólicas fincadas na lama como a geração pop do manguebeat: a música de Lôbo é a velha e sempre nova mistura de MPB com música clássica, jazz e até eletrônica. As harmonias trabalhadas vêm de Edu Lobo e Tom Jobim; a temática brasileira complexa, de um Chico Buarque; a influência clássica, de Villa-Lobos; a filiação vem muito mais do frevo de um Nelson Ferreira e de um Capiba do que do maracatu, referência máxima do pop pernambucano.

A quase totalidade das críticas aos trabalhos de Armando converge para o entendimento de um autor de canções, situado no limite da MPB, entre o popular e o erudito, às vezes flertando com a música pop. Este limiar parece ter sido rompido a partir do lançamento de *Técnicas Modernas do Êxtase*, momento em que Armando Lôbo anunciou que não iria mais trabalhar com o formato *canção*.

Na entrevista que tivemos como parte de minha pesquisa, Lôbo se afasta do que ele chama de *MPopdoB*, a MPB pós-anos 1990. Chama a atenção em sua fala o diagnóstico de que estamos, no campo da canção popular, em um momento musicalmente pobre. Apesar disso, o trabalho de muitos artistas seria viabilizado pela "mídia" por representar os "signos da época". Lôbo diferencia o uso desses elementos do que ele considera *arte*:

> O público contemporâneo brasileiro é narcisista, quer ver no palco o que ele já tem, não gosta de novidade; o brasileiro não gosta de novidade e não gosta de arte. São duas coisas que o brasileiro não gosta. Brasileiro é pseudo-multicultural, ele não quer entrar na música. Ele não sai de casa geralmente para ouvir música, isso faz parte de um pacote. Ele vai atrás de uma música feita pela manipulação de signos contemporâneos, manipulação consciente ou inconsciente. Aí dizem: "Trata-se de algo muito além do que música". Então, o que é? Explique-se. Se você esta fazendo algo mais do que música, explica o que você esta fazendo. Bach só fazia música e você esta fazendo algo além da música. Me diga em que ponto você vai além da música. Se é além da música, então é sociologia de costumes.

O posicionamento crítico de Armando Lôbo se dá em relação não apenas à transformação da *arte* em *entretenimento*, como também aos modos como recentemente parte da MPB tem feito as *misturas*, marcadamente recusando hierarquias entre "alta" e "baixa" cultura, suposta característica herdada da MPB dos anos 1960, principalmente a partir do tropicalismo:

> A música da *MPB dos anos 1960* foi boa. A herança é que foi maldita. A herança do tropicalismo foi esse cinismo pop [...] esse discurso automático do pós-tropicalismo, "faço umas fusões, misturo as coisas, no Brasil é tudo misturado". Eu não acredito que uma ideologia de rebanho seja boa para o Brasil.

Dentre os compositores com quem conversei, percebi que alguns não tomavam a ideia de *inovação artística* como o fator mais importante de suas composições. O compositor, cantor e instrumentista Edu Krieger lançou dois discos na última década. Seu nome circula pela imprensa através de seu vínculo com o bairro da Lapa, no Rio de Janeiro, onde costuma se apresentar ao vivo com trabalhos autorais e ligados ao samba. Além disso, alguns críticos (por exemplo, Antonio Carlos Miguel) já o situaram como representante de uma *neoMPB*. Estive com ele num botequim em frente ao Bar Semente, onde o conheci através do Thiago Amud. Compositor gravado por intérpretes reconhecidas pelo grande público (Maria Rita, por exemplo), suas músicas geralmente tocam nas rádios e têm boa aceitação do público. Krieger, segundo me disse, *vive de música*. Diante das transformações do panorama político-cultural do país desde os anos 1960, a canção deveria servir como *entretenimento*, única maneira através da qual o compositor contemporâneo conseguiria sobreviver com seu trabalho:

> A música se tornou um veículo de entretenimento, então a canção tem que cumprir uma função de entretenimento, pra depois, se ela tiver algo que traga uma mensagem um pouco mais profunda, às vezes isso pode vir à tona, às vezes não. O entretenimento hoje em dia é o que predomina na canção. A atenção do público é mais voltada pra perspectiva do entretenimento, isso obviamente inibe a inspiração que a gente possa ter, pra falar algo que seja mais reflexivo. Intimida muito o criador porque parece que você não está falando pra ninguém. O compositor tem que se adaptar a esse tipo de demanda, de interesse [...] Quando eu faço uma canção a última coisa que vou fazer é tocar na ferida, porque isso é inútil, não existe uma plateia predisposta a isso. Seria tolo da minha parte eu não me adaptar ao pensamento coletivo. Eu prefiro me adaptar a esse formato que a geração me impõe, pra tentar atrair as pessoas pra minha música e tornar palatável, senão também eu não vivo, eu não vou sobreviver. Trabalhando com canção, a última coisa que quero é ser um morto de fome, é ser um cara que vai ser reconhecido daqui a 50 anos, por exemplo. Eu tento aliar uma estética que seja artística, que tenha arte ali como elemento chave, com uma coisa voltada pro entretenimento, uma coisa mais leve, fazer letras mais palatáveis, senão não vou ser reconhecido no meu próprio tempo. Pra mim, seria frustrante.

Recorrendo novamente a Howard Becker, lembro que este autor, ao elaborar a sua tipologia de artistas, chamou a atenção para os *profissionais integrados* (BECKER, 1977), cujas produções artísticas corresponderiam às demandas das convenções estabelecidas em seu mundo artístico organizado.

Segundo Becker,

> um artista desses estaria plenamente integrado no mundo artístico instituído – não causaria nenhum tipo de problema a quem quer que devesse cooperar com ele e todos os seus trabalhos teriam um público não só numeroso como receptivo [...] Em qualquer mundo artístico organizado, a maioria dos artistas será necessariamente constituída de profissionais integrados. Como esses artistas

conhecem, entendem e habitualmente usam as convenções que regulam o funcionamento de seu mundo, eles se adaptam facilmente a todas as atividades padronizadas por eles desenvolvidas (BECKER, 1977:12).

Edu Krieger certamente corresponderia a este tipo de artista, menos interessado em romper convenções do que em se adaptar às "demandas do mercado" e às regras de seu mundo artístico organizado. As classificações elaboradas por Howard Becker, no entanto, escapariam à variedade de compositores que conheci. Edu Kneip, por exemplo, é apontado geralmente pela imprensa como um compositor *inovador*, atuante dentro do campo da *música brasileira*. Seu CD de estreia, *Da boca pra dentro* (2005, A Casa Cd) foi indicado ao Prêmio Rival Petrobras de Música, tendo boa repercussão entre o público e a crítica especializada.

Seu segundo CD, *Herói* (Delira Música, 2011), apresenta 11 faixas, músicas suas e em parceria com Thiago Amud, Mauro Aguiar e Gabriel Gezsti. Leonardo Lichote escreveu em *O Globo* que as canções combinariam a "busca de caminhos originais nas harmonias e melodias com letras que trazem humor e picardia de rua". Segundo o crítico Beto Feitosa, Kneip fez um disco lúdico e "conceitual entre personagens conhecidos e novas cenas". O compositor se situaria entre a busca por inovações e o caráter comunicativo representado pelo *entretenimento*. Na crítica assinada por Lichote, Kneip falou sobre sua ambição em lidar com ambos os aspectos. Sublinho, no trecho a seguir, sua atenção em fazer isso no Brasil:

> Estamos num momento em que as pessoas querem e precisam de diversão, entretenimento [...] Procuro fazer a música do jeito que quero, mas pensando no lado do entretenimento. Queria fazer um disco divertido [...] Muitas coisas de Jorge Ben parecem desenho animado. No meu disco, [a música] Contador de Histórias é assim. Gosto de trazer isso para o Brasil, falar nas letras de figuras como Lampião, Saci, Mula-sem-cabeça...

Foi Pedro Sá Moraes quem me abriu as portas do *campo de pesquisa*, quando o encontrei por acaso no Teatro Sérgio Porto. Formado em Psicologia pela PUC-Rio, lançou seu primeiro trabalho, *Claroescuro*, em 2007, de forma independente. O compositor, que, antes de integrar a *Confraria da Música Livre*, liderou o grupo de samba *É com esse que eu vou*, participou de projetos com outros artistas, como, por exemplo, *A Lira e a Lâmina*, com Thiago Amud e outros compositores, em 2002.

Claroescuro – que já foi relançado algumas vezes – causou considerável impacto na imprensa especializada, que em termos gerais destacou a originalidade e a recriação da MPB. O encarte do disco traz um texto de Amud. Chamo a atenção para a ideia de *universalidade* e *originalidade* por ele enaltecida:

Pedro Sá Moraes é um compositor carioca. E isso é um modo peculiar de constatar sua potencial universalidade. A mina de criatividade do Rio de Janeiro parece nunca se esgotar [...]. O trabalho que os senhores têm em mãos revira as entranhas da canção popular brasileira, injetando na fatídica era das retomadas o sangue novo que corre em tudo o que vence o tempo e a geografia.

Entrevistei Pedro uma única vez, num bar no Largo do Machado, após ele voltar de uma temporada de shows nos Estados Unidos. Assim como nas conversas com Armando Lôbo, Julio Dain, Edu Krieger, Mauro Aguiar e Thiago Amud, ele também fez questão de situar o tropicalismo como um momento crucial na história da MPB. Mais do que isso, o modo como os artistas tropicalistas (principalmente Caetano Veloso e Gilberto Gil) lidaram com a canção *popular brasileira* ainda seria reverberado em boa parte da MPB contemporânea, veiculada nos meios de comunicação de massa.

Segundo Pedro Sá Moraes, o tropicalismo, convergindo com o auge da contracultura no Brasil, teria sido *vencedor*, ou seja, teria prevalecido no campo da canção popular, segundo ele, um "olhar que renega as hierarquias de valor, renega as divisões entre alta e baixa cultura". Este seria um dos motivos, por exemplo, para o fato de a *intelligentsia* brasileira não dar a importância devida ao fenômeno Guinga, para ele um artista de *obra colossal*, cujo tratamento harmônico-melódico altamente rebuscado pode dificultar o entendimento de que ali "se inaugura algo novo" na MPB. A *inovação* representada por Guinga teria a ver menos com os aspectos formais – *fenômenos observáveis* – do que com o *espírito*, este sim capaz de algo *transcendente*.

Carlos Althier de Souza Lemos Escobar, popularmente conhecido como Guinga[10], iniciou seu trabalho como instrumentista nos anos 1970, acompanhando músicos como Cartola, Clara Nunes, João Nogueira, Beth Carvalho e Alaíde Costa. Formado em odontologia, exerceu a profissão durante décadas, conciliando o trabalho com a produção de músicas autorais, que só vieram a ser lançadas em 1991, no disco de estreia *Simples e Absurdo*, pela gravadora Velas.

---

10 Encontrei Guinga no fim de 2011, através do Thiago Amud. Ele me disse que essa nova geração de compositores tem grande importância em sua carreira, sendo responsável – mais do que os artistas da sua própria geração – por ele ser *conhecido*: "São compositores [seus parceiros Mauro Aguiar, Edu Kneip e Thiago Amud] de um talento imenso, só estão pegando um Brasil que, se o Tom Jobim aparecesse agora, iria enfrentar as mesmas dificuldades. Porque tem uma mediocrização do gosto e muita informação que não vale nada, muita coisa ruim. Tem que se ter um filtro enorme [...] O problema não é a falta de matéria prima, [o problema] é exaltar a mediocridade [...] Precisa-se ter mais a noção de onde está a verdade."

Para muitos dos compositores que entrevistei, Guinga representa algo absolutamente novo no campo da música popular feita no Brasil. O impacto de sua obra foi crucial para uma geração de novos artistas. Mauro Aguiar, por exemplo, parceiro de Guinga em algumas canções, falou-me da importância desse artista:

> Guinga é um divisor de águas. Numa época em que havia uma escassez completa de direção, de norte de uma coisa musical nova [...] e aí veio o Guinga abrindo uma janela de que é possível fazer uma coisa diferente, uma coisa que vá além... A mesma coisa que dizem quando escutaram pela primeira vez João Gilberto, eu digo do Guinga [...]: aquilo era o que eu queria escutar há mil anos. Guinga foi uma revelação, aí eu me aproximei. Eu já escrevia letras de música. Mostrei pra eles essas letras e ele me apresentou o Edu Kneip [...] A gente achava que estava fazendo história, fazer música com o Guinga era um sonho.

Para ele, as músicas de Guinga são ao mesmo tempo *populares* e *inovadoras*, e estabelecem um diálogo com um Brasil antigo, *profundo*:

> A música do Guinga é extremamente popular, as melodias, ele foi seresteiro. Ele traz a lembrança de um Brasil profundo, de um Brasil que só existe na cabeça dele, ele vem trazendo isso e misturando com Gershwin, com Cole Porter, com Debussy, e também jazz. Ele traz uma herança cancionista, brasileira que mistura com a americana. O Guinga busca caminhos novos, mas que não são impossíveis [de se apreender]. Não temos mais a dedicação pra ouvir um Guinga.

Guinga foi um dos jurados de um festival de que Thiago Amud participou em 1999, no qual ficou em segundo lugar. Foi nessa época que se tornaram amigos e, logo mais, parceiros. Amud me disse que Guinga, embora fazedor de castelos impenetráveis, que são suas músicas, seria uma das pessoas mais vivas e atentas ao que estaria acontecendo nos dias de hoje, próximo e solícito a jovens compositores que o queiram procurar. Assim como para Mauro Aguiar, o encontro com Guinga foi um marco na vida e na carreira de Amud.

> Em relação à música do Guinga, tive um sentimento profundo e um certo medo, uma certa reverência com medo... De cara, eu sabia que o Guinga abria uma paisagem sonora que, se fosse levada até as últimas consequências como eu queria fazer, podia solapar o edifício da MPB. O modo como ele expande a tonalidade, o modo como ele expande a possibilidade do discurso melódico, o modo como ele usa a corda solta do violão, gerando ruído,

evoca coisas da memória. É uma coisa que até então tinha sido apenas esboçada na música brasileira. Mas, pela primeira vez, ele está fazendo disso uma obra. Porque você vai encontrar alguma coisa no Edu Lobo, no Egberto [Gismonti], no Milton [Nascimento], no João Bosco. Mas no Guinga é a obra inteira, composta num outro campo harmônico, num outro campo de possibilidades de combinações de sons. É a canção, é brasileiríssimo, mas parece que não tem aquele filtro do violão bossa-novístico. É como se Guinga pegasse o Villa-Lobos, em sua obra para violão solo, e você trouxesse pra dentro da canção brasileira a possibilidade da harmonia erudita alemã, francesa. É um novo enfoque sobre Villa-Lobos [...] Quando apareceu a música do Guinga, pra mim foi um susto, me pareceu uma coisa muito desabusada, muito diferente de tudo o que eu costumava escutar. Não fiz de cara a conexão com Debussy, que eu já escutava, ou com Villa-Lobos, que eu já escutava. Me pareceu outra coisa.

Na *cena* carioca contemporânea de MPB, de múltiplas vertentes, existe um ramo que vive um tipo de relação quase *espiritual* com a música. A valorização do apuro poético, melódico e formal das canções se traduz nas interpretações, arranjos e letras que fazem para suas músicas. São novos compositores – oriundos muitas vezes dos cursos universitários de música –, cujos trabalhos dialogam com várias tradições da música popular brasileira (jongo, choro, valsa, samba, frevo, canção, baião, bossa-nova etc.), mas mantêm, entretanto, uma busca pela *originalidade*. Há evidentemente muitas diferenças nos estilos e nas trajetórias destes artistas, o que não impede que enfatizemos que há uma *nova* geração de compositores, ainda identificados à sigla *MPB*, que se destacam em muitos casos por privilegiarem sempre canções *novas* que expressem o Brasil.

O sentimento que favorece a ideia de *arte* em contraposição à *cultura* também foi percebido por mim em diversos momentos do *campo*. Do mesmo modo, muitos dos compositores não endossam o paradigma do *entretenimento* como fator orientador de suas produções musicais, embora não o descartem totalmente. Por outro lado, não se dizem cultores da música *pura*, não *contaminada* pelos meios de comunicação de massa. Podem, eventualmente, aderir a elementos da música *pop*, sempre de modo crítico.

Essa preocupação *crítica* é reveladora de seus interesses por um *grande* Brasil, pelo menos em termos *artísticos*. Não negam o multiculturalismo vigente no mundo atual, fruto da globalização. Só não admitem que o *hibridismo* cultural, um dos marcos da pós-modernidade, contribua para a possível relativização de certos valores, como a ideia de *autor* e de *obra de arte*. Suas músicas empreendem o ideal de *mistura*, embora estejam sujeitas muitas vezes a uma reavaliação de seus significados, pois os compositores sabem (simplesmente têm a noção) de que uma canção tem a capacidade de revelar um país. E, se este é sempre *inventado*, que seja de modo *grandioso*.

Em um determinado momento da pesquisa, decidi encerrar a realização das entrevistas: tornava-me parceiro musical de alguns dos compositores. A relação entre música e nação, pela qual eu de fato passei a me interessar depois de entrar no mundo acadêmico, era para eles uma *evidência*. No fim de 2011, Thiago Amud me escreveu um e-mail sugerindo a criação de um grupo de compositores:

> Estou escutando o "Uirapuru", do Villa-Lobos, nas alturas, pensando no aguerrimento deste que é o nosso pai musical. Inaugurou-se o Brasil na obra dele. Esse Brasil está se estiolando nas mãos de uma horda de pigmeus. Não somos nós apenas que estamos sendo alijados. É o espírito de Villa-Lobos que está sendo escorraçado. É pelo Brasil que eu vou brigar.

Era urgente terminar a tese. A música tinha que ser feita.

REFERÊNCIAS BIBLIOGRÁFICAS

ANDRADE, Mário de. *Ensaio sobre a música brasileira*. São Paulo: Livraria Martins, 1962.

BARROS, Frederico. Toada e desafio: arte e cultura brasileira na produção musical do movimento armorial. In: GIUMBELLI, Emerson; DINIZ, Julio Cesar Valladão; NAVES, Santuza Cambraia (orgs.). *Leituras sobre música popular: reflexões sobre sonoridades e cultura*. Rio de Janeiro, 7Letras, 2008.

BECKER, Howard. Mundos artísticos e tipos sociais. In: VELHO, Gilberto (org.). *Arte e Sociedade*. Ensaios de Sociologia da arte. Rio de Janeiro: Editora Zahar, 1977.

BENJAMIN, Walter. A obra de arte na era de sua reprodutibilidade técnica. In: *Magia e técnica, arte e política*. Organização e tradução de Paulo Sergio Rouanet. São Paulo: Brasiliense, 1981.

BUARQUE, Chico. O tempo e o artista. Entrevista a Fernando de Barros e Silva. *Folha de S.Paulo*, São Paulo, 26/12/2004. Disponível em: <http://chicobuarque.uol.com.br/texto/index.html>.

CAMPOS, Augusto de. *Balanço da bossa e outras bossas*. São Paulo: Perspectiva, 2005.

HOBSBAWN, Eric. Introdução: A invenção das tradições. In: HOBSBAWN, Eric; RANGER, Terence (Org.). *A invenção das tradições*. Rio de Janeiro: Paz e Terra, 1984, pp. 9-23.

LÉVI-STRAUSS, Claude. *O pensamento selvagem*. São Paulo: Editora Nacional, 1976.

MELLO, Thiago de Ana R.G. T. de. *Da MPB do povo às comunidades na MPB*. Dissertação de Mestrado, Departamento de Sociologia e Política, PUC-RIO, 2007.

NAVES, Santuza Cambraia. *Canção Popular no Brasil*. Rio de Janeiro: Civilização Brasileira, 2011.

PAZ, Octavio. *Os filhos do barro*. Rio de Janeiro: Nova Fronteira, 1984.

SANDRONI, Carlos. Adeus à MPB. In: B. Cavalcanti, H. Starling e J. Eisenberg (Orgs.). *Decantando a República*. Rio de Janeiro: Nova Fronteira. São Paulo: Perseu Abramo, 2004, pp. 23-35.

TATIT, Luis. *O século da canção*. Cotia: Ateliê Editorial, 2004.

WISNIK, José Miguel. *O som e o sentido*. Uma outra história das músicas. São Paulo: Companhia das letras, 1999.

Tradição: uma incursão de um grupo de cancionistas contemporâneos no território agônico do relativismo

PEDRO SÁ MORAES

"O entusiasmo da juventude de hoje é tão puro, tão luminoso quanto o dos jovens do nosso tempo. Só uma coisa mudou: a meta; um ideal novo substituiu o antigo. A questão toda é saber se Shakespeare é superior a um par de botas, ou Rafael a uma lata de petróleo."[11]

Este é um trecho do discurso do personagem Stepan Trophimovich que precipita o desenlace do romance *Os Demônios*, de Fiodor Dostoievski. Frágil, socialmente inábil e dependente econômica e afetivamente da nobre Varvara Petrovna, de cujos favores encontra-se progressivamente alijado, o recalcitrante intelectual vê aproximarem-se o crepúsculo de sua vida e o naufrágio inescapável de seus valores mais íntimos, e se lança numa investida suicida contra as hostes do inimigo – neste caso, uma multidão inflamada de jovens progressistas, rebeldes, iconoclastas, investidos de utopia e magnetizados pelas tendências de pensamento revolucionárias da Europa Ocidental e por uma série de acontecimentos trágicos que, ao longo das semanas anteriores, vinham expondo o nervo de antigas insatisfações sociais.

A fragilidade e a neurastenia do velho liberal dão um sabor patético ao desnudamento do cerne anacrônico de seu pensamento – que, se de algum modo representa a posição do próprio romancista, não se mostra sem uma dose generosa de autoironia, desesperança e decadentismo. Diz Trophimovich em brados agudos, diante da audiência incrédula:

---

11 DOSTOIEVSKI, F. *Os Demônios*. 2. ed. Rio de Janeiro: José Olympio, 1952, p. 742.

Pois eu declaro (...) que Shakespeare e Rafael estão acima da emancipação dos servos, acima da nacionalidade, acima do socialismo, acima da jovem geração, acima da química, acima quase que de toda a humanidade, porque já são o fruto, o autêntico fruto da humanidade, talvez o mais belo fruto que ela seja capaz de produzir, porque ambos já realizaram uma forma perfeita de beleza, privado da qual eu decerto não consentiria em viver (...) Se for necessário, a humanidade poderá viver sem os ingleses, poderá viver sem a Alemanha, poderá passar otimamente sem os russos – e sem pão, sem ciência –, pois que só a beleza lhe é indispensável, porque sem ela nada mais haveria a fazer sobre a terra!^{12}

O linchamento verbal a que é sujeitado a partir daí – apesar de compor algo em torno de vinte por cento do público presente à tertúlia literária em que o drama se desenrola, o entusiasmo dos rebeldes é muito mais vigoroso e impositivo do que os sussurros da atônita e escandalizada aristocracia – não chega a ser inesperado. Tampouco se oferece Trophimovich em ascético martírio. Apesar da marcha voluntária ao cadafalso moral, seu caráter anti-heróico perdura até o fim. O despeito dos perdedores, a irascibilidade do caráter – "Sacudo a poeira dos meus sapatos e solto a minha maldição!" – e possivelmente certa dose de culpa por sua adesão histórica a ideais que viriam metamorfosear-se no radicalismo presente são, como sugere o crítico norte-americano David Weir (1997), indicativos da sátira operada por Dostoievski tanto da geração mais velha de intelectuais russos quanto do grupo mais jovem de revolucionários.^{13}

Crítica e autocrítica. Imbuídos deste espírito dostoievskiano, saltemos agora no tempo e, lembrando-nos de que boa parte dos livros publicados por Dostoievski o foram em periódicos como O Mensageiro Russo, transfiramos nossa atenção momentaneamente para um periódico contemporâneo: o suplemento cultural do jornal O Globo da Quarta-feira de Cinzas, dia 22 de fevereiro de 2012. Na matéria de capa, assinada por Leonardo Lichote, o arroubo tragicômico de Stepan Trophimovich volta a ser encenado, desta vez por um grupo de jovens compositores populares, a quem o jornalista, com uma combinação de curiosidade, admiração e ironia, apelidou "Geração Fora do Tempo".

Era natural, na busca por caracterizar um conjunto heterogêneo que – se unido por admiração recíproca e por um histórico de colaborações – estava longe de compor uma unidade estética, intelectual ou histórica, que o jornalista e os próprios entrevistados – Edu Kneip, Thiago Amud, Armando Lôbo, Sergio Krakowski e o autor destas linhas – acabassem recorrendo a algumas generalizações ligeiras e a oposições um

---

12 Idem.
13 WEIR, D. Anarchy and Culture: The Aesthetic Politics of Modernism. Amherst: University of Massachusettes Press, 1997.

tanto esquemáticas ao que percebíamos como consensos contemporâneos[14]. Era também natural que isto acabasse por despertar reações apaixonadas.

Passados alguns anos, ainda que reverberações daquela matéria e dos debates subsequentes ainda se façam sentir, colorindo expectativas e leituras a nosso respeito, é impossível reler o episódio sem uma certa dose de autoironia. O passar do tempo e o desenvolvimento pessoal, profissional e artístico – e, para alguns de nós, as próprias fricções internas ao Coletivo Chama – possibilitaram uma leitura mais nuançada e menos reativa dos debates culturais sobre os quais nos arrojávamos então.

No entanto, apesar de, ou talvez graças a este distanciamento, podemos hoje perceber com nitidez que o episódio e seus desdobramentos seguem apontando para ângulos relevantes da discussão sobre o lugar da música popular na cultura brasileira e, numa tomada em grande angular, no embate de paradigmas modernos e pós-modernos sobre a arte. Neste sentido, cabe, sim, explorar os ecos ou desdobramentos de nossos urros de Trophimovich – e em particular investigar a espinhosa questão que deu origem ao título da matéria, nomeando-nos enquanto "Geração": a relação conflituosa com o tempo.

Visitemos, então, a título de ilustração, algumas das frases de nossos jovens--velhos dostoievskianos:

Diz Thiago Amud: "Há um preconceito contra o cânone, mas é lá que está a violência criadora. Se você comparar a rebeldia roqueira e a rebeldia de Mozart, vai ver que Mozart era muito mais rebelde."

Falo eu: "As questões que nos interessam não estão na relação do homem com seu tempo, mas com o infinito."

Diz Amud: "Nessa arquibancada onde se aplaude a beleza da cultura eu não estou", indicando uma diferenciação entre os sentidos de cultura e arte, em privilégio da última.

Lichote, como resultado de horas de entrevista, identifica, com perspicácia e poder de síntese, três eixos de coincidência no discurso dos artistas:

> A valorização do estudo aprofundado (não só da técnica ou da teoria musical, mas de filosofia, literatura, história da arte, religião) no lugar da aproximação pop, rápida, no ritmo do olho que passeia frenético entre links e captura a informação em instantâneos; um desejo de estabelecer um diálogo mais intenso com a arte clássica do que com a produção cultural atual; o repúdio ao discurso de tolerância aplicado à música que, alegam, nivela gênios e medíocres.[15]

Nos dias seguintes à sua publicação, na câmera de eco das redes sociais, as reações observadas, tanto de júbilo quanto de repúdio, foram tão violentas que

---

14 LICHOTE, L. Geração fora do tempo. *O Globo*, p. 1, 22 fev. 2012.
15 Idem.

a matéria – ela mesma uma rara ocorrência de "pauta estética", destaque jornalístico não associado a uma data ou evento que se imponha por efemeridade e urgência – rendeu aquilo a que, no jargão das redações, chamam "matéria suíte", uma cobertura das repercussões da peça original. Foi de um dos mais renomados estudiosos contemporâneos da música popular brasileira, o diretor do Nelim (Núcleo de Estudos em Literatura e Música) da PUC-Rio, Júlio Diniz, a entrevista com que Lichote deu o tom de encerramento desta nova matéria:

> Falar em influência, tradições 'mais nobres' e retorno à grandeza do passado, para mim, soa a conservadorismo político. Nada tem de estético. Ao mesmo tempo, o relativismo que dominou parte do campo hegemônico do debate cultural chegou ao seu esgotamento. Sou contra a ideia de que podemos mixar tudo, utilizar tudo e vender tudo, sem juízo crítico e de valor. O problema é explicitar os critérios. Acho que o último trabalho da Gal e o primeiro da AVA são emblemáticos desse poder que a canção brasileira ainda tem. Traduzem tradições e incorporam mudanças. O resto é silêncio, ou, melhor dizendo, barulho.[16]

Esta fala é muito rica em significados. Podemos ler nela aspectos fundamentais do espírito de uma época. Podemos, talvez, enxergar aqui algo similar à reação do personagem "Seminarista" a Trophimovich durante a malfadada tertúlia – em que, expondo os pecados classistas do passado do orador, reduz seus anseios estéticos a retórica vazia.

"Um modo rápido de eliminar ou, ao menos, de tornar suspeita uma afirmação do adversário é reduzi-la a uma categoria geralmente detestada"[17], diz Schopenhauer na sua *Dialética Erística* – irônico manual sobre "como vencer um debate sem ter razão". Talvez não seja exagero, hoje, compreender no diagnóstico de conservadorismo político algo próximo a uma condenação moral, que invalidaria nossos argumentos ao expor-lhes supostas motivações subjacentes. Prefiro percebê-lo, no entanto, como não mais do que uma reação proporcional à intensidade e à falta de sutileza na articulação de algumas de nossas críticas. Colocávamo-nos, ali, em oposição não apenas a narrativas vigentes sobre a canção contemporânea, mas também a formas de pensamento bastante elaboradas e representativas de um *zeitgeist* intelectual, o qual por sua vez também se ergue em oposição a algo, uma espécie de mal, poderoso, abrangente, insidioso. Expusemo-nos, sim, a sermos vistos como parte deste *algo*.

O uso da métrica progressismo *vs.* conservadorismo – antinomia que, aliás, ao longo dos últimos anos vem se aprofundando e escavando um fosso quase

---

16 LICHOTE, L. Reportagem sobre cena de músicos cariocas produz reação e reflexões. *O Globo*, p. 3, 24 fev. 2012.
17 SCHOPENHAUER, A. Como vencer um debate sem precisar ter razão. Rio de Janeiro: Topbooks, 1998.

intransponível no Brasil e no Ocidente – não é, de forma alguma, novidade no campo estético. Parte significativa dos embates artísticos do século XX tocaram ou, mesmo, basearam-se na identificação dos potenciais de revolução ou perigos de regressão contidos num artista, numa obra, num movimento. As escolas da crítica foram e são informadas pelas grandes tendências teóricas de cada época para compreender, agrupar e ajuizar. Se, por exemplo, opõe-se à predileção da Teoria Crítica, influenciada pela Psicanálise, pela negatividade estrutural de certas linguagens artísticas de vanguarda o valor conferido por Lukács à totalização subjacente às grandes narrativas realistas, e se ambas são duramente criticadas por Brecht por excesso de abstração no trato com a luta de classes, temos aí o fato de que grande parte das linhas de força do pensamento estético do último século foi informada, de diferentes formas e em diferentes intensidades, pelo imperativo ético de transformar o mundo, suas estruturas econômicas e de poder – seja diretamente, através da revolução, ou pela subversão do comportamento e da psique. E se este não aparenta ser o objetivo ou a consequência perceptível de um posicionamento artístico, não é raro que lhe seja imputada alguma falta ética – alienação, elitismo, *conservadorismo*.

Se direcionarmos nossa lente para a segunda metade da década de 60, no Brasil, período que assistiu, paralelamente, ao início da ditadura militar e à invenção da MPB, perceberemos, como fez Roberto Schwarz em seu famoso artigo "Cultura e Política: de 1964 a 1969"[18], que o campo cultural da época floresceu sob uma espécie de hegemonia do pensamento de esquerda. Os imperativos da transformação social, da conscientização das massas sobre sua situação de opressão, da expressão simbólica da luta contra-hegemônica, foram repetidamente aplicados à criação, à assimilação e à crítica da literatura, do teatro, do cinema, das artes visuais – e correspondem, sem dúvida, a uma parte significativa da carga genética da canção brasileira urbana, da qual somos todos herdeiros.

No entanto, isto nunca significou consenso. O embate entre as diferentes abordagens a este imperativo de esquerda foi violento, em particular o que se travou (e talvez, em menor escala, ainda se trave) entre o enrijecimento dogmático das facções que abraçavam a causa nacional-popular, e o choque comportamental, de matiz contracultural, promovido pelos tropicalistas.

Não é intenção deste modesto ensaio revisitar este embate, ou a já vastamente documentada e analisada eclosão do tropicalismo, e as inúmeras controvérsias que ele, não raro intencionalmente, promoveu. Mas se desejamos compreender o contexto e o significado que adquire, num ambiente de crítica relacionada à canção, na

---

18 SCHWARZ, R. Cultura e Política, 1964-1969. In: *O Pai de Família e Outros Estudos*. Rio de Janeiro: Paz e Terra, 1975. p. 61-92.

segunda década do terceiro milênio, o uso de uma terminologia política como *conservadorismo*, examinar a herança tropicalista é uma tarefa indispensável.

"Vocês não estão entendendo nada! Nada!" – brada Caetano Veloso contra a plateia da eliminatória paulista do II FIC (Festival Internacional da Canção) em seu famosíssimo discurso/*happening* de 1968. Entre o esfíngico, o condescendente e o enfurecido, o compositor denuncia os preconceitos da juventude engajada, que falha em compreender a natureza farsesca do festival e a posição de vanguarda irônica ocupada por ele e por Gilberto Gil. Composta a partir do slogan dos jovens franceses que, poucos meses antes, em Maio, haviam protagonizado as mais importantes manifestações públicas do Ocidente no século XX, a canção "É Proibido Proibir" foi interpretada pelo artista, que trajava um figurino andrógino e espalhafatoso, sobre um arranjo arrojadamente ruidoso dos Mutantes, e foi o estopim para vaias ensurdecedoras da plateia, evidenciando uma colisão de visões de mundo, ambas de natureza revolucionária, que rivalizavam pelos corações da juventude e pelo protagonismo no processo de transformação social. Neste confronto, o magérrimo Davi de Santo Amaro, armado com a funda-microfone, desferiu um golpe certeiro na testa do oponente, que talvez não fosse nenhum gigante, mas que era então decerto muito mais poderoso: o consenso da elite intelectual em torno do projeto nacional-popular, ordenado pelas demandas da crítica social e pelo aproveitamento estético de atavismos culturais, numa espécie de ressurgência épica do oprimido.

O poder e o alcance histórico do golpe desferido pela canção/discurso/*happening* de Caetano se devem a uma convergência de fatores, que dizem respeito tanto à sua capacidade visionária de reverberar os anseios culturais libertários da juventude mundial – a Contracultura, então, ainda não fizera sua plena aterrissagem no Brasil – quanto a uma fragilidade conceitual e certo moralismo estético-político que acometiam aquela geração, e que foram desnudados no festival, talvez menos pelo cantor do que pela própria vaia.

Em crônica publicada poucos dias depois do evento, Nelson Rodrigues, outro que colecionou inimigos à direita e à esquerda – embora se perfilasse, num primeiro momento, entre os conservadores políticos, era autor de uma obra que corroía por dentro a demagogia de valores tradicionais –, saltou em defesa de Caetano: "A vaia selvagem com que o receberam já me deu uma certa náusea de ser brasileiro. Dirão os idiotas da objetividade que ele estava de salto alto, plumas, peruca, batom etc. etc. Era um artista. De peruca ou não, era um artista. De plumas, mas artista. De salto alto, mas artista."[19]

Nelson segue, em sua crônica, descrevendo o episódio, e transcrevendo de memória – com enfática concordância – os trechos da fala de Caetano em que este denuncia o policiamento da arte por moralismos ideológicos, e compara a truculência dos estudantes à dos "quarenta bandidos" – paramilitares a serviço da e acobertados pela ditadura – que espancaram, meses antes, no Teatro Ruth Escobar, o elenco do

---

19   RODRIGUES, N. *A Cabra Vadia*. – São Paulo: Companhia das Letras, 1995.

espetáculo *Roda Viva*. Esta é uma acusação séria. No contexto, a mensagem de Caetano para os jovens – "a mesma juventude que vai sempre, sempre, matar amanhã o velhote inimigo que morreu ontem"[20] – era de que eles, afinal, não eram tão diferentes daqueles contra os quais se sublevavam. Eles eram, enfim, os grandes *conservadores*!

Ao fotografar esta pobreza de espírito com sua fúria e lucidez, o baiano, diz Nelson, proporcionou "um momento da consciência brasileira". Esta é uma expressão interessante, uma vez que parte do escândalo gerado pelos tropicalistas na época dizia respeito ao seu aproveitamento de elementos da música internacional – em particular as guitarras elétricas – contra os quais artistas e estudantes, em momento de miopia quase folclórica, chegaram a fazer passeata. A "consciência brasileira", de que fala Nelson, então, é o oposto do nacionalismo estrito, e também não é o mesmo do que "consciência da luta de classes". É uma espécie de visão que, através da arte, desnuda aspectos do subconsciente compartilhado – ofício de demiurgo.

Maior advogado do movimento tropicalista entre a *intelligentsia* brasileira, o poeta Augusto de Campos também celebrou o evento do TUCA (entre outros análogos) com seu famoso poema visual VIVAVAIA. O gesto sublinha a inteligência do posicionamento tropicalista diante do festival, da luta política e das fronteiras estéticas da canção popular. Afinal, "não fingimos aqui que desconhecemos o que seja festival, não"[21], grita Caetano, mostrando lucidez e ironia quase cruéis sobre a natureza do jogo de máscaras transmitido para plateias apaixonadas país afora pela televisão. Em vez de tomar partido entre as peças brancas e pretas do tabuleiro de xadrez, os baianos entendiam que o impacto mais profundo seria alcançado embaralhando o próprio tabuleiro, por uma extrapolação *ad absurdum* de suas premissas: a lógica da mercadoria e do entretenimento (sobre o ideal de arte pura), a visualidade e o comportamento (sobre a preponderância dos critérios tradicionais da qualidade ou de estilos musicais), e até a própria galvanização dos coletivos em torcidas apaixonadas. Tudo isto precisava ser revelado em sua natureza estruturalmente farsesca para que perdesse seu poder alienante e se ressignificasse em novos potenciais emancipadores. Este era o plano. Um plano que atravessava, entre o desvario e a extrema premeditação, de vestuário a falas públicas, de arranjos a escolha de repertório, colocando lado a lado, nas palavras do próprio Caetano, "imagens, ideias e entidades reveladoras da tragicomédia Brasil, da aventura a um tempo frustrada e reluzente de ser brasileiro".[22]

Um dos elementos fundamentais do projeto estético tropicalista – e um lugar em que eles podiam, de fato, expor e ultrapassar uma possível incoerência desta elite cultural de esquerda, mas também o lugar onde eles se expunham às críticas mais duras – era

---

20 VELOSO, C. É Proibido proibir. http://tropicalia.com.br/identifisignificados/e-proibido-proibir/discurso-de-caetano.
21 Idem.
22 VELOSO, C. *Verdade Tropical*. São Paulo: Companhia das Letras, 2008, p. 184.

sua disposição em cruzar a fronteira do bom gosto burguês, e penetrar na cultura de massas com interesse genuíno. Sintonizar-se com o povo onde ele está, nos seus gostos, seus prazeres, sua afetividade, seus ídolos, não com julgamento, mas com uma atitude desarmada, de deixar-se atravessar, para então reverberá-la de outro modo.

Era a radicalização de um dos aspectos centrais da pulsão revolucionária do modernismo – em particular, do modernismo brasileiro: o anseio de "embaralhar as distinções tradicionais e recuperar, em nome da originalidade cultural, elementos 'inferiores' relegados pelo processo civilizador"[23], como descreve a saudosa Santuza Cambraia Naves, uma das mais prolíficas e influentes pesquisadoras da canção ao longo das últimas décadas. Este anseio anti-hierarquizante foi crucial, até pelo desafio existencial básico de ex-colônia, para a formação da identidade cultural brasileira. E a música já era, muito antes dos modernistas tematizarem o assunto, um campo central nesta batalha.

Lembro-me do conto "Um homem célebre", de Machado de Assis, que narra a triste história de um compositor, aspirante à glória erudita, cuja maior frustração era ser reconhecido e aclamado por uma composição popular – desprezível a seus próprios olhos. O conto – assim como vários outros escritos de Machado – desnuda o ridículo das vaidades acadêmicas de uma burguesia urbana que, em busca de distinção social, agarrava-se a uma (cômica) estereotipia de valores aristocráticos europeus. Trata-se de um gesto seminal do processo de contra-hierarquização, de relativização de valores tradicionais, eurocêntricos, da cultura, promovido no seio da *intelligentsia*, aprofundado particularmente a partir da segunda década do século XX, e que viria a encontrar seu ápice no momento em que compositores populares, na década de 60, tornar-se-iam os intérpretes mais influentes da realidade brasileira – "cantores de rádio" (como, talvez com certa dose de ironia, se autointitula Caetano) tornaram-se os intelectuais de prestígio mais difundido no país.

Nas décadas subsequentes, no entanto, à medida que esta contra-hierarquia foi sendo assimilada pelo *mainstream*, foi-se também estabelecendo uma nova e resiliente conjuntura em que – como em concerto reclamaríamos nós e Júlio Diniz – o relativismo, que dominou o debate cultural, alcançou seu ápice e chegou a um esgotamento.

A professora Santuza também chama a atenção para este desafio do relativismo. Reconhecendo a influência que a Antropologia moderna – construída em grande parte em torno da busca pela compreensão das coletividades em seus próprios termos, relativizando valores etnocêntricos – exerce sobre a crítica ao longo do século XX, a pesquisadora alerta para um perigo de cegarmos o gume das ferramentas disponíveis para lidar com as especificidades da arte. Não há dúvida de que abrir os ouvidos para o *outro* desencadeia um imenso potencial de conhecimento e necessárias revisões no campo

---

23   NAVES, Santuza de Cambraia. *O Violão Azul*: modernismo e música popular. Rio de Janeiro: Fundação Getulio Vargas, 1998 p. 37.

ético. No entanto, no que diz respeito à análise do "mundo artístico", pondera Santuza, "quando ele se confina nesta tarefa [de relativização], corre o risco tanto de dar pouca importância à acuidade estética quanto de manter paralisada a sua reflexão crítica"[24].

No ano de 2004, numa já célebre entrevista ao jornal *Folha de S.Paulo*, Chico Buarque apresentou um diagnóstico sobre a importância da canção no século recém-iniciado que viria a se tornar um ponto de inflexão para o debate sobre esta forma de arte. "A minha geração, que fez aquelas canções todas, com o tempo só aprimorou a qualidade da sua música. Mas o interesse hoje por isso parece pequeno. Por melhor que seja, por mais aperfeiçoada que seja, parece que não acrescenta grande coisa ao que já foi feito. E há quem sustente isso: como a ópera, a música lírica, foi um fenômeno do século 19, talvez a canção, tal como a conhecemos, seja um fenômeno do século 20"[25], diz o compositor, ressalvando que talvez este pensamento seja só "uma certa defesa diante do desafio de continuar a compor". De todo modo, a força da melancólica indagação nos obriga a reconhecer que alguma crise existe nas categorias e acordos utilizados para compreender a intricada teia de relações entre canção autoral, cultura erudita, atavismos populares e indústria cultural no Brasil de hoje.

Quando o compositor provoca o questionamento sobre o fim da canção, observando o desinteresse do público pelas canções novas dos "compositores velhos", é claro que não podemos depreender daí a inexistência de criação pulsante nesta área – o que seria, independente dos critérios que se utilizem, uma inverdade. Podemos, sim, compreender que reflete sobre o fim de um ciclo histórico, em que aquela complexíssima síntese de elementos de uma espécie de modernismo tardio alcançou, através de uma aliança entre a televisão nascente, ímpetos revolucionários da burguesia intelectualizada, efluxos intercontinentais da vanguarda, da contracultura e do pop e o surgimento de uma talentosíssima geração de artistas, um nível de repercussão que criava, a cada nova canção, sentidos compartilhados por toda a chamada vida cultural do país. Isto, de fato, acabou.

É claro que, do ponto de vista sociológico, não podemos deixar de atribuir a devida importância à transformação radical que ocorreu ao longo das últimas décadas no perfil demográfico desta "vida cultural". No mesmo artigo citado acima, Schwarz reconhece também o dilema da impotência da geração de 1960 diante do fato de que, com regularidade e amplitude, a cultura brasileira "não atingirá 50.000 pessoas, num país de 90 milhões"[26]. Ou seja, parte da razão pela qual a influência dos grandes artistas da MPB nos anos 60 e 70 se podia propagar até a quase unanimidade advém do fato de que era mais fácil alcançar de uma só vez as 50.000 pessoas que faziam

---

24 NAVES, S. Canção Crítica. In: NAVES, S.; DUARTE, P. (Eds.). *Do Samba-canção à Tropicália*. 1. ed. Rio de Janeiro: Relume Dumará, 2003. p. 253-261.
25 *Folha de S.Paulo*, 26/12/2004. "O tempo e o artista". Entrevista a Fernando de Barros e Silva. In: http://chicobuarque.uol.com.br/texto/index.html.
26 SCHWARZ, R. *ibidem*.

parte do círculo da "cultura" do que as incontáveis milhões de pessoas que, hoje, têm voz e poder de consumo.

O termo "cultura", naturalmente, utilizado neste contexto pelo teórico, revela uma compreensão específica: não se trata aqui de todo e qualquer compartilhamento humano, mas de uma atividade que requer a aquisição de conhecimentos e sensibilidades especiais, além de um dispêndio de tempo e energia específicos. O teórico talvez esteja, neste ponto, mais próximo de um conceito aristocrático de cultura, que Umberto Eco descreveria como "cultivo zeloso, assíduo e solitário de uma interioridade refinada, que se opõe à vulgaridade da multidão"[27]. Ao recortar desta forma o que chama de "cultura brasileira", o marxista Schwarz pode ser lido, por certa perspectiva, como representante de um lado mais conservador do conflito entre concepções absolutas e relativistas de cultura. Naturalmente, a cultura é, em Schwarz, reconhecida e avaliada por suas implicações políticas – mas ele não deixa de conferir valor específico a este manejo de conteúdos acumulados historicamente.

Na outra ponta, adotando como novo ponto de partida (novo absoluto?) o entre-lugar, um estado peculiar e híbrido atribuído ao espírito pós-colonial, que não pode ser avaliado por critérios oriundos da cultura erudita, mas tampouco celebra os deuses da indo-américa, o erudito Silviano Santiago critica, mordaz, a perspectiva cultural que atravessa a obra de Schwarz: "é histórica, ele é europeu e a perspectiva dele é sempre europeia"[28].

Bom, é possível que Schwarz, e nós, o sejamos, em parte. Mas não consideramos que se libertar das sobredeterminações desta tradição seja um imperativo tão forte a ponto de nos fazer relativizar, desconstruir ou diluir os potenciais emancipadores que ela carrega. Assumindo, com Pessoa, que "minha pátria é minha língua", e que esta é o resultado de uma sedimentação transatlântica, e ao menos em grande parte europeia, detenhamo-nos por hora no grande dilema moderno que é a desconstrução deste tipo de cultivo espiritual, desta forma de vida, tanto pela transformação na estrutura econômica e na paisagem material – o impacto incontornável, que tanto comoveu Baudelaire, das multidões urbanas – quanto pelo viés crítico do próprio fazer artístico, permanentemente questionando seus cânones e se deixando atravessar pelo que até então fora anátema: o cotidiano, o rasteiro, o vulgar.

Com relação à transformação demográfica – a entrada, possivelmente mais ligada ao alargamento das fronteiras do consumo do que a melhorias educacionais, de novos milhões de brasileiros no chamado campo da "cultura" ao longo das últimas décadas –, pode-se afirmar, sem dúvida, que esta é uma das grandes causas materiais para a dissolução das antigas fronteiras do conceito de cultura. Os pessimistas ou absolutistas

---

27   ECO, Umberto. *Apocalípticos e Integrados*. Madrid: Editora, 1974.
28   SANTIAGO, S. Silviano Santiago: um intelectual entre a vanguarda e o consumo. O que nos faz pensar, p. 191-222, nov. 2003.

falarão em nivelamento por baixo, e também que existe um grau imenso de homogeneização e superficialização e estereotipia neste novo caldo. Outros, relativistas, festejarão a pluralidade e a emergência de vozes até então reprimidas. De um lado, críticos e artistas lamentam, ou simplesmente, como o Chico Buarque de 2008, observam a prevalência de demandas cada vez mais estritas de comunicabilidade imediata para a produção e a recepção da arte; do outro lado, celebra-se a multiplicidade de novos estilos e manifestações, expressão de identidades até então silenciadas.

Bom, não do ponto de vista de suas obras, reconhecidamente complementares e inclassificáveis em termos de quaisquer binarismos – e nem do ponto de vista de suas posições intelectuais[29] – mas de um ponto de vista metonímico, ilustrativo destes diferentes paradigmas, podemos pensar em Chico e Caetano como símbolos destes vetores opostos.

Numa "aula-show" realizada ao longo dos últimos anos em diversos lugares do país, intitulada "o fim da canção", os músicos e pesquisadores José Miguel Wisnik e Arthur Nestrovski investigam o tema, analisando os trabalhos recentes de Chico e de Caetano, a quem apontam como os dois últimos representantes do cânone da música popular brasileira[30]. Ao passo que o primeiro estaria levando a complexificação dos elementos melódico-harmônicos, com o uso cada vez mais intenso de cromatismos, a um limite – talvez, sugerem, de modo equivalente ao que ocorreu com compositores como Brahms e Wagner, ou ao próprio sistema tonal – o qual exigiria do ouvinte um nível de atenção que este, em sua caracterização média, não estaria mais disposto a conceder, o segundo investiria no encontro da pulsação elementarizada do samba com a potência do rock, e no entrechoque de camadas metalinguísticas que é a marca perene de sua obra. Se observarmos esta marca de perto, veremos que a obra de Caetano, propositadamente, não apenas ataca por dentro as fronteiras da canção, como se espraia na vida pública, sob a forma do *performer*/intelectual, onipresente em entrevistas, blogs, colunas de jornal, com suas sempre provocadoras e surpreendentes colocações, opiniões, listas, fúrias e afetos. E ao contrário do que, numa vista apressada, tantos consideram como mera inconstância, capricho ou estratégias para obter atenção, nós percebemos nesta "obra expandida" do leonino, e na sua influência no campo intelectual do Brasil, uma imensa consistência e poder de reflexão.

Não são poucos os teóricos que consideram, hoje, o movimento tropicalista como o mais importante definidor de paradigmas críticos e artísticos dos últimos cinquenta

---

29 Chico Buarque, em entrevistas concedidas para o recente documentário, *Chico – um artista brasileiro*, assume uma postura muito mais próxima do relativismo, atribuindo as transformações na música brasileira a uma inevitável e até bem-vinda perda de protagonismo cultural de uma certa classe media que foi responsável pela produção e consume da MPB de sua geração.
30 WISNIK, J. M.; NESTROVSKI, A. O fim da canção – aula-show. Disponível em: <http://ims.uol.com.br/Radio/D695>.

anos. Levando às últimas consequências a subversão do "bom gosto burguês" e o aproveitamento dos potenciais comunicativos e performáticos da televisão nascente, os tropicalistas, dentro e fora do âmbito da canção – mais particularmente Caetano e Gil, com seu talento musical, poético e comunicativo de *pop stars* – conseguiram, num só gesto, desestabilizar certezas e resguardos críticos da classe intelectual, e levar, em alta voltagem, conquistas e desconstruções da vanguarda para o campo da cultura de massas. Foram os artistas que, de dentro da canção, perfuraram suas fronteiras, tornando-a – não só no conteúdo, o que já era comum desde o início da canção popular urbana, mas também na forma – um observatório do mundo, e um observatório da própria canção.

No calor da hora, o poeta e crítico Augusto de Campos – e eis aí, como sói acontecer, a contra-hierarquia se transformando em nova hierarquia – afirma ser Caetano Veloso um artista mais criativo do que Villa-Lobos. Naturalmente, desta eleição se pode depreender, mais do que uma idiossincrasia pessoal, um critério valorativo bem específico, .que diz respeito à forma dos artistas lidarem com a contemporaneidade.

Muito embora a temática política fosse mais explícita na obra de Chico do que na dos tropicalistas, estes levavam mais a fundo as consequências da era das técnicas de reprodução sobre a obra de arte. Com sua ironia cortante e pervasiva, Caetano e Gil, sobretudo o primeiro, arremetem contra, e dissolvem, uma espécie de sentido ritual que, ainda que de forma não assumida, permanecia presente na MPB nacional-popular pós-bossa-nova, da qual Chico era, pela unanimidade que o cercava, o representante-símbolo. Como diz Caetano em seu famoso discurso/*happening* no FIC de 1968, ao entender a natureza de entretenimento, do festival, ao "entrar e sair de todas as estruturas", ele e Gil dão o passo que, quase quatro décadas antes, descrevia Walter Benjamin: "desde que o critério de autenticidade não é mais aplicável à produção artística, toda a função da arte fica subvertida. Em lugar de se basear sobre o ritual, ela se funda, doravante, sobre uma outra forma de *práxis*: a política"[31].

Ao mesmo tempo, e isto talvez mereça reflexões mais detidas, o mesmo festival que testemunhou a desclassificação de Gilberto Gil e a vaia à canção "É proibido proibir", seguida do discurso de Caetano, também terminou com uma estrondosa vaia, no Maracanãzinho, à canção vencedora, "Sabiá", de Tom e Chico. O lirismo pungente e contemplativo de "Sabiá" – apontando para o outro lugar, um lugar imaginado, ansiado, onde "foi lá e é ainda lá que hei de ouvir cantar uma sabiá" – era, por motivos diferentes, tão contrário à fúria engajada dos estudantes quanto à provocação desestruturante de Caetano.

No entanto, um dos lados logrou lançar raízes mais profundas no campo cultural. O uso, tanto por artistas quanto pelo mercado e pela crítica, de variantes daquilo que Luis Tatit chama de paradigma ou gesto fundamental da "assimilação"[32]; assim como

---

31 BENJAMIN, W. A obra de arte na era da reprodutibilidade técnica. São Paulo: L&PM, 2014, p11.
32 TATIT, L. *O Século da Canção*. 2. ed. Cotia: Ateliê Editorial, 2004, p207.

uma postura irônica e iconoclasta com relação às tradições e o aproveitamento *pop art* dos eventos culturais como emblema, como máscara, como sintoma, como política e como gozo, é uma forma *mainstream* de se produzir e falar sobre canção hoje. E é uma forma muito poderosa de discurso, já que, como diz Tatit, o tropicalismo se apropria "do bolero, do tango, do rock, do rap, do reggae, dos ritmos regionais, do brega, do novo, do obsoleto, enfim, de todas as tendências que já cruzaram, continuam cruzando *ou ainda cruzarão o país em algum momento de sua história.*"[33]

Para seguirmos compreendendo este enraizamento do movimento no campo cultural brasileiro, visitemos outra entrevista de Julio Diniz, esta concedida por escrito e num contexto acadêmico, para uma edição da revista digital do Instituto Humanitas Unisinos (IHU) dedicada ao tropicalismo. O tropicalismo, diz ele, mais do que mero movimento musical, é "um modo de ser, uma condição existencial nos trópicos, ou seja, uma maneira cosmopolita e contemporânea de olhar e tentar compreender o país, a sociedade brasileira, seus dilemas, angústias, grandezas e misérias".[34] Mostrando entusiástica adesão, Diniz celebra como o movimento "fecha a porta modernista sem nostalgia e olha pela fresta o devir-pós-moderno sem nenhum desejo de colonizar o futuro, utilizando a imagem de Octavio Paz. A defesa de uma "poética da agoridade" em aliança com uma ética que afirma o valor da vida no presente."[35]

Esta contemporaneidade pós-moderna, diz José Miguel Wisnik, "já foi comparada a uma esfera lisa em cuja superfície qualquer ponto desliza para qualquer outro, sem centro, hierarquias ou paradigmas".[36] Não obstante, não só seguimos nos debruçando sobre a atualidade dos artistas canônicos, como Wisnik identifica uma primavera criativa florescendo ao redor de uma cena musical informada por um novo sentido estético (um paradigma?) que ele denomina "Canção expandida". Nesta geração, de assumida inspiração pós-tropicalista, e de que elege como representante fundamental o grupo carioca Los Hermanos, a música "começa com um motivo, mas aí entra a parte sonora instrumental, sem palavras, e aquilo volta sem uma espécie de coesão evidente com o começo. A canção vai se derramando para vários lados."[37] A atenção requerida por esta nova canção, com suas "palavras que ficam flutuantes" e sua incorporação da influência de gêneros como o rap e a música eletrônica é também flutuante, "o que tem a ver com uma sensibilidade meio ligada à textura, à superfície, como se aquilo não estivesse ali".[38]

---

33 Idem, p. 211.
34 Idem.
35 JULIO, D. Poética da agoridade, deslizamento e permanência. IHU Online, n. 411, 2012.
36 WISNIK, J. M. Impressões Críticas. Disponível em: <http://projetomacunaopera.blogspot.com.br/2012/03/impressoes-criticas.html>
37 Entrevista de José Miguel Wisnik concedida a Ailton Magioli, em MAGIOLI, A. Marca registrada. Disponível em: <http://www.divirta-se.uai.com.br/html/sessao_19/2010/09/25/ficha_musica/id_sessao=19&id_noticia=28992/ficha_musica.shtml>.
38 Idem.

Talvez tenhamos aqui uma resposta à indagação de Chico Buarque sobre a relação do público com as "novas canções". Talvez estejamos testemunhando uma migração para um novo tipo de sensibilidade – que não se detém ou mergulha nas profundidades, mas flutua entre as superfícies dos objetos. É claro que, mais uma vez, encontraremos aí atitudes diametralmente opostas com relação a esta metamorfose. Se para o próprio Wisnik, assim como, por exemplo, para Silviano Santiago, esta flutuação é saudada com otimismo, para outros, o fenômeno também contém perdas...

Se Santiago, pós-modernamente, afirma que o que lhe interessa em arte, hoje, é "essa falta de perspectiva (...), ela passa a ser chapada, perde a profundidade, por assim dizer", Christopher Türcke, por sua vez, um dos principais representantes vivos da teoria crítica, identifica neste processo uma espécie de propagação estrutural da síndrome do déficit de atenção[39]. "Cada corte de imagem", denuncia Türcke, "atua como um golpe óptico que irradia para o espectador um 'alto lá', 'preste atenção', 'olhe para cá', e lhe aplica uma pequena nova injeção de atenção, uma descarga mínima de adrenalina – e, por isso, decompõe a atenção, ao estimulá-la o tempo todo."[40]

E, afinal, existe ou não existe perda? O fato de que um estilo musical se adequa bem às características psicossociais de uma época é algo, em si, positivo? Quais são os parâmetros cognitivos, espirituais, sociais, que utilizaremos para avaliar se devemos saudar alegremente os novos tempos – em que, como diz Chico Buarque, o público não se interessa mais pelas canções novas dos velhos compositores – ou reagir, no sentido de conservar certas tradições e práticas, que nos facultam acesso a certas experiências das quais talvez não estejamos dispostos a abrir mão?

Esta questão, aparentemente, estaria mais do que bem resolvida para a geração pós-tropicalista, ou "expandida", no olhar de Wisnik. Abrangendo, além de Los Hermanos, nomes como "Leo Cavalcanti, Karina Buhr, Tulipa Ruiz e Marcelo Jeneci", seu valor viria do fato de que são "guiados por uma ambição autêntica e capazes de sustentá-la solidamente, [tendo] tropicalismo, Arrigo [Barnabé] e Itamar [Assunção] já assimilados e transcendidos desde o berço."[41]

O fato de que novas gerações já nascem com o movimento "assimilado e transcendido" há de, certamente, responder por grande parte de sua longevidade. Contra a existência e a produção destes – ou de quaisquer outros – artistas, é fundamental que se diga, não temos absolutamente nada. O que consideramos como merecedora de revisão é a postura crítica que aprova (ou, surdamente, rejeita), em bloco, gerações ou movimentos inteiros, baseados numa versão assimilada, resolvida, *fait accompli*, de um paradigma que é, no nascedouro, profundamente histórico, e portanto necessariamente superável.

39 TÜRCKE, C. Cultura do Déficit de Atenção. *Serrote*, n. 6, 2015.
40 Idem.
41 WISNIK, J.M. apud MELLO, T. DE A. R. G. T. DE. *MPB não é tudo*: os discursos de renovação da música brasileira. Tese. [S.I.] UERJ, 2012, p. 87.

O fato é que, apesar do tropicalismo *strictu sensu* ter durado pouco mais de um ano, encerrando-se com a prisão de Gil e Caetano em dezembro de 1968, ele seguiria, para Diniz e Tatit, assim como para Wisnik, de certo modo vigente como postura estética, ética e política até o presente,[42] o que não deixa de ser uma característica irônica para um projeto sem nostalgia ou "desejo de colonizar o futuro". Segundo Eduardo Losso – e esta breve investigação não encontra poucas razões para concordar com ele –, seu encerramento formal "foi a decisão certa para, ao sacrificar a integração do movimento, imortalizá-lo para a história e, com um golpe de mestre, torná-lo mito".[43]

Lidar com esse grande e heterogêneo, embora consonante, *corpus* crítico e criativo, no entanto, é algo tão complexo e delicado como a preparação do sashimi de baiacu, iguaria muito apreciada no Japão, que expõe os comensais a venenos letais se certas glândulas não forem extirpadas com absoluta precisão. Ao olhar com desconfiança a forma como certas ideias mantêm uma imensa influência através das décadas, é necessário um gume afiado para não abrir mão de ganhos inestimáveis legados pela mesma ideia, sob o risco de, inadvertidamente, cerrar fileiras com os anacrônicos e os reacionários que, diante da emergência de qualquer novidade artística, apegam-se a seus valores tradicionais e a sua distinção e a seus preconceitos de velha nobreza.

A recusa a qualquer coisa que o presente nos ofereça no campo da cultura tornou-se, de fato, uma empreitada espinhosa e arriscada. Uma enorme série de antecedentes opressivos, equivocados, empobrecedores, reverteu (talvez felizmente!) o ônus da prova para os acusadores, e esta história tende a proporcionar argumentos contundentes contra quem hoje ouse desconfiar do presente, ainda que para redialetizar a questão (que certamente será, espero que logre esclarecer, uma forma muito mais apropriada de caracterizar a nossa posição).

Na história da arte brasileira talvez não haja exemplo mais cruel e universalmente conhecido desta desastrosa recusa do novo do que as duríssimas críticas de Monteiro Lobato à primeira exposição da jovem e talentosa Anita Malfatti, que, provocando nela profundo desgosto, talvez possam ser responsabilizadas por tolher parte da espontaneidade e do vigor que marcaram a primeira fase do trabalho da pintora. Nesta peça de rara virulência, Lobato afirma que a pintora faz parte de uma casta de artistas que "(...) veem anormalmente a natureza, e interpretam-na à luz de teorias efêmeras, sob a sugestão estrábica de escolas rebeldes, surgidas cá e lá como furúnculos da cultura excessiva. São produtos do cansaço e do sadismo de todos os períodos de decadência:

---

42 Tatit, músico e professor de Semiótica da USP, em particular, corrobora esta ideia de duração do tropicalismo como paradigma da música brasileira. Um gesto que pressupõe e trabalha em equilíbrio e em contrapartida com o gesto da bossa nova. "Aquele inclui, enquanto este faz a triagem. Ambos são gestos extensos que tendem a perdurar na cultura brasileira como 'régua e compasso' que regula a produção nacional" – In: TATIT, L. http://tropicalia.com.br/ruidos-pulsativos/herdeiros-musicais/luiz-tatit
43 LOSSO, E. G. B. O terremoto tropicalista e sua monstruosidade barroca. IHU Online, n. 411, p. 1–6, 2012.

são frutos de fins de estação, bichados ao nascedouro".[44] Este tipo de arte, "anormal ou teratológica", o escritor compara desfavoravelmente aos "desenhos que ornam as paredes internas dos manicômios", uma vez que estes seriam ao menos sinceros, ao passo que a chamada arte moderna não passaria de mistificação.

O crítico embasa sua predileção pela arte figurativa dos grandes mestres do passado, esposando a ideia – para nosso tempo, comicamente absurda – de que "todas as artes são regidas por princípios imutáveis, leis fundamentais que não dependem do tempo nem da latitude"[45]. Seriam estas derivadas de uma espécie de sentir natural, conectado com a harmonia do universo, que nos forneceria o paradigma para nosso sentido de proporção e equilíbrio. Felizmente, nosso Trophimovich de Taubaté – cuja autoridade estava, diga-se, ao contrário do estéril arquétipo russo, embasada numa sólida obra artística – não detinha poderes sobre o desenrolar da história, e esta forma de pensamento não foi mais forte do que a coragem e o talento dos artistas e críticos visionários, e o mundo pode hoje contar em seu pecúlio espiritual com toda a vastíssima riqueza das artes modernas.

Enganos como este deixaram, no entanto, uma funda cicatriz – e podem ter esterilizado algo da relação entre a crítica e o meio artístico. É o que afirma Ferreira Gullar, citando o pensamento do crítico norte-americano John Canaday num artigo chamado "O Fim da Arte", publicado na revista *Humboldt*:

> A incapacidade da crítica em reconhecer o valor da pintura impressionista quando esta surgiu gerou nos críticos futuros um complexo de culpa e uma intimidação tal que, hoje, tudo o que se anuncia como novidade a crítica se sente obrigada a aprovar.[46]

Tratando-se, no entanto, dos críticos de inspiração pós-tropicalista, sua adesão às formas do presente não parece vir de um senso de obrigação, culpa ou intimidação, mas de verdadeiro e íntimo entusiasmo. Santuza Naves, por exemplo – a mesma que alerta contra os excessos do relativismo – afirma repetidas vezes a potência contemporânea do território da MPB, advindo não das preocupações ou qualidades que caracterizavam os anos 60 e 70, mas do fenômeno da diversificação e descentralização e da incorporação ao território da MPB das musicalidades da linhagem pop, como Lulu Santos e Sandy & Junior.[47] [48] Esta pujança atual justificaria, para a antropóloga, o imenso interesse que ainda desperta a canção no âmbito do debate sobre a cultura brasileira. Ela é o axioma.

---

44 LOBATO, M., citado por BRITO, M. DA S. História do Modernismo Brasileiro. Rio de Janeiro: Civilização Brasileira, 1974.
45 Idem.
46 GULLAR, F. *O Fim da Arte*. Humboldt, 1993.
47 NAVES, S. A MPB em debate. Entrevista especial com Santuza Cambraia Naves. IHU Online, 2007.
48 NAVES, S. *Canção popular no Brasil*. Rio de Janeiro: Civilização Brasileira, 2010.

A defesa do valor estético, cultural, político, da infinidade de formas musicais das periferias atuais, por sua vez, está no cerne da produção de Hermano Vianna, outro adepto fervoroso da "agoridade" tropicalista:

> O baile funk carioca é um exemplo bastante rico de como elementos culturais de procedências diversas, "autênticos" ou não, "artificiais" ou não, "impostos pela indústria cultural" ou não, podem se combinar de maneiras inusitadas, gerando novos modos de vida e afastando a hipótese apocalíptica (Eco, 1979) da homogeneização cultural da humanidade.[49]

A menção ao famoso livro *Apocalípticos e Integrados*, de Umberto Eco, encampa a crítica do italiano a linhagens de teóricos da contemporaneidade – como os membros da Escola de Frankfurt – que se lançam a críticas totalizantes dos fenômenos de poder associados à indústria cultural, deixando escapar parte da sutileza e complexidade destes fenômenos e, portanto, a oportunidade de agir efetivamente sobre eles. Vianna, no entanto, não reconhece aqui que ele próprio se perfila, se acompanharmos o raciocínio de Eco, com o batalhão oposto, o dos Integrados, a quem o semiólogo reserva críticas talvez ainda mais duras. A principal delas é a de acreditar que "a multiplicação de produtos industriais é, por si própria, boa, segundo uma bondade emprestada ao livre mercado, e que não deve ser submetida a novas orientações".[50]

A esta crítica poderiam contrapor o antropólogo e inúmeros contemporâneos de similares inclinações o argumento de que são eles os verdadeiros estratégicos – posição defendida por Eco em oposição aos extremos da adesão (integrados) e repulsa (apocalípticos) – uma vez que, despidos de rigidez e preconceito, podem influenciar a própria formação do agora dos meios de comunicação. De fato, Vianna foi o criador e roteirista de diversos programas, como *Central da Periferia* e *Esquenta*, que levaram e levam para a tela da TV Globo uma série de artistas e manifestações de grande alcance popular, engendradas nas periferias, e que até então jamais haviam gozado de exposição e do endosso da "mídia oficial". Contra as formas tradicionais de distinção entre alto e baixo, entre bom e ruim, ou seja, contra o poder exercido pela classe dos "homens de cultura", o intelectual adere integralmente a uma nova aliança celebrada entre a diversidade autônoma e algo anárquica das formas culturais periféricas e a mídia corporativa. "Cada vez mais", celebra, "a periferia toma conta de tudo. Não é mais o centro que inclui a periferia. A periferia agora inclui o centro. E o centro, excluído da festa, se transforma na periferia da periferia."[51]

---

49 VIANNA, H. Funk e cultura popular carioca. *Estudos Históricos*, v. 3, n. 6, p. 244-253, 1990.
50 ECO, U. *Apocalípticos e integrados*. Madrid: Editorial Lumen, 1984.
51 VIANNA, H. Central da periferia–texto de divulgação. OVERMUNDO. Rio de Janeiro, 2006.

E quem poderia, afinal, desejar estar de fora desta festa?

Com a consumada diluição da divisão entre canções de qualidade e canções voltadas para o consumo, a possibilidade de crítica a obras, estilos ou cenas baseada em qualquer escala de valores ou critérios explícitos tende a ser rapidamente neutralizada por algum desdobramento da divisão do campo artístico entre partidários da vanguarda e do *resguardo*. Resguardo foi uma categoria utilizada por Caetano Veloso em entrevista a Augusto de Campos em 1968[52] e que Antônio Cícero atribui a um medo irracional da destruição das formas e a uma necessidade de "manter a ilusão de que determinadas formas são naturais – ou, às vezes, sobrenaturais".[53] É como se a ruptura do *resguardo* pós-bossa-novista e o reconhecimento do valor do iê-iê-iê por Caetano e Gil fosse, até hoje, o momento definidor do debate cultural brasileiro, muito embora suas obras e sua reflexão contenham sínteses, articulações e revelações estéticas muito mais complexas, indicativas de uma pesquisa, uma autoexigência e uma visão que transcendem largamente ou pelo menos justificam o estabelecimento deste eixo.

Em seu *Verdade Tropical*, Caetano descreve com lucidez rara o substrato multifacetado do embate cultural em que se via envolvido no âmbito da amizade e dos diálogos com os concretistas de São Paulo. Percebe, inclusive, e relativiza, uma porção de exageros e de eleições inexplicáveis a não ser pela combatividade assumida, particularmente por Augusto, em sua ostensiva defesa dos tropicalistas. Num dos capítulos que, imagino, mais tempo lhe deve ter custado escrever, Caetano expõe com alto nível de elegância, sutileza e respeito, algumas destas divergências – em particular com relação à polarização enxergada por Augusto entre ele e Chico. "O tropicalismo veio para acabar com os resguardos", diz, "mas, se havia alguma coisa que eu próprio tinha querido resguardar, era exatamente o que Chico continuaria cultivando e polindo"[54]. O ápice da arte de combinar palavra e som, o "motz el som" de Pound, referência fundamental do repertório crítico de Campos, eram os trovadores provençais – e diferentemente de Campos, que via Gil e Caetano como os mais próximos deste ideal dentro da canção brasileira, o próprio Caetano seguia enxergando Chico como seu grande representante – e, antes dele, como matriz, Caymmi.

Fundamentalmente, o capítulo relata o entusiasmo e a lucidez do compositor em se ver trazido por estes grandes intelectuais brasileiros para o epicentro de uma luta cultural de grande porte. Uma visão sobre o moderno que submete o critério do avanço a uma visão sincrônica de arte, como exemplifica com uma citação de Augusto: "o antigo que foi novo é tão novo quanto o mais novo novo"[55]. Este é o aspecto do aparato

---

52   CAMPOS, A. DE. Balanço da bossa e outras bossas. São Paulo: Editora Perspectiva, 1974.
53   CÍCERO, A. O tropicalismo e a MPB. In: DUARTE, P. S.; NAVES, S. C. (Eds.). *Do Samba-canção à Tropicália*. Rio de Janeiro: FAPERJ – Relume-Dumará, 2003. p. 201-214.
54   VELOSO, C. op. cit, p.222.
55   CAMPOS, A. *citado por* VELOSO, C. *Verdade Tropical*. São Paulo: Companhia das Letras, 2008. p. 223.

teórico dos concretistas que mais lhe interessou: uma compreensão crítica trans-histórica, que percebe a inovação como forma de revitalizar a tradição. "Se arriscarmos olhar bem fundo", diz Caetano, "talvez cheguemos à conclusão de que os modernismos representaram antes uma luta contra a iminente obsolescência de um passado belo em vias de banalizar-se; de que nunca, como no modernismo, a arte foi tão profundamente conservadora".[56] A reação contra a vulgaridade burguesa, a necessidade de transmitir o sentido terrível, existencialmente impositivo da arte, termina, ele percebe, por negar o próprio trabalho do artista moderno, irremediavelmente vinculado à própria cultura burguesa, à cidade, à tecnologia, a certo grau de efemeridade – e esta fricção entre, digamos, um princípio aristocrático e um princípio revolucionário deu origem à grande parte da arte do final do século XIX e primeira metade do século XX, e é a este embate que Caetano se vê trazido pelo olhar dos concretistas.

Bom, talvez tenhamos aqui um *conservadorismo* ao qual nos seja mais interessante subscrever. Não aquele que "não tem nada de estético", e que se resume a um anseio pela volta de "tradições mais nobres", que apressadamente leu Diniz para *O Globo*, mas o de que fala Caetano: uma busca, frequentemente na contramão do senso comum, por reestabelecer a tensão entre a inexorável marcha da história e uma dimensão que a transcenda e atravesse – um *novo* trans-histórico – e, que, justamente por isso, nos permita algum distanciamento e liberdade diante do turbilhão social e cognitivo que nos envolve e arrasta.

No campo de batalha da canção popular, trata-se, antes de mais nada, de abrir o foco. E isto começa por perceber a diferença crucial entre, de um lado, a complexa, tensionada, transitória e específica proposta artística tropicalista (e as realizações posteriores, frequentemente inclassificáveis, dos seus maiores expoentes) e, do outro lado, a escolha de alguns de seus mandamentos como chaves-mestras, sem prazo de validade, para a composição e crítica da canção. Quando tantos jornais, curadores, acadêmicos, produtores e artistas abraçam, em uníssono e com tanta convicção, um conceito de diversidade, de multiplicidade, de Brasil, que na realidade opera uma seleção tácita baseada em critérios como a eficácia comunicativa, a adesão a certos temários caros à juventude conectada, quando não os bons e velhos jabaculê e cabotinismo, talvez seja hora de espanar certezas sedimentadas e arriscar um passo adiante, ainda que este, como sugere o moderno Caetano, signifique simultâneos passos para trás.

A real propagação *ad infinitum* das vozes e dicções possibilitada pela chamada *web 2.0*, em potencial autonomiza o ouvinte e o artista – ao diminuir o poder da velha *indústria cultural* de ditar sucessos e tendências, e democratiza a produção e a curadoria. Por outro lado, a disponibilidade infinita de conteúdo gratuito ou quase gratuito faz com que o valor econômico de um produto-música singular (canção, faixa, disco)

---

56   C. VELOSO, *op cit.* p. 223.

seja reduzido ao mínimo. Apenas obtém retorno ou consegue viabilizar suas produções o artista que ultrapassa determinado limiar – e isto ocorre, via de regra, graças a uma capacidade espetacular de marketing (o que inclui vídeos sedutores e uma atuação habilidosa e ininterrupta nas redes sociais) – a partir do qual começa a se beneficiar de um outro curioso aspecto do comportamento das redes: a viralidade. A aquisição de massa crítica, que é um termo usado para descrever reações nucleares em cadeia, mas também epidemias, faz com que o crescimento de popularidade na internet seja, para uma elite mínima de geradores de conteúdo, exponencial. Os algoritmos automáticos das ferramentas de busca e das redes sociais "sugerem" conteúdos populares com muito mais frequência do que quaisquer outros, e, portanto, um conteúdo popular tende sempre a multiplicar sua audiência. Além disso, os hábitos de socialização e consumo de informação ininterruptos, como diagnostica Türcke, diminuem a capacidade de concentração e ao mesmo tempo aumentam os reflexos gregários do tipo "comportamento de manada", de modo que, num mundo de imensos potenciais emancipatórios, acabamos mergulhados num caldo de cultura, sim, relativamente homogêneo.

Neste contexto, parece de fato não haver meios para a emergência de um movimento ou artista que reúna arrojo conceitual e *alcance de massas*, como ocorreu com o tropicalismo. E talvez isto seja, no fim das contas, interessante. Afinal, do outro lado, e a despeito de tudo isso, a arte, a obra, continua surgindo, e continua tocando pessoas, e criando mundos, e resistindo. Como afirma Deleuze, "existe uma afinidade fundamental entre a obra de arte e o ato de resistência".[57] E se isto vai de encontro às regras da comunicação que estão dadas, o artista está condenado a falar para poucos? Como não recair no solipsismo, no elitismo, na insensibilidade com relação às vicissitudes de nosso tempo?

Bom, não consigo deixar de sentir que "massas" são o assunto dos economistas, dos líderes políticos, dos executivos do varejo – cada vez mais *pop stars* – e dos *pop stars* – cada vez mais executivos do varejo. Mas as pessoas, cada uma delas, são, e serão, o assunto dos artistas. Terminemos, sem uma resposta, com Deleuze:

> Qual a relação entre a luta entre os homens e a obra de arte? A relação mais estreita possível e, para mim, a mais misteriosa. Exatamente o que Paul Klee queria dizer quando afirmava: "Pois bem, falta o povo." O povo falta e ao mesmo tempo não falta. "Falta o povo" quer dizer que essa afinidade fundamental entre a obra de arte e um povo que ainda não existe nunca será clara. Não existe obra de arte que não faça apelo a um povo que ainda não existe.[58]

---

57   DELEUZE, G. O ato de criação. In: DUARTE, R. (Ed.). *O Belo Autônomo*: Textos Clássicos de Estética. São Paulo: Autêntica, 2013. p. 173-187.
58   Idem.

Chama o quê?

Quando o momento histórico acende a chama[59]

EDUARDO GUERREIRO B. LOSSO

Depois do período áureo, na música pop, do final dos anos 60 aos 70, de junção entre experimentalismo vanguardista e cultura de massa, que prometia uma indústria cultural mais flexível e meritocrática, tenho insistido na ideia de que houve, desde o final dos anos 70, uma censura sistemática daquilo mesmo que o mercado permitiu anteriormente. Contudo, para quem lamentava a ausência de um movimento artístico e musical da envergadura do tropicalismo ou da vanguarda paulista, vale a pena dar atenção ao atual grupo de músicos do Coletivo Chama. Geralmente o efeito mais diabólico do mercado está em isolar os artistas uns dos outros, fazê-los trabalhar contra si mesmos, isto é, para a própria engrenagem que os oprime, como é o caso do músico de estúdio. Por isso, é muito difícil que haja uma união de interesses que estimule o desenvolvimento pessoal e coletivo do trabalho artístico, convergindo especialidades diferentes para um mesmo objetivo.

Tal milagre ocorre, a meu ver, na ligação essencial entre cantores e instrumentistas desse movimento. A trindade dos cantores e compositores Thiago Amud (aquele que ganhou retumbante reconhecimento, no final de 2013, do jornal *O Globo* e de Caetano Veloso), Pedro Sá Moraes e a banda Escambo (com os cantores letristas Renato Frazão e Thiago Thiago de Mello) é feita de fortes personalidades poéticas, musicais e pensantes. Thiago Amud é ao mesmo tempo o grande poeta e grande compositor, que aproveitou o impulso do trabalho de Armando Lôbo e o trouxe para os outros membros do Coletivo. Com o esmero de *Sacradança* (2010), os outros cantores encontraram uma base para desabrochar mais surpresas.

---

59 Primeiramente publicado em Polivox Revista digital, jun 2014. http://revistapolivox.com/quando-o-momento-historico-acende-a-chama/

Partindo daí, os três escolheram ser acompanhados por instrumentistas de primeiro naipe. Os mais frequentes são: Daniel Marques, na guitarra, tem destacada presença nos dois CDs de Thiago Amud, *Sacradança* e *De ponta a ponta tudo é praia-palma*, de 2013, bem como nas faixas mais reveladoras de *Claroescuro* (2010), de Pedro, como "Incomunicável". Altamente recomendável é seu trabalho solo como violonista, *Carnaval de perneta*, de 2012. Sergio Krakowski é um mago do pandeiro. No atual CD de Thiago, demonstra virtuosismo em uma faixa que teria tudo para ser um sucesso nas rádios, "Papoula brava", se elas não fossem tão impenetráveis a tudo que soe um pouco acima da média. O terceiro é Ivo Senra, dono de toda uma concepção sonora do eletrônico pop, experimental e erudito, cada vez mais presente nos três trabalhos. Como os letristas-compositores não pretendem outra coisa senão fortalecer a potência musical, esses três músicos podem dar aos cantores toda a riqueza de suas pesquisas. Isso se dá especialmente no papel determinante de Ivo Senra no novo CD de Pedro Sá Moraes, *Além do princípio do prazer*. Além desses nomes, no mesmo CD de Pedro, a bateria sempre inusitada de Lúcio Vieira e, no Escambo, a integração cada vez mais dramática e intensa da bateria de Daniel Sili e a guitarra de Diogo Sili galvaniza a canção com a pura energia da integração da banda de rock. Forçoso dizer que é raro o rock brasileiro chegar ao pico de intensidade que eles atingem.

Assim, a ligação entre cantores-compositores e instrumentistas, no Coletivo Chama, é mais do que uma colaboração eventual: é o retorno à potencialização mútua entre o plano literário, composicional e instrumental que há muito não se vê em vigor.

Somado a isso, o plano visual das capas de discos, dos videoclipes e da concepção cênica também está sob o cuidado de um profissional totalmente integrado na proposta: o artista plástico Cezar Altai. Dele, destaco as seguintes direções de clipes: o grandioso "Marcha dos desacontecimentos", de Amud, cujo clima de carnaval assustador ilustra a acidez crítica da letra e o poderoso coro diabólico ascendente e culminante; "Incomunicável", de Pedro, traduz a densidade lírica da letra, somada a um cânon de vozes que mistura a palavra título com outra, "incomum", num jogo cênico de pinturas de parede e tintas que tapam os óculos do cantor ("eu não sei ler"); "Espantar o mau vento", do Escambo, com a atriz Fabiana Tolentino, lança imagens aceleradas da rua, telas desfocadas e falhas de TV, a modelo dançando, na frente ou no fundo dos cantores no palco, que vira festa, tudo em rico diálogo com o complexo jogo de ecos rítmicos entre os diferentes instrumentos deste *reggae* peculiar.

Além disso, é preciso destacar brevemente dois muito louváveis trabalhos em andamento: primeiro, a curadoria genuinamente artística e formadora de público de Pedro Sá Moraes dos eventos "Transversais do Tempo" e "Nascente Foz", que interligaram os shows com debates críticos e a apresentação de grandes poetas brasileiros; segundo, o programa chamado "Rádio Chama", da Rádio Roquette Pinto, toda sexta às 20 horas, levando ao ar uma imensa leitura multitemática da relação da MPB com outros estilos musicais e a literatura.

Não são só eles que estão dando uma contribuição positiva atual à música popular brasileira, mas não posso deixar de constatar que só eles demonstram um tal nível de pesquisa e empenho estritamente artístico. Há aí uma feliz conjunção histórica de poetas, compositores e instrumentistas, que cuidam com afinco de todas as camadas que a canção brasileira explorou, que querem dar uma resposta à tradição, extraindo dela suas mais secretas lições. Todos eles estão igualmente aplicados em somar forças na contracorrente, aprender uns com os outros e sacrificar todo suor e sangue para a musa da arte. Isso implica em, necessariamente, "recusar os dez bezerros de ouro" (Amud) do mercado, que tem sido demasiadamente intransigente ao banir e isolar verdadeiros artistas, potencialmente populares. Sim, eles estão aí, abertos, flexíveis e disponíveis, oferecendo biscoito fino para as massas. Afinal, não está na hora de "Papoula brava" cair na boca do povo? Não é no mínimo um enorme desperdício ocultar novos Chicos e Caetanos de seu público? Não?

Brazilian Explorative Music

TIM WILKINS

Entrei no mundo do Brazilian Explorative Music durante uma noite de neve no inverno nova-iorquino. Era Janeiro, logo após o término do festival anual "Winter Jazz Fest", em que artistas de vanguarda ocupam vários clubes no Greenwich Village, numa maratona de criatividade que dura setenta e duas horas.

Como programador e apresentador de rádio, meu trabalho é absorver essa avalanche musical, filtrá-la e identificar aquilo que pode ter valor transformador; o que pode ajudar a conversa do jazz a progredir.

Meus ouvidos estavam saciados. Eu já tinha mais material do que o suficiente para trabalhar durante todo o ano seguinte. De Robert Glasper a Lionel Loueke, de Mark Giuliana a Jason Lindner, eu sabia que minha agenda estava lotada.

Algo chamou minha atenção, no entanto, na programação do (le) Poisson Rouge daquele domingo. O clube subterrâneo na Bleecker Street fica no imóvel onde um dia funcionou o "Village Gate", uma plataforma de lançamento para a ressurgência *folk* na Nova York dos anos sessenta e para a salsa dos anos setenta. Hoje, a casa ocupa, na cidade, o lugar de vitrine para experimentações musicais – onde se encontram, frequentemente, jazz, pós-rock, música erudita moderna e world music.

O que me chamou a atenção foi a palavra "explorative". O que poderia significar? Já tendo morado e trabalhado na América Latina, tenho um interesse no Brasil de longa data. Jamais havia escutado esta palavra usada neste contexto. "Explorative" tampouco é uma palavra que soa cotidiana no inglês. Na realidade, é usada raramente.

Mas "Bossa Nova" e "Tropicália" tampouco o são, não é verdade? Eu tive a sensação de que poderia haver algo de interessante ali, e fui encarar a neve.

O que eu ouvi naquela noite me cativou, e ainda me cativa. No palco, escutei um intercâmbio especialmente fluido de ideias musicais – jazz, samba, música concreta e pós-rock – que era erudito, desafiador e dançante. Inegavelmente brasileiro.

Havia algo de entusiasmante no jeito como esses jovens criadores transitavam entre gêneros musicais. Em Nova York, somos constantemente expostos a novas ideias. Mas o que esses jovens brasileiros faziam era algo diferente, e de uma forma importante. Erguiam-se sobre as estruturas que podem limitar nossas inovações.

No centro de tudo estava o cantor-compositor Pedro Sá Moraes, um dervixe altíssimo, que deixa a plateia imediatamente à vontade, irradiando equanimidade e prazer. Ele é um mestre no palco, acolhendo seu público e nos desafiando a prestar atenção aos instintos mais elevados de nossa natureza musical.

Havia também Sergio Krakowski, que transforma o pandeiro, o mais brasileiro dos instrumentos, em uma espécie de portal, convidando os ouvintes aos ciclos do Oru Seco (família de ritmos sagrados cubanos) e disparando através da eletrônica uma experiência de imersão multimídia.

Mais tarde, eu viria a descobrir que, no coração da cena "Explorative" brasileira, estava o "Coletivo Chama", uma cooperativa de arte baseada no Rio de Janeiro, que combina o socialismo de Fourier a um competente automarketing. Descobri seu programa de rádio semanal, uma espécie de cruzamento entre uma *masterclass* de Leonard Bernstein a um episódio de Monty Python.

Também conheci o brilhante *sound designer* e improvisador Ivo Senra, cujas paisagens sonoras dão corpo às gravações do Coletivo, e os efervescentes Thiago Thiago de Melo e Renato Frazão, cujo grupo Escambo bebe dos trios de samba dos anos 50 ao pop dos anos 80. Também há o recluso Thiago Amud, que escreve arranjos sinfônicos deslumbrantes, de rítmica impressionante, e cujas letras propõem nada menos do que a completa reinvenção do Brasil.

O grupo também agrega outros importantes companheiros de viagem, como a violinista Elissa Cassini, *spalla* da Sinfônica Pró-Música, no Rio, o saxofonista Jorge Continentino e violonistas como Gabriel Santiago e Daniel Marques.

Mas o que mais me tocou naquela noite de inverno, e ainda me toca, é o frescor da abordagem "exploratória" desses jovens brasileiros. Dominam profundamente as raízes das tradições de seu país, e levam estas tradições em novas direções.

A este respeito, eles têm muita coisa em comum com uma nova geração de artistas do jazz norte-americano. Eles respeitam e têm conhecimento profundo das origens de sua música, ao mesmo tempo em que abrem suas próprias trilhas.

Naturalmente, estes "exploradores" brasileiros são saudados como heróis estéticos em seu país!

Fiquei surpreso e também não surpreso ao descobrir que isto nem sempre acontece. A surpresa é devida a seu óbvio talento. A ausência de surpresa deve-se ao fato de que jovens inovadores musicais nos Estados Unidos também podem enfrentar obstáculos similares.

O Brasil e os Estados Unidos, estrelas irmãs na constelação da diáspora africana, têm muito em comum. Ambos os países carregam ricos legados musicais, transmitidos, de forma geral, de mestre a discípulo, numa espécie de sucessão apostólica. Estas tradições às vezes são protegidas com um ciúme irracional por seus autoproclamados guardiões.

Do outro lado, alguns iconoclastas simplesmente dizem que a terra é plana, e combinam todas as influências em termos iguais, jogando tudo no liquidificador. Nenhum desses caminhos, no fim das contas, é satisfatório.

O que satisfaz é quando um artista atravessa o jardim da tradição e surge do outro lado com uma voz singular, identificável, que incorpora e aprimora a tradição. Foi o que fizeram estes jovens brasileiros – e isso é uma realização impressionante.

O Brasil e o mundo precisam de mais exploradores, e não menos. Sorte a nossa tê-los entre nós.

Criado para discutir novos rumos da MPB, Coletivo Chama vira programa de rádio, TV e turnê internacional[60]

MARIANA FILGUEIRAS

Todas as sextas-feiras, às 20h, os músicos cariocas Thiago Amud, Pedro Sá Moraes, Renato Frazão e Thiago Thiago de Mello apresentam um programa temático na Rádio Roquette Pinto chamado "Rádio Chama". Se o mote do dia é "cavalo", por exemplo, escolhem canções em que o animal apareça como alegoria ou metáfora. Misturam "Amon Rá e o Cavalo de Tróia", de João Bosco, com "Feeling pulled apart by horses", de Thom Yorke; "O homem e o cavalo", de Tonico e Tinoco; "Wild Horses", dos Rolling Stones, ou "O burrico e o cavaleiro", do próprio Frazão. Entre uma música e outra, fazem graça, contam causos, até relincham.

Num programa "Preguiça", vão de Dominguinhos, Billie Holliday, Xangai, Chico Buarque, Cezar Altai. No que trata de "desespero", a lista de canções tem Noel Rosa, Maria Callas, Dori Caymmi. Já fizeram programas de temas diversos, como "Vícios", os divertidos "Imprudência" ou "Acaso" (os podcasts estão disponíveis no site PodOmatic).

O programa é uma das muitas atividades do Coletivo Chama, turma de sete músicos que têm se reunido semanalmente, há quase dois anos, para discutir "a canção entendida como arte", como gostam de dizer. São encontros informais, cada semana na casa de um, para trocar referências, fazer reflexões sobre a cena atual, formar parcerias – apesar de cada um já ter sua carreira independente, foi inevitável que começassem a trabalhar uns com os outros. Na página do grupo no Facebook, definem-se como "uma cena de compositores que alia um espírito inquieto de renovação a uma relação profunda com as tradições musicais e artísticas".

---

60 Originalmente publicado na *Revista O Globo*, suplemento dominical do jornal *O Globo*, dia 19/01/2014.

– Uma parte da razão de ser do coletivo é que existe uma cena muito maior do que o grupo, músicos brilhantes e que ainda não estão em um lugar definido no mapa da música brasileira. Queremos entender o caráter especial dessa geração, que não somos nem de perto só nós – explica Thiago Amud, que acaba de ter o disco *De ponta a ponta tudo é praia-palma* listado entre os melhores de 2013 pelo jornal *O Globo*, admitindo que a defesa e a constituição de um grupo para tal possa soar arrogante. – Existe um ecossistema que saiu um pouco do âmbito do que é hoje considerado MPB. Hoje o que é considerado MPB tem mais a ver com os clássicos ou vertentes mais pop. Que tem muita coisa boa, claro, mas de comunicação mais imediata. Quem está experimentando, correndo riscos, acaba um pouco escondido.

Filho do poeta Thiago de Mello, foi o também músico Thiago Thiago de Mello quem acendeu o pavio do Coletivo Chama em meados de 2010. Doutorando em Ciências Sociais pela Uerj, escrevia uma tese sobre a nova MPB, mais especificamente sobre músicos e compositores que estavam fazendo experimentações de linguagem, revisitando gêneros tradicionais, e que por isso muitas vezes não se inseriam na "nova geração da MPB" esquadrinhada por gravadoras, revistas culturais ou pela crítica musical. Passou um ano entrevistando músicos. Em muitos deles, identificou pontos em comum, como no discurso anárquico de Ivo Senra, Cezar Altai e Sergio Krakowski. Com outros, como Pedro Sá Moraes e Thiago Amud, já tinha afinidade. A eles juntou-se ainda Frazão, do grupo Escambo.

Logo as discussões semanais começaram a render frutos: vieram as parcerias musicais. Pedro e Ivo musicaram um poema de Amud chamado "Olho da pedra"; Thiago Thiago fez "Pagode do Sumaré" com Frazão, depois outras duas com Amud: "Passarinhão" e "Desdêmona". A esta altura, o músico e sociólogo já tinha virado doutor (a tese fora publicada com o nome *MPB não é tudo: os discursos de renovação da musica brasileira*) e foi a sua mania de "chamar" tudo ("chama uma música"; "chama uma cerveja") que acabou batizando o grupo. Na sequência, surgiu a ideia de criar um programa de rádio em que pudessem fazer uma curadoria das próprias referências, o "Rádio Chama". O que os provocou a formular um programa de TV, já em negociação com um canal fechado.

– A ideia é passar para o vídeo o espírito atemporal do "Rádio Chama": gravações exclusivas, clipes e entrevistas mostrando a nossa perspectiva sobre música inovadora, inclassificável, de hoje e de ontem – explica Pedro, um daqueles casos de músicos brasileiros que são mais conhecidos fora do que dentro do país.

E é justamente em Nova York que o grupo começa a se apresentar como um coletivo. Na noite do último dia 9, eles tomaram o avião para a cidade americana, onde começariam uma turnê que terminaria no Canadá, no festival Brazilian Explorative Music, que tem no cardápio justamente músicos brasileiros com trabalhos mais arriscados ou inventivos.

Os discos chamam

Brasil em negativo
(sobre o disco De ponta a ponta tudo é praia-palma, de Thiago Amud)

PEDRO CAZES

O ouvinte desavisado que porventura tope com o disco novo de Thiago Amud, *De ponta a ponta tudo é praia-palma* (Delira, 2013), certamente sofrerá, nos primeiros instantes, das dores de desautomatizar a escuta, de enfrentar a estranheza dessa "MPB" um tanto desfigurada, distorcida em sua saturação de acordes alterados, dissonâncias, melodias tortuosas. Para os incautos, então, pode soar como um raio em céu azul, destoando tanto daquela tradição da canção popular guardada na memória afetiva das já não tão novas gerações, quanto dos artistas com sucesso comercial que ainda buscam manter alguma proximidade com aquele já desgastado rótulo. Ledo engano. Longe das rádios e dos vídeos virais, uma geração plural de compositores se empenha em desenvolver a linguagem da canção a partir de uma relação de intimidade, valorização e reinvenção da multiplicidade e riqueza de nossa *tradição*. Se é para buscar alguma definição abrangente do perfil dessa geração – que reúne no Rio de Janeiro nomes como Thiago Thiago de Mello, Renato Frazão, Marcelo Fedrá, Frederico Demarca, Edu Kneip, entre muitos e muitos outros –, eu arriscaria dizer que se trata de fazer música brasileira não *a partir* da música pop, mas de uma intensificação das possibilidades abertas por idiomas, ritmos, linguagens musicais e caminhos melódicos inscritos no vastíssimo arsenal de nossa cultura. O que obviamente não quer dizer postura sectária ou nacionalista, até porque isso simplesmente *não faz mais sentido*. Certa postura e sonoridade *rock* está, inclusive, presente nos discos de Amud, ainda que em chave totalmente distinta de certa herança tropicalista que despolitizou sua estética para diluir tudo no *pop*, no *cool*, no narcisismo blasé de parte da "nova emepebê". Sem querer adiantar demais o passo, digamos que, se Amud se particulariza nessa conjuntura, talvez não seja só pela impressionante maturidade artística e personalidade própria gravada em suas composições, cuja inventividade e resolução formal é realmente espantosa, mas também porque sua obra é altamente reflexiva sobre os próprios impasses de sua proposta artística. E é plenamente consciente de remar contra a corrente que o artista fixa sua ousadia.

Afinal, num primeiro contato sua música seguramente parece *difícil*. Não apenas pela densidade de suas canções, mas também porque, nos seus discos solos (*Sacradança*, o anterior, foi lançado em 2010) – para os quais o artista seleciona canções cuja autoria é só sua, letra e música, deixando de fora as numerosas parcerias que vem desenvolvendo com um amplo leque de músicos e poetas –, os elaborados arranjos parecem levar mais adiante o desafio aos ouvidos anestesiados pela mesmice, buscando uma dicção própria e indicando intenção deliberada em "causar". Longe de representar mera idiossincrasia pessoal, essa *dificuldade* traduz um certo estado da canção brasileira contemporânea. Isso para não dizer que é, ao mesmo tempo, cifra de alguns dilemas maiores do presente, sobre os quais o artista reflete e que nos cabe aqui discutir.

Nesse segundo disco, o compositor parece elevar ainda mais a voltagem da proposta ao resgatar um gênero que, até bem pouco tempo, parecia um tanto em desuso: as "interpretações do Brasil". Quase definido como um disco "conceitual", *De ponta a ponta tudo é praia-palma* retoma essa vocação da canção brasileira para pensar o país. Sabemos bem o papel, numa sociedade tão pouco letrada, que coube à música brasileira, em especial à música popular urbana, na construção da nação e de uma experiência coletiva compartilhada – indo dos "anos de ouro" das rádios à MPB dos anos sombrios da ditadura. Acontece que os tempos são outros, daí o interesse em investigar com mais calma a situação. Para tal, não deve ser menosprezada, inclusive, a dificuldade desse tipo de canção em atingir públicos mais amplos – aquilo que, do ponto de vista do artista, não deixa de ser um certo "travo amargo" do nosso tempo presente. Como é possível, pois, fazer canção brasileira quando o seu lugar na vida coletiva parece definitivamente alterado, e mais, quando os próprios códigos com os quais traduzíamos nossa experiência social parecem ter se transformado? Não é só o lugar da canção que se alterou, mas também o próprio lugar que possa ter o sentimento de *nação*. O disco de Amud está plenamente consciente dos impasses aos quais se refere o debate atual sobre o "fim da canção", e manda seu recado.

Se todos perceberam que se trata de uma "interpretação do Brasil", pouco ainda se disse sobre qual interpretação é essa. Gostaria aqui de sugerir que o elemento privilegiado que parece organizar a leitura do Brasil presente no disco é a violência. Não a "violência urbana", e seu correlato "segurança pública", que colonizou o imaginário brasileiro das últimas décadas, sinal máximo da atrofia de nossa capacidade de pensar um projeto de país (inclusive por parte da "esquerda"), mas a violência inscrita na nossa própria experiência "civilizacional", uma violência que conservamos desde nascença, inscrita na ambivalência dura de nossas possibilidades e frustrações. Não só nas letras das canções, mas também nos arranjos, quase tão importantes para a resolução estética dos discos de Amud quanto as composições em si, está presente essa saturação dos contrastes, essa convivência de extremos, de abismos que desde sempre nos marca. Portanto, trata-se ainda de um "acerto de contas", para o qual certa seriedade e até mesmo agressividade – um tanto fora de moda na MPB, mas não no *rap* – são de fato necessárias. Um reencontro com o Brasil de sangue nos olhos, como se vê nas apresentações de Amud. O Brasil febril, violento e real, que não se deixa pasteurizar e domesticar em propagandas e megaeventos. Uma canção que não seja *jingle* de supermercado, que retire sua potência bem do vazio do qual parece brotar. Aliás, se como sugerem os acontecimentos políticos mais recentes, estamos de fato deixando para trás uma experiência de "deriva" – que era o substrato daquela "canção expandida", como falou José Miguel Wisnik, marcada por distensão e afrouxamento (Los Hermanos) –, a aparição do disco de Amud não deixa de ser, ela mesma, uma anunciação. Contra a deriva, surge uma geração que sabe muito bem o que quer, bota o dedo na ferida, provoca e enfrenta.

Na contramão da repisada pecha de "extemporâneo" ou "anacrônico" que costuma recair sobre o seu trabalho, é na confluência desse disco com o momento político que vivemos que gostaria de insistir aqui. Pois bem, como a violência pode conferir certa unidade formal ao disco? Gostaria de começar pelo aspecto mais estritamente "formal". A convivência de tempos e vozes dissonantes se traduz no modo como as composições e os arranjos se constroem através de sobreposições, polifonias, simultaneidades que não arredondam suas arestas. Pelo contrário, exploram os atritos, os contrastes que machucam os ouvidos, um som "enfarpado". Chegando por vezes a certa dinâmica convulsiva, essa intensificação das possibilidades da canção aproveita os resultados mais avançados daquela tradição da canção brasileira que explorou ao máximo suas possibilidades harmônicas e melódicas, esgarçando os limites do tonalismo em diversas direções – não à toa Amud chama Guinga, seu parceiro, de "maestro soberano". Além disso, a heterogeneidade de elementos sonoros e timbrísticos do disco absorve também os ganhos tecnológicos típicos da segunda metade do século XX. Com a produção de Jr. Tolstoi, o disco potencializa o uso desse tipo de sobreposição de elementos orgânicos e eletrônicos, não como mero "barulhinho" decorativo de música moderninha, mas como atualização das próprias possibilidades sinestésicas da música, agora empenhada na construção meio cinematográfica de climas, ambiências e texturas.

Acredito, portanto, que não se trate de um uso de efeito alegórico, algum tipo de positivação do encontro entre o Brasil "arcaico" e o ultramoderno. Isso porque os elementos "tradicionais" não aparecem como caricaturas, como emblemas.

Funcionando de forma um tanto alterada, é muito mais como se desvelassem possibilidades ainda não exploradas desses próprios elementos, que, assim, têm sua atualidade renovada. Por exemplo, o "acompanhamento" (dá pra usar esse termo?) de "Devastação", terceira faixa do disco, é construído por uma cama de cordas (violinos, viola e *cello*), guitarra elétrica distorcida, surdo e uma caixa de percussão que faz intervenções recortadas, ataques mais do que levadas. Quase uma música popular de câmara. O resultado é altamente expressivo.

O aspecto rítmico de *De ponta a ponta* é de fato notável. É como se a estrutura relativamente "tradicional" dos gêneros que informam as canções (fado, samba, marcha, samba-choro, coco etc.) ficasse submersa, escondida ou alterada por uma dinâmica rítmica fragmentada, recortada – colocada deliberadamente no primeiro plano. Mais do que uma levada regular, os instrumentos percussivos fazem contrapontos inesperados, quebrados, irrompendo como uma lembrança do ruído, da dimensão bruta e selvagem do som ainda não sublimado numa ordenação simbólica. Essa dicção fragmentada e a desnaturalização da "levada" vão conferindo ao disco um andamento um tanto travado, conflituoso em relação à própria marcação do tempo – o que não deixa de ser a formalização musical de um problema histórico. É como se, de modo meio brechtiano, Amud propusesse um certo *estranhamento* dos ritmos brasileiros internalizados em nosso ouvido coletivo como forma de recuperar uma potência perdida de pulsos e pulsões menos domesticadas, menos arredondadas. Para tal resultado, o amadurecimento da parceria com o percussionista Sergio Krakowski certamente tem papel decisivo. Aliás, é interessante notar que, ao abandonar o uso da bateria – que levava *Sacradança* quase inteiro – e voltar à percussão, o trabalho de Amud ganha não só uma rítmica mais "brasileira" (mais ágil, seca e variada em seus sotaques), mas também a coloca no primeiro plano, como se a percussão brasileira encontrasse um papel semelhante ao que tomou na música "erudita" contemporânea de vanguarda. Se lembrarmos do papel do ritmo na constituição da música popular, fica clara a mutação em curso, em que as coisas já não são mais o que eram. (A morte é uma liberação.)

Essa heterogeneidade de timbres e polifonia de vozes – o canto de Amud parece constantemente "ameaçado" pela intervenção súbita de sopros dissonantes, percussões agressivas, efeitos de guitarra e sintetizadores – é explorada intencionalmente e se articula com a "narrativa" que vai se construindo sobre o Brasil. A unidade estética do disco parece depender, portanto, deste tipo de correspondência entre letra e música, ou melhor, entre texto e sonoridade. Por isso é um tanto assombroso o modo como Amud consegue desempenhar tantos papéis na construção de sua música: compositor, arranjador, intérprete e músico – e bastaria faltar um desses fundamentos para que o resultado deixasse de ser o que é.

Passemos, então, à narrativa que vai se montando não só nas letras das canções, mas também na própria ordem das músicas no disco. As primeiras três canções talvez possam ser vistas como um grande *travelling* (como no cinema), no qual se viaja do Atlântico ao sertão de uma vez só, passando pelas cenas do descobrimento, da colonização e da guerra de Canudos. Aí já está o fundamental: o ato de fundação do Brasil é um ato violento, conquista que carrega fascínio e horror. "Fado de Bandarra" abre o disco retomando o gênero típico lusitano para pintar a ambivalência do ímpeto descobridor, envolvido nas profecias milenaristas, na promessa de um *"continente adivinhado"*, um paraíso que se descortina através de um empreendimento brutal. As referências históricas e literárias pululam: Vieira, Bandarra, sebastianismo, Quinto Império, mal de Luanda. A envergadura literária é alta, e anuncia a dimensão épica do acontecimento, que ressoará por todo o disco. Está aí o diálogo com tradições, mais ou menos populares, inclusive algumas já soterradas pelas toneladas de modernização, trazendo junto um elemento que atravessa o disco como enigma ao nosso tempo: uma certa positivação do misticismo... Vamos com calma.

A mesma ambivalência retorna em "De ponta a ponta tudo é praia-palma", faixa-título do disco, que cita a carta de Pero Vaz de Caminha para traçar em cores fortes uma viagem entre tempos de um país marcado pela maravilha e pela loucura, pela abundância e pela doença. Aliás, o encarte do CD abre com duas epígrafes: uma com o trecho da carta de Caminha de onde é retirada a referida frase-título – que termina afirmando "porém o melhor fruto que dela se pode tirar me parece que será salvar esta gente" – e outra de Simone Weil, que veremos mais à frente. Levada no pandeiro de Krakowski, a faixa-título crava pérolas de uma poesia altamente imagética, construindo cenários e paisagens:

> *"Mercúrio, chumbo e césio nas aguadas*
> *Quilombos entocados na caliça*
> *As alegrias azinhavrando as almas*
> *País de febre e luar, morri pra te decantar"* (...)
> *"Grassou Saturno tudo está em transe*
> *O presidente zambo, a musa louca*
> *Mas súbito as nascentes destilam sangue*
> *País que agoniza luz, teu nome é minha cruz"*

O país como sina que persegue o cancionista nesses tempos do fim (*"país de saúva e mar, vivi pra te desvelar"*). Numa súplica, Amud resume todo o problema do sentimento do Brasil, cuja contradição foi sentida pelos nossos maiores intérpretes:

> *"Não permita Deus que valhas menos que teu coração*
> *teus flancos de maracangalhas, tua língua de grande sertão."*

Afinal, como já disse Rodrigo Naves numa síntese despretensiosa, o problema do Brasil é que não podemos gostar totalmente dele. É nessa dura tarefa de amar e se identificar com um país tão desigual e brutal em seu processo civilizador que o artista finca os pés. A terceira faixa, "Devastação", leva adiante esse problema, reforçando as tensões harmônicas e os contrastes numa paisagem perfeitamente euclidiana. Não só pelo antagonismo entre litoral e sertão que organiza o disco, mas também porque talvez *Os Sertões*, de Euclides da Cunha, seja simultaneamente a maior expressão daquele arrebatamento diante da barbárie pela qual a civilização se afirma, presente em seu testemunho da Guerra de Canudos, mas também da arte de elevar esse episódio a um monumento da *língua* e fixá-lo numa imagem a ser guardada e recordada.

"Devastação – paisagem calcinada
onde evapora o derradeiro choro
onde a carcaça ri-se arregaçada
em meio a pedras, fogo-fátuo e couro.
Outrora chão, agora sumidouro
de ramas almas águas tudo nada
ali só restam pássaros d'agouro
em cada frincha, em cada vão de ossada."

É como se chegássemos no dia seguinte ao da última batalha e contemplássemos a terra arrasada, os rastros da guerra que sobrevive estática no tempo (*"Devastação – e o anjo não assoma/ as horas passam, o ar fica trancado/ no fosso, na garganta, no epicentro"*). Assim, se a poética de Amud é toda pra fora, traçada em linha reta do seu olhar, talvez possamos dizer que o primeiro lugar de onde se descobre o Brasil é a *fronteira*. Temática clássica nas experiências coloniais (o paralelo com os EUA não é descabido), repetida tantas vezes nos países sempre por fazerem-se, e reinventada a cada giro de modernização capitalista, é da fronteira que se avista a violência inscrita e sublimada na vida do "litoral" – das bandeiras ao agronegócio, de Canudos ao Araguaia. Pois é sempre no nó entre civilização e barbárie, onde as coisas não são bem o que parecem ser, que se encontra o Brasil.

Em seguida, o disco dá uma aliviada na tensão (ufa!), e a câmera foca num primeiro personagem que surge do vazio do sertão. É um duplo do artista esse *"poeta todo ancho lírico feito um demônio"* que aparece em *close* em "Papoula brava" tatuando números ocultos constelados na cabeça dum alfinete. Espécie de quixote surrealista, há algum humor no próprio retrato meio místico, meio desbaratado que vai surgindo entre pífanos sobressaltantes e uma percussão recortada no contratempo. O refrão forte (e o único do disco, fazendo da canção um *hit* altamente improvável) surge num rápido momento onde a poeira baixa e por um breve compasso o pandeiro e o triângulo marcam a levada tradicional do coco, que logo se perde novamente, chegando a um interlúdio meio *noise*, em que sobressai a presença marcante da guitarra de Daniel Marques. Como se somente por um átimo nos fosse dada a oportunidade de lembrar daquele toque gostoso da zabumba e do pandeiro. Aliás, nas apresentações em duo com Krakowski, em que podemos ouvir o violão dobrando a melodia cantada pela voz, denuncia-se a presença, ali por debaixo de tudo isso, do cantador popular, da embolada, de Elomar, Geraes... Tradição e reinvenção a pleno vapor.

As faixas seguintes voltam ao litoral, primeiro para fazer uma viagem amalucada Brasil-Japão no samba "No contratempo", em que as convenções do gênero são reinventadas num sonho em que se delira um desejo de universalidade para a experiência brasileira. É o Brasil como *ponto de vista*, a partir do qual se articulam tempos e espaços discrepantes. Por aí vai também "Carnaval na Mesopotâmia", que na sua imaginação momesca parece querer recuperar uma potência disruptiva inscrita nas pulsões do antigo carnaval de rua do Rio de Janeiro, capaz de nos acordar da letargia do disciplinamento e da burocratização ocidental. O espírito combativo se infiltra por sutilezas do arranjo da marcha, em que os acentos do toque da caixa exploram suas ambivalências oscilando entre o lúdico e o marcial. Carnaval também é guerra.

> *"Vem de bate-bola, vem entrar de sola*
> *vem vencer o sono que a morte é um disparate"*
> *"Hoje o Ocidente não me serve de escudo*
> *no furor do entrudo eu vou me acabar*
> *não sou nada, o mito é o nada que é tudo*
> *tô vivo e desnudo*
> *pra ser devorado por sacerdotisas da deusa lunar."*

O tom irreverente parece jogar os nossos contrastes também numa chave positiva, como lugar a partir do qual se reinventa o mundo. Mas a canção seguinte, "A saga do grande líder", parceria com Edu Kneip, nos leva de novo ao terreno do Brasil maldito e fora da lei. Em um dos raros momentos em que surge em cena o Brasil contemporâneo, o que vemos é a saga de um anti-herói traficante que, *a la Fausto*, vende a alma para poder ter tudo que sua ambição sem freios puder alcançar. Crônica ácida do cotidiano carioca, mas narrada com voz mansa e sonsa (*"porém passaram anos de marasmo e ramerrão/ baladas e chacinas, primavera e caveirão"*), a violência urbana naturalizada na paisagem aparece como subfunção do dinheiro, da corrupção, dos negócios mais altos, enquadrando-a num panorama mais amplo que a explica e desautoriza (não à toa talvez seja o arranjo menos "agressivo" do disco). Fechando essa história do Brasil que viemos montando e que culmina na saga do bandido que se torna o maioral ("*os gringos me mantêm, o lúmpen me quer bem/ e a alta burguesia do meu pó virou refém/ reservas, tribunais por sob as minhas patas/ eis-me: o mais orgânico dentre os aristocratas*"), Amud crava:

> "*No mês do carnaval nasci no ano dois mil/*
> *e abri mais uma estrela em teu pendão com meu fuzil, Brasil!*"

De balas é feito nosso pendão. Essa é a nossa história, eis a imagem com a qual se identificar. A chave negativa prossegue na canção que fecha a primeira parte do disco, "Estigma". Voltando às cores fortes do início do disco, fecha-se o diálogo conflituoso do poeta com a musa-país, simultaneamente deslumbrante e maculada. Em seguida, a segunda parte do disco envereda por canções mais reflexivas, em que o próprio lugar da canção e do cancionista é meditado.

Em "Outro Acalanto", sob uma base fluida e dissonante de vibrafone solo, Amud destila uma delicada poesia em homenagem à passagem de Caymmi, figuração de uma transformação maior do nosso tempo. É a própria condição póstuma que está em jogo:

> "*Nem jangada, nem rede, nem remo*
> *onda não, pedra não, peixe não, concha não*
> *nem lagoa, nem lua, nem vento*
> *só o corpo e a cor do algodão*
> *só as pétalas de tantas lágrimas*
> *polvilhando de amor o caixão*"

Caymmi é a canção, seu tamanho monumental na cultura brasileira. A despedida intimista do ídolo é também uma reflexão sobre o lugar do compositor brasileiro e da tradição. Cantando para um espectro, Amud está plenamente consciente dessa condição de vida após a morte, em que não há mais aquela força de presença plena que marcou o tempo máximo do encontro entre a canção e a imaginação do país.

> "*E esse travo da morte de tudo*
> *e de tudo a continuação*
> *Ancião, dê seu beijo nos anjos*
> *e descanse no fim da canção*"

Está resumida em uma bela fórmula o impasse de um tempo em mutação. O bordão de "Ancestral", faixa seguinte, repete na voz do jovem cantor um persistente "*sou velho*", reforçando o desencontro entre o artista e seu próprio tempo. Com pitadas de sarcasmo e acidez em relação ao relativismo reinante, às confusões e engodos que só são possíveis numa época que perdeu as referências com as quais poderia almejar grandiosidades, Amud ataca tanto o empobrecimento da cultura pela massificação recente quanto o seu triste correlato: a crescente "fossilização" da tradição nos debates acadêmicos.

As duas canções que fecham o disco – "Toante" e "Silêncio das Águas" – retornam para uma concepção de tempo distinta da anterior, explorando mais a tensão que convive e é interrogada em "De ponta a ponta". Por um lado, o tempo linear-progressivo de que fala a morte da canção – a tentativa de decifrar onde estamos, o sentido de esgotamento e de limite que só começamos a decifrar (e para o qual a "genealogia da violência" presente no disco é uma contribuição valiosa). Por outro lado, a concepção de um tempo cíclico, místico, de renovação, de promessas e profecias – onde repousa um certo desejo de *eternidade* da arte (esse sim, talvez, um tanto "extemporâneo"...). Entre os dois, a certeza de que vivemos tempos de crise, tempos do "fim" – nos quais a pergunta por uma origem profética capaz de desvelar o futuro redentor sempre reaparece. Porém, como aponta a própria narrativa do disco, já não adianta buscar um país idealizado, mítico, origem miraculosa, harmonia de três raças, éden, nada disso. Afinal, se a violência aparece como o elemento privilegiado para a interpretação da experiência brasileira, ela não é ingenuamente positivada em nenhum momento. Pelo contrário, aparece quase sempre em chave negativa. Se há uma manobra de positivação, ela é estritamente artística: o reencontro com uma violência instauradora parece se transmutar num desejo de refundação estética, que recupere uma potência de repensar/reinventar o mundo pela arte, pela linguagem (talvez aí o vínculo forte com "A Invenção de Orfeu", de Jorge de Lima). Mas talvez não haja positivação da violência também por outro motivo, que gostaria de comentar por final.

É curioso como, nessa interpretação do Brasil de Amud, chama a atenção a falta de um elemento (se levarmos em conta a sua quase onipresença no imaginário brasileiro): o povo. Percorremos cenários, paisagens, cenas, mitos, símbolos, personagens, mas não há aquele tipo de entidade coletiva positiva capaz de se erguer sobre todos os escombros e fazer brilhar sua existência precária anunciando um futuro redentor. Essa ausência não guarda relação com a própria falta de público que poderá vir a ter esse tipo de canção? Afinal, também não há aquele funcionamento bem "encaixado" entre a música, o canto e o ritmo (as vozes e o tempo, artista e público) tão típico da canção popular naquilo que ela pode ser de comunhão afetiva. Navegando mares nunca dantes navegados, Amud é um tanto solitário nessa empreitada. Não pretende que suas músicas sejam assobiadas nas calçadas imundas que tanto ama. Encruzilhada em que cultura popular e grande arte talvez não possam mais se encontrar como antes? Mas o quê esses dois termos podem ainda significar? Como diz a epígrafe, escolhida a dedo, de Simone Weil, "a caridade pode e deve amar, em todos os países, tudo o que é condição do desenvolvimento espiritual dos indivíduos (...). Mas uma nação como tal não pode ser objeto de amor sobrenatural. Ela não tem alma. É um grande animal". A impossibilidade da canção contemporânea traduzir uma experiência coletiva compartilhada, como fora outrora, é o ponto de partida para a liberdade, a experimentação e o desafio proposto pela obra de Amud, que por sua vez não dá as costas, mas enfrenta e interpreta esse grande animal que ama e sente profundo, mas que nem sabe de sua existência. É daí que vem a coragem de falar de um Brasil de antagonismos vertiginosos, ponto chave para qualquer arte que pretenda ter os pés numa época em que o futuro do Brasil ainda não tem rosto e precisa se mascarar contra a violência policial. O disco de Amud, ainda que tenha tintas proféticas, não dá nenhuma solução para esse impasse do presente. Transpira-o. Mas brilha como um clarão porque sabe que, para o que se anuncia, só mesmo o olhar renovado para trás – que colhe o que há de violento na própria tradição – pode desrecalcar o que haverá de potência na imagem que surge de nosso próprio tempo em mutação.

Notícias da República de Eldorado –
De ponta a ponta tudo é praia-palma[61]

TÚLIO CECI VILLAÇA

Lá pelo meio de *Terra em Transe*, uma das obras-primas de Glauber Rocha, uma tomada de câmera mostra, visto de lado, um palanque vazio, pronto para ser ocupado para um comício. A câmera gira para a esquerda, e então é vista uma imensa multidão expectante. Uma tomada rápida, de apenas alguns segundos, e que não volta a se repetir. O que é bastante estranho, pois é sabido que Glauber, autor da famosa frase-definição do Cinema Novo (tanto de sua riqueza conceitual quanto de sua pobreza financeira), *"uma câmera na mão e uma ideia na cabeça"*, não teria como contratar uma quantidade de pessoas como aquela apenas para uma cena tão curta. Dá para desconfiar que esta tomada não foi feita para este filme. E não foi mesmo. A origem desta curta cena, preparativa da campanha política a governador do estado do Alecrim na república de Eldorado, é o documentário feito por Glauber no mesmo ano, logo antes, *Maranhão 66*, em que é retratada a posse para o seu primeiro mandato do então jovem governador do Maranhão, José Sarney (aliás, a bandeira do Maranhão é visível à direita da tela logo no princípio da tomada). Segundo conta o próprio Sarney, ele convidou Glauber para fazer o registro do acontecimento (outra versão, mais plausível, diz que ele teria convidado Luiz Carlos Barreto, que por sua vez chamou Glauber). Glauber, porém, em vez do esperado vídeo laudatório e publicitário convencional, alterna as imagens do palanque com outras retratando a miséria do estado, sob o fundo do discurso otimista e populista de Sarney. O resultado é inesperadamente dúbio: será um filme em que o discurso de Sarney, que cita as misérias retratadas, é levado a sério, e portanto positivo para o político?

---

61 Originalmente publicado no blog *Sobre a Canção*, em 10 de Abril de 2015, sob o título "De ponta a ponta, praia palma é".

Ou será um filme-denúncia, em que o discurso de Sarney é desmascarado pelas imagens? Impossível decidir com absoluta certeza. As imagens corroboram e contradizem uma e outra possibilidade, mas esta indefinição é mais destruidora que qualquer certeza panfletária. Sarney o elogiou vivamente, mas depois sabotou sua distribuição. No fim, por mais que o registro histórico do nascimento de uma dinastia quase feudal que ainda permanece dominando grande parte do estado valesse por si só, a leitura aberta que Glauber faz torna *Maranhão 66* um filme de valor inestimável – e que, de resto, serviu como laboratório para *Terra em Transe*, onde estas questões foram levadas muito adiante.[62]

O objeto deste artigo não é a filmografia de Glauber, já tão estudada e dissecada. Mas a menção a ela e, mais precisamente, a estes dois filmes, se justifica porque ambos – e mais particularmente *Terra em Transe*, de que ainda falaremos – vieram à minha mente imediatamente ao ouvir as canções de Thiago Amud. Antes ainda de tratar da canção que dá título a este texto, e que nomeia seu segundo álbum, é preciso falar daquela de seu primeiro álbum, *Sacradança*, que primeiramente me despertou esta questão: "A marcha dos desacontecimentos".

"A marcha dos desacontecimentos" é uma marretada. E o mais surpreendente é que seja uma marretada voltada para a esquerda do espectro político, mas sem por isso se identificar plenamente com o outro extremo deste espectro. Neste sentido, parafraseando e invertendo a famosa frase de Fernando Collor, ela deixa a esquerda indignada e a direita perplexa. Sua crítica terrível à grande parte das estratégias de pensamento e ação da esquerda (em especial, talvez, a chamada "esquerda festiva", citada quase nominalmente nos *abraços à Lagoa*), denuncia o que esta tem de inócuo e inútil, o que nelas não passa de tentativa vã e egoísta de tranquilizar a própria consciência. Não por acaso, aproveita o formato festivo da marcha carnavalesca (que no entanto foi e é meio de crítica política) e transfigura-o num arranjo de guitarras cheio de tensão, não bastasse a melodia de curvas inesperadas característica de Thiago, da qual falaremos adiante. E, não à toa, o clipe gravado no meio do Cordão do Boitatá, bloco carnavalesco carioca. O próprio Thiago explica em entrevista, falando de sua subversão do termo MPB em Música Purgatorial Brasileira:

> Às vezes escrevo canções diabólicas, não como adesão a potências disruptivas, mas, ao contrário, para exibir em tons sinistros o avesso da bondade, a fim de que esta ressalte como absolutamente necessária. É uma máscara, um jogo dramático (Nota do Autor: Notar as máscaras alegre/triste do clipe da Marcha). Foi assim que fiz "Sal insípido", "A marcha dos desacontecimentos", mais tarde

---

[62] (uma boa crítica de Maranhão 66 pode ser lida no endereço http://www.planocritico.com/critica-maranhao-66)

"A saga do grande líder" (...) E é assim que tramo diversos arranjos: sinto que eles são a metade agônica de um silêncio luminoso que ainda virá.

A posição de advogado do diabo, porém, não deve ser confundida com a de franco atirador. A produção de Thiago não se presta a ser uma metralhadora giratória, e Thiago recusa o papel de *enfant terrible*. O que não a torna mais confortável, não apenas para ele, mas para seus alvos principalmente. Como em Glauber, o fato de Thiago recusar-se à tentação de tomar partido amplifica a virulência de sua crítica. E "A marcha dos desacontecimentos" não deixa de ser uma boa porta de entrada para compreendermos os procedimentos musicais de Thiago e os caminhos tomados por sua música. E aí tenho de passar a um relato pessoal, que foi o que me permitiu entendê-los melhor. Conheci Thiago pessoalmente durante um carnaval, não no Cordão do Boitatá, mas num semirretiro no interior. Passei uma tarde em companhia dele, de seu pai, músico amador de diversas e divertidas composições, e do violonista Luís Carlos Barbieri. Uma tarde agradável falando de música e fazendo um quadrado de violão (uma roda com quatro...), revezando-nos em canções próprias ou de autores que admiramos. Thiago então tocou, reproduzindo harmonias e arranjos em nível de detalhe reverente e delicado, composições de Tom Jobim ("As praias desertas", "Derradeira primavera"), Dorival Caymmi ("Sargaço mar") e Edu Lobo, entre outras, que se inscrevem na linha principal da tradição da MPB. A demonstração do conhecimento aprofundado de Thiago de algumas das composições mais arrojadas destes compositores serviu então, a meus ouvidos, como uma ponte perfeitamente trafegável para as suas próprias. E ficou claro para mim que, embora a uma audição apressada as melodias enviesadas de Thiago possam soar como uma negação do cânone, são justamente o contrário, o seu corolário, a demonstração do quão longe ele pode chegar. Thiago não é um iconoclasta. O que ele faz é desenvolver o lado obscuro da tradição, mas com a intenção nítida de levá-la adiante. Num certo sentido, até um conservador. Porém, um conservador que leva corajosamente a tradição às últimas consequências, a ponto de não conservá-la – contradição que se resolve na prática. Assim, também, a letra de "A marcha dos desacontecimentos" combate com fúria o relativismo pós-moderno – na medida em que este se torna um bom pretexto para o imobilismo, ou para a ação meramente mimética. Seguimos, então, para *Terra em Transe*. Glauber Rocha com a palavra:

> Eu detestava todas as coisas apresentadas em *Terra em Transe*, filmei com certa repulsão. Lembro-me do que dizia ao montador: estou enojado porque não acho que haja um único plano bonito neste filme. Todos os planos são feios, porque se trata de pessoas prejudiciais, de uma paisagem podre, de um falso barroco. O roteiro me impedia de chegar à espécie de fascinação plástica que se encontra

em *Deus e o Diabo*. Às vezes, pode ser que eu tenha tentado escapar a este ambiente, mas o perigo consistia em atribuir valores aos elementos alienados.

Terra em Transe é certamente um filme inovador. Caetano Veloso chega a afirmar no livro *Verdade Tropical* que, "se o tropicalismo se deveu em alguma medida a meus atos e minhas ideias, temos então de considerar como deflagrador do movimento o impacto que teve sobre mim o filme *Terra em Transe*". Porém, antes de cairmos na dicotomia inovador/conservador, notemos o que há em comum entre este filme e boa parte da música de Thiago: a busca pelo lado obscuro, mesmo feio, de uma estética. Aliás, Caetano mesmo, falando da Tropicália mais tarde, afirma que, enquanto compositores tradicionais como Tom e Chico continuavam buscando uma arte do belo, ele, Gil, Tom Zé procuravam uma que fosse de alguma forma feia. A divisão apolíneo/dionisíaco pode soar dicotômica aqui – e não deixa de ser. Mas é possível pensar que Thiago, tendo a princípio seguido o caminho de Tom e Chico, tenha tomado, mais tarde, a bifurcação, permitindo esta decisão uma infinidade de possibilidades – inclusive o trânsito entre estes dois caminhos. Além disso, *Terra em Transe* é o marco da filmografia brasileira que é por sua capacidade de captar o *zeitgeist* de sua época. Há nele o retrato de uma busca identitária, mas uma busca ferozmente crítica. Nada, ninguém se salva. Nem o político reacionário e golpista, nem o populista de esquerda, nem o dono dos meios de comunicação, nem mesmo o intelectual/artista perdido em meio à barafunda de relações perigosas, imaginando-se capaz de influenciar o rumo dos acontecimentos, mas apenas servindo de joguete de forças maiores. Há muito em comum entre o teor crítico de "A marcha dos desacontecimentos" e o de *Terra em Transe*, embora este alcance naturalmente um círculo muito vasto. E então chegamos finalmente à canção título do segundo álbum de Thiago e deste texto.

Por que lembrei quase imediatamente de *Terra em Transe* ao ouvir *De ponta a ponta*, a canção? O título do filme é citado na letra, entre muitas outras obras, e já falarei desta sequência de citações. Mas antes fala Thiago, em entrevista ao Brasil Post.

> Minha relação com o Brasil é conflituosa justamente porque, embora eu leve em conta que os 'gerentes' do Estado e os 'engenheiros comportamentais' da Mídia de massas vivem agenciando certos mitos culturais para que o país se mantenha docilmente administrável, sei que nem todos esses mitos são fabricados a partir do nada. Creio que existe uma latência, uma vida especificamente brasileira. Se sua manipulação rende dividendos políticos e econômicos para os agentes do poder, eis um excelente motivo pelo qual precisamos estar aptos a reconhecer onde a sociedade é ela mesma: que modos originais de convívio, trocas e valorações foram formando sua singularidade. Somente assim poderemos identificar as possíveis pretensões totalizadoras e manipuladoras

do Estado, dos mega-agentes econômicos e da grande mídia. [E complementando o aforismo de Simone Weil que está no encarte do álbum, "Mas uma nação como tal não pode ser objeto de amor sobrenatural. Ela não tem alma. É um grande animal."] "A caridade pode e deve amar, em todos os países, tudo o que é condição do desenvolvimento espiritual dos indivíduos." É preciso que saibamos amar o que nesse país deve ser amado.

O que Thiago fala poderia ser aplicado com pouquíssimas adaptações a *Terra em Transe*, inclusive a enumeração dos agentes do poder. De formas diversas, *Terra em Transe* e *De ponta a ponta* são alegorias de Brasil. Se Glauber sintetiza em personalidades as grandes correntes de poder e suas relações, pintando um quadro expressionista, Thiago faz, em sua canção, uma espécie de inventário do imaginário brasileiro, por meio de obras que ajudaram a forjá-lo. A lista de referências sutis em sua letra é significativa: além da carta de Caminha no título e o filme de Glauber, Mário de Andrade em *Macunaíma* ("Muita saúva e pouca saúde, os males do Brasil são"); "Asa Branca", de Luiz Gonzaga e Humberto Teixeira; "Sei lá, Mangueira", de Paulinho da Viola e Hermínio Bello de Carvalho; "Canção do exílio", de Gonçalves Dias; "Maracangalha", de Dorival Caymmi; *Grande Sertão: Veredas*, de Guimarães Rosa; e possivelmente deixei passar outras.

Mas a paisagem pintada por Thiago não tem apenas elementos na letra. Desde o pandeiro melancolicamente solitário que a introduz e encerra, substituindo a costumeira levada que facilmente identifica o estilo por arranjos de acompanhamento com *uma dinâmica rítmica fragmentada, recortada,* recusando estereótipos e idiossincrasias neste reconhecimento de terra estranha (uma cena do filme de Glauber traz o senador golpista, ao assumir o poder, aportando numa praia deserta. Avança com uma bandeira negra, acompanhado por um sacerdote e um homem com uma fantasia de carnaval em que logo reconhecemos uma estilização da corte portuguesa. É recebido por um índio, também estilizado, sob um cruzeiro. A cena é acompanhada por um canto de terreiro de candomblé, talvez sinalizando o elemento ainda ausente neste momento do descobrimento redivivo. Mas a canção de Thiago me soa como uma trilha sonora perfeita para esta cena). Assim, também, ao iniciar a parte B, que faz as vezes de refrão, enquanto o acompanhamento rítmico passa a soar dobrado, a divisão da voz de Thiago, em estrofes que culminarão falando do inferno no céu ou do Grande Sertão, segue sempre propositalmente atrasada em relação a ele, numa sucessão de tempos acéfalos que chega ao desconfortável, como algo que avança aos trancos, que avança sempre na direção de um anticlímax, terminando numa cadência harmônica que se estende sem se resolver. Como em Glauber, não é possível classificar o discurso como de direita ou de esquerda. É algo além. Glauber faz a crítica não sistemática e simultânea de todas as tendências políticas brasileiras ao retratá-las imbricadas e ao mesmo tempo costuradas numa espécie de imperativo cultural maior. Este retrato emaranhado é o que Thiago faz. Mas Thiago deixa para trás as disputas políticas para abarcar – ou talvez a palavra correta seja apenas vislumbrar – o fenômeno de formação e destruição contínua de um país – "aqui tudo parece que é ainda construção e já é ruína", disse Caetano Veloso. O pandeiro que termina a canção, após a repetição do verso inicial, é o mesmo que iniciou? A praia deserta do início dá lugar a um cenário de devastação? E no entanto, *De ponta a ponta* é, ao fim e ao cabo, uma canção de amor, que se recusa a um olhar distanciado, mas, ao contrário, aproxima-se desmesuradamente de seu objeto, até mostrar a quantidade de fios e ligações internas e antigas entre aparentes forças opostas, o retrato detalhado de um nó inextricável – o que não deixa de trazer o tempero de uma certa desesperança. Porém, assim como a construção se torna ruína, da ruína pode surgir o imponderável. Ou, nas palavras de Glauber:

> *Terra em Transe* é um filme sobre o que existe de grotesco, horroroso e pobre na América Latina. (...) Temos que afrontar nossa realidade com profunda dor, como um estudo da dor. Não existe nada de positivo na América Latina a não ser a dor, a miséria, isto é, o positivo é justamente o que se considera negativo. Porque é a partir daí que se pode construir uma civilização que tem um caminho enorme a seguir.

Ou, nas palavras de Thiago, respondendo à pergunta *Por que compor?*

> Compor para conduzir os impulsos inventivos por entre fantasmas, espelhos, antepassados. Assim, talvez, possamos esconjurar o desespero, que é a vitória do 'sem sentido'.

E lembro imediata e novamente de Paulo Martins, personagem de Jardel Filho em *Terra em Transe*, o jornalista e poeta que se arvora em tentar influenciar os destinos de seu país e se perde na rede de intrigas que ajuda a tecer, abdicando da poesia por um fazer que o destrói. Thiago procura o outro caminho, tornando o seu fazer artístico a sua própria forma de atuar na construção do imaginário que reúne em si. Em seu álbum *De ponta a ponta tudo é praia-palma*, centralizado na canção que o nomina, realiza um ambicioso mas não exaustivo inventário do imaginário de um país que se constrói pela imagem de si mesmo, para se demolir ali adiante e recomeçar. "Devastação", a canção seguinte, é aberta pelo violoncelo fazendo a frase inicial de "Matita Perê", de Tom Jobim e Paulo Cesar Pinheiro, mas estendendo-a para o agudo, como que lhe tomando o bastão. Passos seguintes no inventário que nunca termina.

A Aventura Barroca de Fernando Vilela

JOCÊ RODRIGUES

DEIXANDO O PORTO

Arte sim, por que não? Quando falamos de arte, normalmente não estamos nos referindo à manifestação de sensações singulares frente a uma experiência estética? Então, nesse caso, estamos também a falar de música. Em uma época onde está tão enraizada a ideia de que a música é uma ferramenta de entretenimento que ameniza nossas neuroses cotidianas, é compreensível que seja tão difícil vê-la como o elemento de potência gigantesca que ela é. O que acontece é que talvez estejamos apontando microscópios para o céu enquanto telescópios tentam descortinar o universo dos átomos.

Se ao pintor cabe, entre outras coisas, a tarefa de criar uma representação singular do mundo através do uso de pincel, tela e tintas, ao músico cabe representar também de maneira singular o mundo através de claves, notas e sons. Ambos, pintor e compositor, estão unidos por uma necessidade intrínseca de ir além dos discursos hegemônicos de suas épocas, com liberdade para explorar técnica e afetivamente os mecanismos da realidade em favor de possibilidades que se localizam fora do corpo social estável. Paul Klee parecia ter ciência disso, pois em muitos de seus trabalhos ele reconhece tais similaridades – como se fosse capaz de escutar cores e visualizar sons – e as reúne no espaço físico da tela. Está presente aí a síntese de dois fenômenos humanos que tendem ao abstrato e ao transcendente, pontes construídas com materiais diferentes, mas que levam ao mesmo destino: o infinito, o imensurável, aquilo que não cabe na língua.

É justamente nesse ponto de interseção que encontramos o disco *Quadro*, de Fernando Vilela. Sua composição é uma justaposição de imagens e sons, onde as melodias fazem dançar as palavras e as coisas em harmonia assimétrica. Engana-se, no entanto, quem toma assimetria como oposição à perfeição ou à beleza superficial, já que é ela, a assimetria, responsável por essa mesma beleza sob uma ótica cosmológica, como bem demonstram estudos de relevância na área da astrofísica.

Na música, assim como nas artes visuais, é preciso estar atento aos detalhes, à forma como as emoções são expostas (texturas, modulações, intensidade) ao proprioceptor. Assim são feitos os cortes que permitem que artista e público se acoplem um no outro, criando uma máquina ontológica capaz de transcender a realidade vulgar em seu funcionamento. Se é verdade que a cavalgada perfeita requer a simbiose entre cavalo e cavaleiro, é também verdade que, quando estamos diante de um fenômeno musical, seja ele ao vivo ou na forma-registro disco, MP3 e afins, a música alterna-se nos dois papéis, ora nos guiando por viagens emocionais como condutor, ora servindo de veículo que nos leva aos lugares mais remotos de nós mesmos.

Cada nota, cada acorde do álbum de estreia desse exímio compositor e violonista nos chega como uma pincelada, como parte de um processo de construção de outras realidades, de espaços onde uma história pode ser contada de um jeito que desafia o facilmente cognoscível.

Tensionar os limites entre imagem e som parece ser um desejo apaixonado de muitos compositores. Vide, por exemplo, a sinfonia "Heroica" (No. 3, Op. 55) de Beethoven, onde o ouvinte é convidado a embarcar em uma aventura em que, segundo o crítico Alex Ross, ele, o ouvinte, pode se identificar como protagonista. Nessa Odisseia composta por Fernando Vilela, canção e ouvinte se revezam nos papéis de Ulisses e Telêmaco.

O filósofo grego Roland Barthes (sim, grego, e não francês), em sua última obra, que leva o nome de *A Câmara Clara*, desenvolve, entre outras considerações muito interessantes, os conceitos de *Studium* e de *Punctum* no fenômeno fotográfico. De modo vulgar, o primeiro faz referência a tudo aquilo que está posto ali com diferentes graus de intencionalidade (as técnicas utilizadas pelo fotógrafo, a composição de cenário e figurino etc.), enquanto o segundo trata justamente daquilo que escapa às intenções do fotógrafo, daquele pequeno detalhe que toma de assalto e alveja feito dardo agudo a subjetividade do observador e cuja intensidade varia não de acordo com a sensibilidade deste, mas a partir de um sutil jogo de alteridade e singularidade que o envolve (sua história, suas memórias afetivas).

Em sua composição imagética-musical, Vilela constrói uma narrativa pós-dramática dos caminhos da canção (às vezes, transfigurada em mulher; outras vezes, apresentada como nau que liga o Brasil a suas raízes portuguesas), servindo-se de um admirável *Studium* e plantando infinitas possibilidades de *Punctum* em suas dobras. O lirismo, o encanto, a sutileza e a profundidade são os ventos que enchem as velas desse barco que navega de maneira imponente no mar turvo da música brasileira contemporânea. Sua empreitada, no entanto, não é solitária. Com ele vai corajosa tripulação de bravíssimos navegantes, disposta a enfrentar os variados humores do tempo sob o comando do capitão e de seu primeiro encarregado, o qual atende pelo nome de Thiago Amud, responsável por todos os arranjos do disco.

NA LATITUDE DOS CAVALOS

criar quase sempre é um ato de sacrifício e renúncia. cria-se não por um finalidade concreta e objetiva, já que toda criação tende a ser um "desperdício". todo o universo parece seguir uma lógica cega de desperdício da qual o artista é seu maior tributário.

– todo artista nasce para ser tudo, menos econômico.

– nenhuma técnica de domínio pela mensuração é capaz de deter sua energia, pois ela é fruto de uma violência cega, resquício do big bang.

criar é um ato egoísta da alma em busca do prazer, um exercício erótico em prol da captura daquilo que Clarice uma vez chamou de instante-já. a grande finalidade do artista é sobreviver a si mesmo e a seu tempo.

ao escolher apostar na própria potência criativa e na de seus companheiros de estrada e estrela, o compositor Fernando Vilela torna-se um só com sua arte. não existe mais uma posição paralela e tudo passa a ser fluxo contínuo de disparates líricos direcionados ao céu de Timeu.

em uma obra de arte, tão importante quanto o que se faz é aquilo que o artista se recusa a fazer (Roberto Alvim)

as músicas presentes em *Quadro* revelam uma abertura emocional frente ao desafio de desenhar e pintar o mundo com a liberdade e a verve de mestres do nível de Rembrandt e Vermeer, com pinceladas luminosas e firmes sem nunca perder a sensibilidade (É PRECISO DEIXAR CLARO QUE, EMBORA EXISTAM INÚMEROS FALSIFICADORES NO CENÁRIO ARTÍSTICO CONTEMPORÂNEO, PRATICAMENTE NENHUM DELES POSSUI O QUE É NECESSÁRIO PARA SER UM HAN VAN MEEGEREN E, POR ISSO, NÃO VALE A PENA SE DEIXAR ENGANAR).

mesmo quando não há vento nas velas, o artista deve ser capaz de se movimentar. em um cenário tão conturbado quanto o nosso, tão cheio de sombras lançadas no caminho, ainda surgem lâmpadas que sobrevivem ao nevoeiro. esse disco é isso: uma lâmpada pintada a têmpera em afresco na parede da memória, nos lembrando que ainda há saída, que ainda há vento por vir.

o quadro de Paloma Espínola, feito sob encomenda para a arte gráfica do disco, é repleto de tonalidades de azul (mar e céu), enquanto fragmentos de uma odisseia se ajuntam para falar sobre o encanto e sobre a paciência necessária quando se trata de navegar a vida através da arte.

CONTORNANDO CILA E CARÍBDIS

toda e qualquer consideração sobre o cenário da música brasileira atual passa pelo crivo da história e de seus desdobramentos. não existe pureza nos caminhos da criação. talvez apenas os primeiros homens que descobriram a possibilidade percussiva de seus corpos pudessem evitar essa trajetória. não nós, não hoje.

o uso da imagem, da potência da visão, como fonte de inspiração para manifestar os mais variados estados do espírito, enfeitando-os e maximizando-os com verbos, tempos e prosódias, é um exercício comum não somente entre os artistas visuais. narrativas singulares são frutos de observações singulares.

não podemos escapar da linguagem (Octavio Paz).

a aproximação entre os mais variados exercícios de arte se dá através da afinidade entre as linguagens utilizadas. construir uma linguagem é como construir um mundo, pedaço por pedaço, cuidando para que cada elemento esteja em seu devido lugar. o artista (o compositor) é responsável pela criação da sua linguagem, do seu mundo e das revoluções que nele estão encubadas. ambos, pintor e compositor, são criadores e inventores de novas realidades, construídas a partir de outras realidades inventadas.

A ARQUITETURA DO MUNDO LIGA-SE À ARQUITETURA DO HOMEM

é por isso que distanciar o fazer musical de qualquer outro fazer reconhecidamente artístico, mais do que um erro, é um posicionamento preguiçoso. ao criar um disco que evoca uma miríade de signos ligados ao mar, à viagem e ao afeto, logo é possível avistar também o ato de levar consigo algo da terra natal (nesse caso, a língua e os companheiros de viagem), tendo neles um espelho que reflete o lugar de onde partiu. o porto seguro de Fernando Vilela não está em sua técnica e instrumentos de navegação, o que o deixa livre para explorar à vontade latitudes e longitudes do mundo que o aguarda como insondável.

música livre. música que nasceu cosmopolita, nômade, cidadã do mundo, repousando vez ou outra em distantes *caravanserais*.

ainda existe quem confunda vanguarda com barulho e acidente; com aleatoriedade e negligência. são muitos os que se aproveitam dessa confusão para se lançarem como inovadores ou desbravadores, quando a verdade é que tal atitude esconde um imenso vazio estrutural de ideias "revolucionárias". enquanto isso, Fernando Vilela e seus companheiros do COLETIVO CHAMA seguem (re)inventando novos caminhos para a saída do labirinto cultural-financeiro que se tornou a música brasileira.

o uso da sensibilidade, aliada à técnica, é assombroso segredo utilizado com maestria nessa empreitada. nesse trabalho, o belo ainda é repouso para o espírito cansado, para os olhos queimados de sol a pino, e Vilela sabe disso.

balanço de mar entre uma estrela e outra, entre noite e dia, dar vida a um disco como este é fenômeno a ser apreciado com olhos e ouvidos bem abertos. FAZER CANÇÃO COMO ATO DE RADICALIDADE FRENTE ÀQUILO QUE EXISTE E QUE NÃO BASTA. o que temos no trabalho desse navegante destemido é a apresentação da canção como um não-lugar, como vácuo de onde tudo é possível. som e silêncio, parceiros em uma chacona nada caricatural, bebendo tanto da fonte fogosa e natural desse folguedo do corpo quanto do fervor bachiano em direção à graça.

entre os povos da Nova Guiné, é comum o culto ao *tamberan*, espécie de espírito ancestral do qual os homens de algumas tribos se valem para manter o poder sobre as mulheres e as crianças (em alguns casos, como demonstra o seminal livro *Sexo e Temperamento*, de Margaret Mead, o culto é efetivo mesmo quando as mulheres – que deveriam se assustar com as pantomimas feitas pelos homens que se vestem de um grande monstro saindo do coração da floresta – sabem que não existe criatura nenhuma e que são seus homens que se vestem como tal).

assim estamos nós, como essas mulheres e crianças, presos ao culto de nosso próprio *tamberan* musical e cultural, coagidos e cumprindo tabus enquanto continuamos assombrados pela tarefa de guardar a nossa própria casa dos espíritos.

os esforços empreendidos na criação dessa pintura fonográfica de vilela

```
            a
         g r a v t m
     e           i
   m   URGÊNCIA    a
       t         d
         o r n o
```

e nos lembram de que a história deve continuar a ser escrita; que não há ponto de chegada, somente uma longa e perigosa viagem em direção ao desconhecido.

ahoy, marujos
a canção vive e nossa Ítaca está
onde nós quisermos que ela esteja!

Alaridos e inquietudes: uma audição de *Além do princípio do prazer*, de Pedro Sá Moraes

MARCELO SANDMANN

Além do princípio do prazer, o segundo disco de Pedro Sá Moraes, lançado em 2014, provoca já desde o título. A expressão, para além dos sentidos que qualquer um possa dar às palavras aí enfeixadas, remete à obra de Sigmund Freud, de 1920, cujo título é tradicionalmente traduzido nesses termos para o português.[63] Nela, o pensador austríaco retoma, aprofunda e complementa alguns importantes conceitos da Psicanálise, entre eles o referido "princípio". Inevitável não folhear, mesmo que rapidamente, algumas páginas do livro, antes de uma apreciação do disco que lhe deve o título.

No parágrafo inicial, lê-se já o seguinte: "Na teoria psicanalítica, não hesitamos em supor que o curso dos processos psíquicos é regulado automaticamente pelo princípio do prazer; isto é, acreditamos que ele é sempre incitado por uma tensão desprazerosa e toma uma direção tal que o seu resultado final coincide com um abaixamento dessa tensão, ou seja, com uma evitação do desprazer ou geração do prazer." Temos aqui um princípio fundamental da *psique*, portanto: evitar o desprazer e, no limite, a dor; ou buscar simplesmente o prazer.

Porém, dentro da economia da mente humana, dados os riscos que a busca desenfreada pode acarretar ao sujeito, tal princípio será necessariamente equilibrado por um outro, condicionado por elementos exteriores. Lemos um pouco adiante: "Por influência dos instintos de autoconservação do Eu, [o princípio do prazer] é substituído pelo princípio da realidade, que, sem abandonar a intenção de obter afinal o prazer,

---

[63] FREUD, Sigmund. *Além do princípio do prazer*. In: _____. *Obras completas*, vol. 14. Tradução de Paulo Cézar de Souza. São Paulo: Companhia das Letras, 2010.

exige e consegue o adiamento da satisfação, a renúncia a várias possibilidades desta e a temporária aceitação do desprazer, num longo rodeio para chegar ao prazer."

Seria ocioso, e desvio de rota, deter-se em demasia na discussão das ideias de Freud, que tanta polêmica geraram e continuam a gerar. Reelaboradas continuamente pelo autor, reinterpretadas ou refutadas por outros, vulgarizadas ao fim, elas acabaram por ser absorvidas pelo senso comum. Palavras e expressões colhidas em sua obra, muitas vezes sem maior rigor conceitual ou mesmo à revelia do sentido original, estão incorporadas à conversa do dia-a-dia. É, certamente, em diálogo com tal absorção que podemos ler o título escolhido.

Ouvindo com cuidado o disco, percebemos, no entanto, que o compositor não propõe propriamente uma glosa da Psicanálise por meio da canção. Trata-se de referência irônica, que, lançando mão da expressão freudiana, desloca-a para um outro campo de reflexão: o da discussão de ideias estéticas. *Além do princípio do prazer*, o disco, é a explicitação de todo um manifesto de intenções no campo da criação artística. E, em recorte mais restrito e polêmico, uma tomada de posição dentro do contexto da música popular brasileira recente e diante de alguns valores e comportamentos a ela associados.

O trabalho compõe-se de nove canções, algumas escritas apenas por Pedro ("Pra nós" e "Eunuco", por exemplo), outras com parceiros como Thiago Amud, João Cavalcanti, Ivo Senra e Thomas Saboga. Uma delas, "Não é água", é assinada por Thiago Thiago de Melo em exclusivo. Produção musical, execução de sintetizadores, intervenções eletroacústicas e arranjos estão a cargo do já referido Senra. A bateria é tocada por Lucio Vieira. E Pedro Sá Moraes, além de colaborar nos arranjos, é responsável pelas vozes e guitarras do disco. Boa parte dos nomes aí referidos (Amud, Senra e Melo, a que se poderiam somar Renato Frazão e Cezar Altai, este o diretor de arte e designer do CD) integra o Coletivo Chama. O disco reforça a articulação do grupo e se apresenta como contributo pessoal ao debate de ideias e criação a que o coletivo se tem proposto.

As canções furtam-se a uma classificação simples em termos de gêneros musicais. E o tratamento sonoro – em que abundam sons eletrônicos, sobreposições de vozes, distorções de guitarra, ruídos – se, por um lado, dá coesão e homogeneidade a um disco em que cada canção parece compor um universo singular, por outro retira o trabalho de uma vinculação muito precisa a esta ou aquela vertente reconhecível da música popular brasileira. Estamos diante de canções, sim, muitas delas na estrutura habitual estrofes/refrão, tributárias da sofisticação harmônico-melódica que remonta ao jazz, à Bossa Nova, ao Clube de Esquina, e letras que conversam de perto com a rica tradição brasileira de letras de canção e poesia. Mas, ao mesmo tempo, o disco é atravessado por sons e intenções que o aproximam, com tudo o que possa haver nele de peculiar, da rica tradição do rock de vanguarda e experimental, num arco que vai de King Crimson a Radiohead, e suas adjacências e desdobramentos. E, dito tudo isto, nada substitui a audição de fato, que provoca no ouvinte tantas associações quantas ele quiser e puder encontrar.

Gostaria de me ater a princípio à primeira canção, que apresenta, a meu ver, elementos importantes da *ars poetica* que Pedro Sá Moraes propõe neste seu segundo trabalho musical.

"Alarido", a faixa de abertura, é parceria com Thiago Amud, compositor, letrista e instrumentista que vai igualmente trilhando carreira original na música brasileira. A canção começa com ruídos de guitarra, para a entrada da voz no primeiro verso, a que se segue uma pulsação nervosa de baixo/sintetizador, guitarra e bateria em compasso quaternário e andamento acelerado. A voz que canta tem intenção contundente, incisiva, plenamente articulada com as distorções da guitarra e o ritmo. Corrida a primeira estrofe, encontramos uma primeira quebra, com a entrada do segmento que faz as vezes de refrão, agora em outra ambiência sonora e sem a pulsação anterior, com guitarra arpejada, em rico encadeamento harmônico, e voz a princípio mais contida, numa melodia que se desenvolve dentro de tessitura mais ampla do que a da parte anterior. Estruturalmente, a canção apresenta um A seguido de um B (refrão), com repetição do A (mesma linha melódica, porém outro texto) e, novamente, do B (refrão), que se repete mais algumas vezes, para concluir em dois versos que são uma nova variação da parte inicial de A.

A palavra que dá título à canção, e que se encontra já no primeiro verso, merece imediata atenção. Um dos sentidos de "alarido", certamente o mais corrente, é "ruído de vozes, de gritos; falatório, algazarra, gritaria".[64] Mas o dicionário registra um sentido anterior a esse, a ele evidentemente ligado, posto que com nuança, que convém destacar: "gritaria de guerra, clamor de combate". Aqui, não é apenas qualquer "ruído de vozes" que se registra, mas sim a circunstância específica em que esse "ruído" tem lugar: a "luta", o "combate", a "guerra". Para a canção que ora se aborda, esse sentido mais preciso tem grande importância, como vai se ver.

Mas vamos ao primeiro verso: "Quando invadir o seu ouvido o alarido vai lhe aperrear".

O primeiro verbo que encontramos na frase, "invadir", remete de imediato ao campo semântico da "guerra" assinalado: "apoderar-se, tomar, conquistar". É algo que se impõe de fora, com violência, contra qualquer resistência. O "ruído de vozes" penetra o "ouvido" à sua total revelia, tomando-o de assalto. Vale destacar ainda a rima interna "alarido"/"ouvido", que aproxima sonoramente as duas palavras, sobrepondo-as de alguma maneira, realizando no plano da materialidade linguística

---

[64] Os significados das palavras destacadas ao longo do texto foram retirados dos verbetes a elas dedicados no *Dicionário Houaiss da língua portuguesa*. 1ª edição. Rio de Janeiro: Objetiva, 2001.

aquilo que está implicado no próprio plano do conteúdo. E, finalmente, temos um segundo verbo, "aperrear", muito sugestivo, de uso certamente menos habitual e neutro que sinônimos como "aborrecer", "incomodar", que poderiam estar em seu lugar. "Aperrear", no sentido originário da palavra, aliás, significa "fazer perseguir por perros, por cães" (numa situação de caça, por exemplo, que não deixa de ser afim à da guerra). Deste sentido primeiro, etimológico, desdobram-se outros, como os assinalados (mais comuns), ou ainda "sujeitar (alguém) a rigorosa disciplina, ter preso, não deixar à vontade; reprimir, oprimir". "Aperrear" (e a forma derivada "aperreado"), para um falante do sul do país, pode revestir-se ainda de ressonâncias regionais, nordestinas precisamente (o que intensifica a peculiaridade desse vocábulo).

Mas que "alarido" *aperreante*, afinal, é esse?

No desenvolvimento da primeira estrofe, logo após o primeiro verso, depois de atingido o "ouvido", ficamos sabendo dos tantos efeitos desse "alarido" pelo corpo, progressivamente tomado: ele "é capaz de cutucar dentro da jugular"; "tornozelos e joelhos" tremem; "o couro cabeludo" ferve como um "formigueiro". O que se segue é a perda da audição: "Quando então tudo o mais ressoar outra vez / A surdez que ficar será singular". A "surdez" (um tipo invulgar de "surdez", vale sublinhar), resultante da superexposição a um estímulo que convulsiona violentamente o sujeito, será, paradoxalmente, propiciatória de um outro tipo de audição, ao fim e ao cabo superior, mais apurada: "Você vai escutar apesar e através / Com maior lucidez pra separar". E aqui a estrofe se conclui em abrupto, com o verbo "separar" em suspenso, abrindo para o *enjambement*, que se resolve nos versos da estrofe seguinte, a do refrão.

Registre-se que a locução "escutar apesar e através", sem explicitação de complementos logo na sequência (afinal "escutar apesar de quê"? – "escutar através de quê"?), é formulação sintaticamente anômala. É claro que podemos pressupor a "surdez" anteriormente referida, o que não retira o estranhamento da elipse. "Escutar apesar e através" propõe uma escuta *sui generis*, marcada pelo atrito, pela contraposição, pela dificuldade, pela resistência, responsável afinal por "maior lucidez", maior capacidade de discernimento e, afinal, de escolha.

Toda a situação, com sua evidente carga metafórica, parece apontar para a ideia do organismo em "crise", "crise" que faz com que as coisas se precipitem, e algo se decida a partir daí. Inevitável não associar aqui a noção de "crise" (ou de "estado crítico") à de "crítica", vocábulos de similar origem etimológica, conceitos afinal interconectados.

"Crise" vem do latim *crĭsis*", que por sua vez remonta ao grego "*krísis*", com os sentidos de "ação ou faculdade de decidir", "decisão", e, por extensão, "momento decisivo", "momento de mudança súbita". O substantivo grego deriva do verbo "*kríno*", que significa "separar", "decidir", "julgar". No emprego mais antigo do vocábulo, no âmbito da medicina hipocrática, "crise" indicava "a transformação decisiva que ocorre no ponto culminante de uma doença e orienta o seu curso em sentido favorável ou não".[65] "Crítica" vem do adjetivo latino *critĭcus*, que vai dar, mais adiante, no vocábulo "*critĭca*", com o sentido de "apreciação", de "julgamento". Nessa acepção, e dele derivando, corresponde ao vocábulo grego "*kritikē*", ou ainda à expressão "*kritikē tékhnē*", "arte de julgar", "arte de criticar".

Por meio desta digressão etimológica, percebe-se melhor o nexo que pode haver, para além do eventual paradoxo, entre a "surdez" (o momento da "crise"), a "escuta lúcida" (quando a "crise" se resolve, agora no sentido de cura e, mais do que isso, na superação qualitativa do estado inicial) e o ato de "separar" (verbo que está na etimologia da palavra "crítica", com seus sinônimos "decidir" e "julgar"). O "alarido" (e precisamos voltar a este vocábulo logo mais) instaura a "crise", que por sua vez possibilita a "crítica" (o julgamento, o discernimento, a escolha).

Entra-se, então, na estrofe seguinte, que faz as vezes de refrão, e, sintaticamente, está ligada, como se disse, ao final da anterior: "[Com maior lucidez pra separar] // Dom de dor / Banal de bom / Tom de cor de som / Mil de um / Amor de ardil / Deus de egum". São dicotomias (com a eventual exceção do terceiro verso, que pode, porém, desdobrar-se em outras internamente: "tom" *versus* "cor", "cor" *versus* "som") que se querem excludentes, e que o sujeito ferido pelo "alarido", agora com ouvidos "lúcidos", poderá/deverá distinguir (ou "separar", como já dito), em exercício "crítico" (e vale lembrar, ainda uma vez, o étimo acima explicitado).

Diante de um *continuum* indiferenciado, diante de um amálgama amorfo qualquer, pressupõem-se "critérios" (e o vocábulo remete ao mesmo étimo de "crise" e "crítica"), limites, balizas, que permitam "separar" *isto* e *aquilo*.

Não pretendo entrar no mérito dos termos em oposição, tampouco classificá-los dentro de conjuntos mais amplos (um de elementos "positivos", numa mão, por exemplo; outro de elementos "negativos", na outra), até porque eles escapam a isso (o que parece ser simples quando a oposição é "banal" *versus* "bom", mas já será menos fácil com "mil" *versus* "um", ou "dom" *versus* "dor"). Mais interessante é perceber que, para se constituir, eles implicam a definição prévia de "critérios" qualitativos, que podem ser (se quisermos) de ordem estética, e/ou ética, e/ou psicológica, e/ou religiosa, e/ou simplesmente fonológica etc. E ao fim é isso, mais do que os termos propostos, o que parece interessar. Ou seja, a partir de algum crivo, discernir, "separar" as coisas.

Na estrofe que segue o refrão (a estrutura musical do A, mas com nova parte textual), retoma-se o "alarido", bem como a sua ação sobre o ouvinte. Ele é agora

---

65   ABBAGNANO, Nicola. *Dicionário de filosofia*. Edição revista e ampliada. São Paulo: Martins Fontes, 2007.

também "rebuliço dissonante", que "assombra" o sujeito, ou ainda, "furioso fuzuê, gozo e misererê" (expressões todas sonoramente muito sugestivas em suas aliterações e assonâncias). A confusão de gritos e sons dissonantes é, ambivalentemente (pois "fuzuê" é "festa", mas também "briga", "desordem"), tanto prazer ("gozo") como desprazer ("misererê", um neologismo, palavra-valise que contém o termo coloquial "miserê" e o latino *miserere*, da expressão litúrgica *miserere nobis*, "tende piedade de nós"). E o "assombro" causado será responsável, a princípio, por uma total perda de referências (equivalente à "surdez" anterior), que a enumeração algo cômica e caótica de indagações mais acentua: "Quedê seu pai, seu dicionário, seu canário, seu valor, quedê? / Só resta essa carranca branca feito gesso."

À ação desestabilizante do "alarido", do "rebuliço dissonante", mesmo diante do retorno da "velha audição" e da "razão corriqueira", corresponderá também uma transformação, afim à da "escuta lúcida" que segue a "surdez": "Cê já vai ter os nervos no diapasão / E a serena tensão pra distinguir". E então, novamente, abre-se em seguida o *enjambement*, a ser completado pelos versos da estrofe subsequente, a que compõe o refrão.

"Nervos no diapasão" é bela e rica expressão, que, ao leitor de poesia, pode evocar outras, sugerindo todo um leque de referências, casuais ou não. Por exemplo, estes versos da "Ode triunfal", de Álvaro de Campos/Fernando Pessoa: "Meus nervos postos como enxárcias, / Lira nas mãos dos ventos!"[66] Ou ainda aqueles outros, da "lira destemperada" (desafinada) e a "voz enrouquecida", de um Camões cansado de endereçar seu canto à "gente surda e endurecida", já quase na conclusão de *Os Lusíadas*.[67] Ou "Choro bandido", parceria de Edu Lobo e Chico Buarque, nesta referência ao Orfeu grego: "Mesmo porque as notas eram surdas / Quando um deus sonso e ladrão / Fez das tripas a primeira lira / Que animou todos os sons".[68] Os "nervos", como as cordas do instrumento, a fim de soar/sentir a contento, precisam da afinação adequada (a "serena tensão"), propiciada pelo "diapasão", instrumento de referência. E, a partir daí, pode-se "distinguir" então "dom de dor", "banal de bom" etc.

Os dois versos finais, que seguem o refrão, depois de todo o percurso até aqui, recolhem as ideias semeadas e servem como síntese conclusiva, "fecho de ouro" da canção, acrescentando, porém, ainda algo que convém destacar: "Quando bater no seu tímpano, seu ímpeto vai ser gritar / Mas fique impávido pro silêncio ouvir a música ímpar". Mais uma vez, temos aqui o "alarido dissonante" e sua ação vigorosa sobre o corpo do ouvinte, movendo-o a um estado específico, a partir do qual algo se propicia. Agora, claramente, já não apenas "separar"/"distinguir" coisas,

---

66 CAMPOS, Álvaro de. *Poesia*. Edição de Teresa Rita Lopes. São Paulo: Companhia das Letras, 2004.
67 CAMÕES, Luís de. *Os Lusíadas*. Edição de Emanuel Paulo Ramos. Porto: Porto Editora, 2014.
68 BUARQUE, Chico. *Paratodos*. 1993.

mas (e certamente a partir daí, da possibilidade de um "juízo crítico") fruir precisamente a música, uma "música ímpar", vale registrar.

No entanto, a construção dos versos é problemática, pois não é propriamente o ouvinte quem ouve a "música ímpar" (o que seria de se esperar), mas sim o "silêncio", diante do qual ele (o ouvinte) deve permanecer "impávido" ("sem medo" – superando, portanto, o estado da "carranca branca feito gesso"). O que isso quer dizer, afinal? Arriscaria entrever aqui uma espécie de curiosa "ascese", ou "iluminação" (proposta com alguma ironia, quero crer), a que se chegaria ao fim de todo o percurso "agonístico" (ou "iniciático") apontado, situação afim à "lucidez" e à "serena tensão" (e, talvez mais do que isso, quintessência delas), quando o sujeito é agora o próprio "silêncio" a partir do qual pode ouvir a "música ímpar".

Mas não penso ser preciso dar sentido unívoco a versos que, na sua estranheza, pretendem, propositalmente, uma evidente tensão semântica, com bom grau de ambiguidade e abertura. E, para começar a fechar esta abordagem relativamente minuciosa de uma única canção, convém partir agora para interpretações que extrapolem um pouco o âmbito mais restrito dessa mesma canção.

Quem é esse "outro" a quem a composição se endereça?

A princípio, sem dúvida, o ouvinte imediato, aquele que põe o disco para tocar, que acessa a canção no site, ou que a sintoniza no rádio, ou que vai ao show e acompanha os músicos em performance. Eu, você, qualquer um que se predisponha à fruição dessa canção em específico, ou junto com as outras que compõem o repertório do disco, de que ela é, certamente não por acaso, a peça de abertura.

Mas esse "outro", dado o muito de provocação musical e textual que aqui se apresenta, pode não ser necessariamente o ouvinte esteticamente predisposto, próximo, afim. Encena-se na canção uma situação de ataque, de cerco, de sítio, como bem evidenciam os tantos vocábulos que remetem ao campo semântico da luta, do conflito, da guerra. A canção não se quer propriamente gesto sedutor, afago que consola (coisas que o senso comum associa habitualmente à canção popular), mas um instrumento incisivo que fere e que, ao ferir, provoca reações igualmente intensas e, no limite, de potencial transformação.

Parece claro que o que se reafirma aqui é todo um ideário que vê no ato criativo e no objeto artístico algo que vai além da proposição de experiências mais ou menos previsíveis e confortáveis. Pode-se voltar, então, ao título do disco, *Além do princípio do prazer*, para lê-lo agora nessa outra chave. Trata-se de uma estética do confronto, que pretende agir vigorosamente sobre o receptor, pondo em causa os usos habituais que ele faz da arte e, mais do que da arte em geral (com todas as suas complexas questões), da música popular em específico: simples entretenimento, satisfação garantida, consumo fácil e rápido. É, em boa medida, a recuperação de toda uma perspectiva cara aos momentos cruciais da arte moderna, com sua proposição de uma "beleza difícil"[69], como aquela do "Cacto", de Manuel Bandeira, "belo, áspero, intratável".[70]

A canção que vem logo a seguir, "Não quer que o mundo mude", traz alguns elementos que conversam de perto com "Alarido", desenvolvendo e complementando coisas apenas sugeridas nesta. Conviria, mesmo que rapidamente, passar também por ela, até para entender melhor o contexto de enunciação que parece ser o de todo o disco. Define-se aí melhor o "lugar", com suas tantas questões, a partir do qual se está "falando" (escrevendo, compondo, tocando, cantando – criando, enfim).

Temos aqui agora uma marcha, de melodia mais doce e mais lírica que a da canção anterior, uma marchinha, pouco propícia, porém, ao carnaval e à dança, dado o andamento excessivamente lento e seu inusitado ritmo ternário (em vez do binário habitual), o que perturba por dentro o gênero musical a que se filia. Como diz um dos versos a certa altura, com duplos sentidos, é uma "marcha ímpar", o que, aliás, retoma a ideia da "música ímpar" referida ao final de "Alarido". E é "ímpar", no caso da marcha, porque em três tempos, mas também, como "Alarido" (e as canções do disco), porque "não tem par", "não tem igual", quer-se "distinta" daquilo que costumeiramente se conhece.

A letra constrói-se, em boa medida, extraindo efeitos da contraposição "passado" *versus* "presente". A marcha carnavalesca, com suas realizações áureas nos carnavais das décadas de 1930, 40 e 50, remete ao tempo pretérito, um tempo perdido, passível de recuperação por evocação nostálgica. Marchas recentes acabam por se apresentar quase sempre como pastiche ou paródia de um gênero, agora, inescapavelmente anacrônico.

A letra, como vai ficando claro ao longo do seu desenvolvimento, é bastante ambígua, por vezes francamente irônica. Nem sempre é muito fácil apreender as intenções daquele que fala. A certa altura, ele como que se coloca em pé de igualdade em relação àqueles a quem se dirige, incluindo-se no mesmo grupo, porta-voz de um coletivo, assumindo a perspectiva de um "nós", vinculado à geração presente e que anuncia as tantas conquistas desse mesmo presente frente a um passado obsoleto e suas "tradições". Mas, já mais ao final, parece deslocar-se para uma posição singular, em estratégica diferença em relação aos demais, seus interlocutores.

No confronto com o presente, o passado surge entrevisto, a princípio, através de cediças representações, que certamente não convidam à adesão, cuja superação seria de se festejar: "Não tem mais coronéis / Não tem mais comissões paroquiais / Não tem mais nem latins, nem Camões no colégio". Em contrapartida,

---

69 Para lembrar, aqui, o título de uma antologia da poesia de Gerard Manley Hopkins, em tradução de Augusto de Campos, *A beleza difícil*, São Paulo: Perspectiva, 1997.
70 BANDEIRA, Manuel. *Estrela da vida inteira*. Rio de Janeiro: José Olympio, 1966.

o presente é caracterizado como momento de liberdade ampla e múltiplas possibilidades de escolha: "Não tem mais restrições sexuais", apenas "verdadeiros sentimentos" que "não admitem restrições", e "as milhões de opções atuais" servidas "aos corações" etc. E por aí segue, posto que com nuanças que vão meio que minando uma compreensão excessivamente simples do antagonismo. É, por exemplo, o que se tem numa formulação como esta, em diálogo explícito com versos de "Alarido": "Não tem mais versos bons ou banais / Distinções, aliás, de Mil e Novecentos". E, um pouco mais adiante, numa formulação-síntese da contraposição encenada: "o passado é um mito bonito demais / e o presente é um sítio de vídeos virais". É claro que a positividade de que o presente parecia se revestir surge agora posta em causa – a menos que se considere "vídeos virais" uma conquista estético-tecnológica acima de qualquer suspeita.

No segmento final, o foco recai sobre a própria canção. O que vem para o primeiro plano são seu caráter singular e o tipo de ação que ela pode ter sobre os ouvintes. Trata-se de digressão claramente metapoética, em que se manifesta, outra vez, o intuito crítico/autocrítico do compositor: "E essa marcha ao revés, a que vem? O que traz? / Essa marcha em três, pra ninguém, pra vocês... / Essa marcha ímpar / não quer que o mundo mude / Mas sabe que a inquietude / é uma flor a se plantar". A natureza desta canção, sua destinação em específico (mas também a do disco como um todo), o público ao qual ela se dirige – são questões formuladas, mas não respondidas, que permanecem, portanto, em aberto. Se ela "não quer que o mundo mude" (já que as "revoluções" são também um "mito" do passado, e se esgotaram nos "ideais" de "nossos pais", como diz a letra em passagem anterior), quer deixar ainda algo que minimamente perturbe a ordem do presente, a tal "inquietude", "flor a se plantar".

"Inquietude" tem sinônimos interessantes: "desassossego", "preocupação", "insatisfação". Do ponto de vista psicológico (ou psicanalítico, para voltar aos parágrafos iniciais deste texto), são todos estados talvez problemáticos, que podem se tornar patológicos, e que devem eventualmente ser tratados, quem sabe curados. Do ponto de vista da criação artística, e de uma compreensão e representação críticas do mundo, "inquietude" é condição *sine qua non*, ponto de partida indispensável, sem o que nada nem começa a acontecer. Não há cura para a "inquietude" no âmbito da criação e, se ela acontece, é o próprio impulso crítico-criativo que acaba por se ver suprimido.

Além do princípio do prazer é um disco de muitas "inquietudes", musicais e poéticas. É trabalho multifacetado, com diálogos e embates abertos em diversas direções. Procurei destacar alguns aspectos, que não esgotam, evidentemente, a riqueza das questões que ele levanta ao longo de suas poucas e densas canções. Mas os aspectos destacados, penso eu, ajudam a situar o disco no campo de forças da música popular brasileira recente e o modo pelo qual ele quer intervir nesse mesmo campo: um modo inteligente, sofisticado, polêmico, dissonante.

Pedro Sá Moraes – Prazer do Princípio ao Fim

JOCÊ RODRIGUES

Em seu novo disco, Pedro Sá Moraes vira de ponta-cabeça os valores estéticos da canção e mostra que música é algo que está muito além do princípio do prazer.

Há uma marchinha mineira, composta por Renato Negrão, que diz: "Que bom ser contemporâneo seu / Assim você não precisa / Atravessar paredes / Nem eu", exaltando a qualidade criativa presente em muitos artistas do nosso país e do mundo. Ouvindo *Além do Princípio do Prazer*, o novo disco de Pedro Sá Moraes, compreendo exatamente o que ela quer dizer.

Desafiando de maneira brilhante as convenções musicais, o cantor e compositor carioca, integrante do Coletivo Chama (talvez o grupo mais interessante em nível artístico e intelectual do momento, que possui, em suas linhas, cabeças como as de Thiago Amud e Thiago Thiago de Melo), tece narrativas que misturam Schoenberg e Gilberto Gil, Freud e Tropicália, o maestro e o cancioneiro popular. Híbrido, chega aos ouvidos como um disparo de arma de fogo carregada de universos linguísticos cheios de vida em estado embrionário, um *big bang* capaz de lançar luz ao cérebro e ao coração sem perder a intensidade, música cerebral sem perder a ternura.

Já em "Alarido", a faixa de abertura, composta em parceria com Thiago Amud, somos tomados pela força e pelo vigor do discurso pontuado por uma bateria marcante e *riffs* de guitarra que, em alguns momentos, mais parecem ter saído de alguma partitura perdida de Stockhausen. "Não Quer que o Mundo Mude", "A Hora da Estrela" e "Ela Vertigem" flertam com a música eletrônica de maneira muito bem pensada e produzida, chegando a um resultado talvez nunca antes alcançado na música nacional, com exceção de *Deriva*, de Kristoff Silva. Na parte mais tropical do repertório, por assim dizer, temos as canções "Pra nós" e "Não é água", enquanto "O olho da pedra", "Eunuco" e "Salmo 23" mostram o lado mais turvo e desafiador de um disco que, por si só, já é um fenômeno de transgressão dentro do cenário atual, mostrando que não é preciso ser incompreensível – sob a carapuça de algum conceito filosófico inatingível – para se alargar as fronteiras da canção. Que dá para fazer isso com sensibilidade e profundo senso de localização espacial e temporal, do mesmo jeito que já fazem artistas como Sylvio Fraga, Fernando Vilela, Antonio Loureiro, Thiago Amud, Rafael Martini e alguns outros que fazem da canção uma manifestação do espírito que está muito longe do comodismo ou da extinção.

A linguagem, nas nove faixas do álbum, é utilizada com elegância e refinamento, nunca subestimando a inteligência do ouvinte. São signos que inundam, envolvem e transformam a sua apreensão em prazer. Além dele, é preciso também contar, dizer o mundo, o que por si só pode transformar-se em objeto de prazer. Onde fica, então, esse além? Me parece que ele mora justamente no princípio, no início, na largada e não na linha de chegada. Prazer como parte desenvolvida para o princípio de vida, música como fenômeno além desse princípio, metamúsica incrustada daquilo que a vida esconde nas dobras do corpo.

A Metafísica de Aristóteles, o seu nome, vem do fato de que os livros que a compõem – durante a organização dos tratados do filósofo grego por Andrônico de Rodes – foram colocados depois dos livros da Física (do grego *metà ta physikà*). Portanto, Metafísica nada mais era do que a palavra usada para indicar a localização dos livros e o termo nunca havia sido usado por Aristóteles. Esse tipo de realocação parece ocorrer também aqui. O trabalho de Pedro Sá Moraes não pode ser catalogado, não com os critérios que atualmente possuímos (configurando-se dessa forma em uma qualidade), portanto é normalmente colocado ao lado da seção "Música" – assim sendo, ele está ao lado dela, tornando-se Metamúsica.

Neo-ironia neon[71]

THIAGO AMUD

O discurso irônico enfeixa diversos matizes: gradações significativas que, transitando da adesão à recusa, jamais se identificam plenamente com nenhum desses dois extremos. Supondo que um artista faça da ironia uma de suas principais estratégias poéticas, e que seu trabalho consiga imprimir na obra todas as ambiguidades que pretendeu, ainda assim nada garante que ele encontrará um público analogamente oblíquo, capaz de oscilar *com* a obra em vez de apenas projetar nela as categorias sobre as quais comodamente aprendeu a assentar-se.

Por isso, devo confessar que não é fácil escrever sobre *Neon*, o segundo disco da banda Escambo. Escrevo tentando fazer com que meu pensamento acompanhe as "dobras" de uma obra muito mais irônica do que parece à primeira escuta. Ainda assim, não é certo que eu não tenha tido minha percepção como que encandeada por um único matiz da ironia "escambólica". Ou pior: pode ser que eu esteja impregnando o trabalho alheio com minhas idiossincrasias e obsessões.

Suspeito, no entanto, de que não se trata disso, pelo menos não *apenas* disso. Para tentar prová-lo, buscarei evidenciar o sentido de alguns fatores que estão embutidos na música e na história de *Neon*.

SILÊNCIO DE SEGUNDA MÃO

Compositores (com parceiros) de *Neon*, e seus intérpretes, Renato Frazão e Thiago Thiago de Mello nasceram nos primeiros anos da década de 80 e tiveram, como to-

---

[71] Publicado pela primeira vez na revista virtual Polivox, em Abril de 2014

dos nós que fomos dados à luz naqueles tempos, a infância atravessada pela ação de satélites que ajudaram a tornar o imaginário do homem das grandes cidades um campo mais ou menos comum.

Nesse "campo comum", algumas tramas de novela proporcionavam a dose diária de romanesco, alguns filmes de ação demonstravam os fundamentos técnicos do novo heroísmo e da nova vilania, e algumas poucas e mesmas agências de notícias forneciam os informes sobre uma ameaçadora epidemia, a redemocratização do Brasil e os estertores finais da Guerra Fria. E, sobretudo, as mesmas sonoridades de guitarras, baixos, baterias e teclados, aninhadas na música pop urbana onipresente nas principais emissoras de rádio e televisão, cruzavam os ares em todas as direções.

Os sons assimilados pelo trabalho incessante do inconsciente criam um novo silêncio, um *silêncio de segunda mão*. Falo daquele burburinho que, de tanto se fazer presente, já nem é notado, e que, quando cessa, é percebido retroativamente.

Pois bem... A música pop urbana e, com ela, toda a codificação *mass* midiática que se acumulou no espírito de Renato Frazão e Thiago Thiago de Mello (e de todos nós que nascemos 30 ou poucos mais anos atrás) de repente deixou de ser um inócuo "silêncio de segunda mão" e passou a incomodar, como um ruído vulgar e desagradável.

Quando Renato e Thiago começaram, já na primeira década do novo milênio, a lidar com música como adultos, os elementos musicais que passaram a incorporar em seu trabalho curiosamente pertenciam a outro universo, um tanto distinto daquele que os rodeava em sua puerícia oitentista. Em virtude desse recorte não--mercadológico (transmitido o mais das vezes por via familiar), eles se viram ao mesmo tempo "semi-deslocados" segundo os parâmetros dominantes, mas curiosamente "reenturmados" entre outros jovens de sua idade, que, assim como eles, em determinado momento também passaram a escutar o tal "silêncio de segunda mão" como ruído desagradável e vulgar.

Se estiverem corretos estes traços biográficos, o sentido do nome da banda Escambo deve sinalizar a existência real ou ao menos ideal de umas tantas pessoas que compartilham do interesse por um tipo de música popular avesso ao ininterrupto ruído da *mass* mídia – pessoas em número tal que elas mesmas podem estabelecer entre si acordos que supram, através de "troca" e "câmbio", a carência que o mercado, em seus lances hegemônicos, não supre.

Imbuído desse espírito gregário, o Escambo lançou *Flúor*, seu primeiro disco, em 2009, trabalho que, logo de saída, rendeu à banda uma indicação ao 21º Prêmio da Música Brasileira.

Flúor está sob o signo da festa. É uma comovente comemoração pela conquista desse espaço simbólico que, já desapegados do "silêncio de segunda mão", as crianças dos anos 80 e os adolescentes dos anos 90 alcançaram em sua entrada na vida adulta. Sambas, marchas, baiões, valsas: onde andavam esses gêneros nas emissoras de TV e rádio que forneciam a ração diária de diversão aos rapazes da idade de Renato, Thiago e Lucas Dain (o ex-integrante da banda, que assina diversas canções de *Flúor*)? Como puderam essas marcas de um outro Brasil emergir no disco de estreia de uma banda de jovens dos anos 2000?

Se esses fatores lírico-brasileiros reapareceram com tal força nos trabalhos de tantos artistas emergentes na primeira década do século XXI, a ponto de gerar um espaço autossuficiente de "escambo", deve-se pensar que, das duas, uma: ou o recalque desses fatores nos anos 80 não foi tão decisivo quanto geralmente se avalia, ou os anos 90 (quando a "língua geral" do pop rock passou a se fundir mais amiúde com dialetos musicais regionalistas que andavam meio esquecidos) prepararam tacitamente o advento de um novo MPBismo, esse que eclodiria nos 2000.

Seja como for, não devemos negligenciar o fato de que esse renascimento do interesse pela dita "MPB clássica" para uma pequena e significativa parcela da juventude da primeira década do novo milênio talvez demonstre uma parcial vitória da transmissão dos valores culturais por via familiar sobre a impessoalidade da indústria da música.

Não é do escopo deste escrito resolver esse enigma. Porém, sem abordá-lo, julgo impossível compreender *Neon*.

DESLOCAMENTOS

Quando a voz de Thiago Thiago de Mello desponta cruamente gutural na primeira faixa de *Neon* ("Espantar o mau vento", de sua autoria), o fã de MPB poderá se confundir. Quando a fusão de um longo solo de guitarra distorcida com uma vinheta eletrônica constitui o encerramento da nona e última faixa ("Doce guarida", parceria de Thiago com Renato), o fã de MPB poderá se desorientar. Afinal de contas, em 40 minutos de música, ele não teve sua vida facilitada. O campo sonoro foi turvado por distorções, ruídos e efeitos diversos, toda uma gama de recursos estilísticos muito mais identificados com o rock do que com a MPB.

Mas antes de os nacionalistas mais empedernidos bradarem que "isso não é música brasileira, é rock'n roll", gostaria de convidá-los a imaginar a reação do "outro lado". Afinal, o ouvinte que aprendeu a amar o rock'n roll como, entre outras coisas, antítese do que há de especificamente brasileiro no Brasil também pode não ter tido melhor sorte. Senão vejamos: todo o arcabouço tecnológico que ele conhece e costuma apreciar ressurge em *Neon*, mas a serviço de um discurso um tanto atípico.

Por exemplo, "Dona da Casa" (composta e interpretada por um emocionado Renato Frazão) e "Vingança de Cunhã" (parceria de Fred Demarca e Thiago Thiago de Mello, de talho "waldemar-henriqueano") não são exemplos de canções escritas em nenhuma "língua geral". Que cara farão os globalizados ouvintes de rock'n roll diante de versos como "Canta laiá no batucajé das ialorixá" ou "Toda gente se arrodeia querendo engerado me olhar"?

Na verdade, faz todo sentido que ouvidos para os quais permanecem em vigor polarizações (estéticas e/ou ideológicas) entre rock e MPB sintam algum desconforto com essa guinada "escambólica". Com seus arranjos, o diretor musical Ivo Senra não se furtou a articular uma série de elementos que, mesmo depois das inúmeras "fusões" entre pop rock e regionalismos, ainda se encontram em nichos separados.

Senão, vejamos: o ouvinte que, após escutar *Flúor*, concluiu que o Escambo era um grupo de resgate do espírito da "boa e velha MPB" talvez não supusesse que uma canção africanista sofisticada como "Dona da Casa" pudesse ganhar toques tão agressivos de bateria como os executados por Felipe Cotta na segunda parte. Talvez tampouco imaginasse que uma levada roqueira tão desabusadamente radiofônica fizesse pulsar o refrão de uma canção indianista como "Vingança de Cunhã".

A ideia de introduzir uma pandeirola fazendo vezes de triângulo no lamento sertanejo "Cantadeira" (de Renato e Ruba, interpretada visceralmente pelo primeiro) passaria ao largo do horizonte de muitos bons arranjadores para quem "todas as coisas têm que estar no seu lugar certo". O mesmo pode-se dizer do ostinato de contrabaixo com que Tássio Ramos marca a singela "Doce Guarida", do tratamento quase brutal dado a um samba de tamanha ourivesaria poética como "Sanguessuga" (de Renato e Gerson Deslandes) ou da textura entre aridez e pastiche de música de consumo que emplastra e esvazia as reentrâncias harmônicas de "Anoiteça" (mais uma parceria dos dois principais autores do Escambo).

Por mais diversas que sejam as referências que ressaltam na audição desses arranjos, considero que o procedimento de Ivo Senra tem no trabalho do Rogério Duprat dos grandes discos tropicalistas o mais notável antecedente. Antes desse maestro, não se pensaria que uma capoeira como "Domingo no Parque" poderia agregar banda de rock e orquestra sinfônica, ou que um velho clássico melodramático e "cafona" como "Coração Materno" poderia ganhar filigranas orquestrais tão sérias. Duprat percebeu que uma canção é portadora de muitas camadas de sentidos; portanto, mais do que apenas arranjá-las, passou a transfigurá-las, emoldurando-as por sonoridades até então alheias àquele tipo de canção.

Será que foi este símile tropicalista que me induziu a ouvir *Neon* como um disco de provocação e de autocrítica? É óbvio que muito da carga provocadora tanto deste disco quanto dos grandes discos tropicalistas se deve ao "embaralhamento" das tradicionais categorias MPB e pop rock.

Acontece que muitos dentre os novos autores e bandas brasileiros também trabalham operando esse tipo de "contrabando" há mais de uma década; portanto, este não é o aspecto ao qual credito a mais importante filiação de *Neon* ao tropicalismo.

O diferencial da banda Escambo a partir deste trabalho é o fato de que, além de provocar alguns ouvidos mais "puristas", ela passa a caminhar na direção da autocrítica. E desse modo ela se filia a um aspecto do tropicalismo que tem sido menos emulado que outros.

Para poder falar disso, preciso fazer uma digressão.

MAL-ESTAR E SÍNTESE PECULIAR

Os artistas que alcançaram a vida adulta/fonográfica nos anos 2000 se depararam com um quadro peculiar: enquanto eles próprios começaram a estabelecer o seu espaço de "escambo", a MPB, por sua vez, parecia ter chegado à consciência de um desgaste, sintetizado pelo próprio Chico Buarque com a já célebre frase em que especulou sobre o possível "fim da canção". O que estava em jogo ali era justamente a pertinência ou não de ainda se fazer um tipo de canção brasileira que, se nos anos 60 e 70 parece ter representado os anseios de parte significativa da sociedade, adentrava o novo milênio sem encontrar resposta nem remotamente comparável, dadas as transformações sofridas por esta sociedade e pelo mercado de música.

De tudo isso muito já se falou. Mas, além disso, a fala de Chico Buarque pode também ter ferido um nervo de parte de minha geração (que é a do Escambo): talvez essa fala tenha contribuído para revelar que nosso processo de redescoberta do "Brasil musical profundo" encobria um núcleo, digamos... inautêntico.

Durante a primeira maturação de nossa geração, a seleção que fizemos dos elementos que entrariam em nossas músicas pode ter sido influenciada demais pelo recorte de nossos "avós musicais" (entre eles, e, sobretudo, o próprio Chico, a quem, sintomaticamente, consideramos um pai e não um avô). Herdamos várias tendências não nossas; não vivenciamos concretamente diversos ganhos estéticos que aprendemos, no entanto, a julgar muito nossos; encontramos muita coisa já pronta. E, para que melhor demonstrássemos nosso zelo pela nobreza da grande canção brasileira, varremos do mapa a "vulgaridade" globalizada que, sem que quiséssemos, nos formou nos anos 80 e 90. Tomar consciência desse processo equivale a conviver com certo mal-estar, pois subitamente descobrimos que parte do que supúnhamos puro poderia ser espúrio.

Ouso imaginar que, entre 2009 e 2012, influenciados ou não por toda a discussão em torno do possível "fim da canção", Renato Frazão e Thiago Thiago de Mello reviram sob outro ângulo o projeto poético do Escambo. Parece-me que eles como que deixaram de se sentir plenamente representados pela sonoridade gregária que sua primeira floração (*Flúor*) deu ao mundo, chegando a suspeitar que sua recusa do tal "silêncio de segunda mão", se teve importância capital num dado momento, poderia redundar em impasse criativo se virasse um maneirismo.

Noutras palavras: eles tomaram consciência do mal-estar e conviveram com ele.

Outro modo de reagir a esse mal-estar seria tentar ignorá-lo. O fingimento pode ter muitas máscaras, e já são bem conhecidas pelo menos duas de suas faces: a "tradicionalista a qualquer custo" (aquela que despreza qualquer fruto da Tropicália e que considera que a música popular do Brasil deveria se restringir aos gêneros sedimentados nos anos 30, 40 e 50) e a "desencanada" (aquela que despreza qualquer elemento que não venha da Tropicália e tende a fazer do "pensar publicitário" uma estratégia *cult*). Ambos os extremos se recusam a lidar com toda a complexidade da questão: como não abandonar nem o polo-Brasil nem o polo-contemporaneidade? Como honrar a intuição que primeiro nos individuou como criadores sem constituir guetos puristas, cheios de cacoetes grupais? Como articular a beleza imorredoura de nossos mais valiosos tesouros musicais com os desafios vivos de um tempo que não admite mais a mesma estética segundo a qual se estruturaram esses tesouros?

É preciso seriedade para se propor essas questões, coragem para respondê--las e um bom humor inabalável para que a resposta seja também uma autocrítica, como penso que *Neon* é. Ao tirar do porão da "vergonha" as sonoridades da música globalizada (ou "de consumo") que a geração que redescobriu a nobreza da grande MPB pré-oitentista preferiu esquecer, o Escambo revelou que percebe o alto grau de deslocamento que define nossa geração.

Mas, em vez de celebrar esse desrecalque submetendo a urdidura brasileiríssima das canções à dicção globalizante presente em certo neo-tropicalismo "publicitário e *cult*", a banda fez com que essas duas dimensões se entrechocassem, dando origem a uma síntese peculiar, em que todas as coisas, embora pareçam estar em seus lugares certos (semi-adesão), não estão (semi-recusa).

Julgo que isto só foi possível graças à liberdade crítica que o Escambo e Ivo Senra assumiram também ante as lições tropicalistas. Eles assimilaram recusando.

NEO-TROPICALISMO, *STATUS QUO*

Em tempos de Internet, o vetor histrionicamente provocador da Tropicália é facilmente assimilável por quem tenha algum desejo de vagar, por alguns segundos, na onda da "geleia geral" globalizada – e muitos o têm. No entanto, o vetor autocrítico – que gerou a recusa tropicalista de um estilo que Caetano e Gil, como esquerdistas nacionalistas filhos da bossa nova, já praticavam – pressupõe propósitos mais sérios que poucos têm.

Ser herdeiro radical da Tropicália hoje talvez signifique, sobretudo, saber se autocriticar arremessando música vigorosa contra qualquer esboço de cacoete grupal que tenda a se cristalizar por inércia. Inclusive o neo-tropicalista.

No momento em que a verve transgressora que muitos neo-tropicalistas herdam do espírito do tropicalismo se deixa subsumir nisso que, na falta de melhor termo, chamarei de "fetichismo publicitário e *cult*", o que era pura inquietude vira uma nova categoria de mercado. De fato, quantas vezes a ostentação de intrepidez e irreverência não é mera máscara do *status quo*!

Hoje, os mais variados clichês a respeito de "multiculturalismo", "relatividade entre baixa e alta cultura" e "trans-valorações" são termos de um discurso quase hegemônico brandido como argumento cabal sobre a maior parte dos tópicos culturais que venham à baila.

Um dos resultados do alastramento acrítico dessas ideias é a transformação de quaisquer sinais de "tolerância cultural" em sinais de valor estético. Parece que se pensa que, quanto mais arbitrário for o ecletismo, tanto mais interessante resultará a música. E assim, estar hoje no limiar entre gêneros raramente ainda significa experimentar livremente as potências da linguagem. Ao contrário, parece que é uma condição já estabelecida, que traz em seu bojo toda uma etiqueta.

É neste momento que vem a ironia que restitui o estranhamento: Renato Frazão e Thiago Thiago de Mello versam a sincopada melodia do guitarrista Diogo Sili e criam o "Pagode do Sumaré".

PAGODE DO SUMARÉ OU GÊNERO: IRONIA

Aqui eles dirigem amorosamente ao maior dos tropicalistas um deboche similar ao que ele apontou em 1968 para aqueles que "quer[ia]m salvar as glórias nacionais, coitados!". Depois de listar estilos voláteis criados pela lógica desorientada/desorientadora do globalismo ("Punk do Iguaçu", "Tecno de Marajó", "Sampler de Olodum", "Bolero de bambolê"), eles não se furtam a, sarcasticamente, recomendar: "Traz os tamborins e agradece ao Mano Caê", para, logo depois, anunciar que "Somos de New Orleans, somos tudo empebê".

O "Pagode" é uma canção sobre o futuro da canção (e, nela, da nação), visto com sarcasmo e algum desencanto ("Cai, cai, Brasil"). Quinta faixa de um disco de nove, ela funciona como o eixo ao redor do qual as duas metades de *Neon* gravitam, ou como uma espécie de órgão propulsor que bombeia correntes de sarcasmo no coração das outras oito canções, revigorando-as desse modo.

A partir da metalinguagem do "Pagode", podemos compreender melhor as diversas camadas que, sedimentadas, geraram *Neon*: fatores formadores, porém recalcados (o pop rock urbano que, assimilado nos anos 80 e 90, se incorporou ao núcleo do "silêncio de segunda mão"), a adoção de outra tradição "mais nobre" (a MPB dos anos 70, 60 e anteriores) e duas grandes recusas: a de transformar essa nobreza em fundamento de um novo maneirismo grupal e a de confundir ecletismo arbitrário com valor estético.

Percebemos melhor que o "Pagode" traz em seu bojo todos esses elementos quando, por exemplo, comparamos seu riso ácido com o riso ingenuamente malicioso da deliciosa marchinha "Cinco contra um", canção do disco *Flúor*. Onde outrora se alastrava a farra, agora o sarcasmo grassa. Este deslocamento da função do humor eu considero um índice de alargamento da autoconsciência.

Logo depois do verso "Somos de New Orleans, somos tudo emipebê", o "Pagode do Sumaré" especula que "o pagode é a canção expandida dentro do computador". Enquanto isso, guitarra e baixo executam um *riff* quase atonal que alicerça a segunda parte da canção e dura até o verso "hoje é dia de tererê no pagode do Sumaré". Este trecho dura apenas 20 segundos, mas nele sucedem-se, musical e poeticamente, tantas intuições pertinentes a respeito dos desafios que nossa geração tem encontrado pela frente, que seria tarefa no mínimo estimulante tentar descompactá-las. Certamente aquele que conseguir fazê-lo saberá nomear o gênero a que pertence esse disco de (nem) rock (nem) MPB.

Mas eu paro por aqui, porque prefiro permanecer ouvindo esses 20 segundos – e, neles, o disco inteiro – em lusco-fusco, piscando ora adesão ora recusa.

POST SCRIPTUM: OUTROS NEONS

"Basta se ouvir a canção dessa criança e seguir adiante firmando os pés no chão", repetem Thiago Thiago de Mello e Renato Frazão no refrão da faixa de encerramento, "Doce guarida".

Talvez instigado pelo tema dessa canção (infância perdida/recuperada), aceitei percorrer uma trilha interpretativa que enxerga *Neon*, sobretudo, como um acerto de contas com os anos de formação de seus compositores.

Mas a ironia é cirandeira: não convida ao imobilismo, apenas ao movimento. Portanto, aceitarei de bom grado todas as críticas sãs ao que possa haver de arbitrário em minha mirada. Aliás, para colaborar com meus eventuais críticos, gostaria de encerrar deixando claro que lamento não ter podido aprofundar duas hipóteses de certo modo contrárias ao cerne do meu raciocínio neste ensaio:

1ª) Que *Neon* não nasceu da tentativa de desrecalcar nenhuma sonoridade, mas tão somente de transfigurar tanto o "silêncio de segunda mão" absorvido nos anos 80 e 90 quanto a "identidade MPBista nobre" incorporada nos anos 2000. Neste caso, o Escambo e seu arranjador, em vez de terem se lançado em "arqueologias musicais", partiram de intuições poéticas originais; em vez de "resgatarem" as duas últimas décadas do século XX, as reinventaram.

2ª) Que o ímpeto de "acertar as contas", se de fato existiu, não se deteve especificamente sobre os anos 80/90. De fato, tanto o "Pássaro preto" (de Thiago, Renato e Deslandes), em que o clássico "Blackbird" é revisitado, quanto os ecos de rock progressivo que percebemos durante os já citados 20 segundos do "Pagode do Sumaré" e nos compassos ímpares de "Dona da casa" remetem muito mais à ourivesaria dos Beatles, do Yes e do Led Zeppelin do que aos padrões que identificamos com o pop rock radiofônico dos anos 80 ou com as fusões rock-regionalistas dos anos 90 e posteriores. Neste caso, cabe pensar se o grande tema de *Neon* não seria a "língua geral" do pop rock – e entre seus muitos dialetos, como dois entre vários outros, o "neon" dos anos 80 e o imenso "pagode do Sumaré" em que se converteu boa parte da música pop a partir da década de 90.

Entrevistas com o Chama

Entrevista com Pedro Sá Moraes

COM AMANDA VIEIRA, EDUARDO GUERREIRO B. LOSSO E TAMARA AMARAL

EDUARDO GUERREIRO B. LOSSO Acho que já podemos começar essa entrevista falando de Clarice.
AMANDA VIEIRA Existe na música "A hora da estrela" uma relação que vai além do título com a obra da autora brasileira Clarice Lispector. Pelo que percebemos, a começar pelas semelhanças entre narradores: Rodrigo S. M. e Pedro. Há algumas razões para Rodrigo se interessar por (e escrever sobre) Macabéa. Uma delas é a relação com o Nordeste: "É que numa rua do Rio de Janeiro peguei no ar de relance o sentimento de perdição no rosto da nordestina. Sem falar que eu em menino me criei no Nordeste..." Rodrigo também revela sentir a obrigação de falar sobre a menina que não era enxergada por ninguém além dele: "O que escrevo é mais do que invenção, é minha obrigação contar sobre essa moça entre milhares delas. E dever meu, nem que seja de pouca arte, o de revelar-lhe a vida..." Podemos dizer que Pedro (você) tem motivos iguais ou parecidos com os de Rodrigo? Se não, quais seriam?
PEDRO SÁ MORAES Essa não é uma pergunta fácil, mas eu gosto muito dela. A canção "A Hora da Estrela" nasceu de uma forma gradual e um tanto misteriosa. Falar da minha motivação nesse caso específico é, necessariamente, fazer um exame *a posteriori*, uma espécie de psicanálise do processo autoral, ou uma arqueologia dos afetos... Mas esse processo me interessa bastante.

A música nasceu de um verso, e de uma rima.

Uma menina, e a cidade passando no meio...

É a sobreposição – ou mais, o entrechoque – entre esses dois grandes mistérios, que me acompanham desde que os primeiros versos brotaram, ainda na adolescência. A menina e a cidade. Eu tinha um trecho de melodia, de uma curvatura meio buarqueana, e uma porção grande de versos. É gozado como eu ouço a voz do Chico Buarque cantarolando essa melodia na minha cabeça – assim como eu ouço a Elba Ramalho quando penso em "Pra nós" –, assim como penso num clarinete quando a melodia de "Carnaval em agosto" me sopra da memória. E convidei o João Cavalcanti pra trabalhar na canção comigo.

AV E o que te levou a unir esses fatos à obra da Clarice?

PSM Ele devolveu outros tantos versos – mas levou um tempo de idas e vindas até que percebêssemos que estávamos falando da Macabéa! A gente se deu conta com, sei lá, 70% da letra pronta. Estávamos em Clarice sem saber!

AV A impressão que eu tinha era outra. Que tinha sido tudo premeditado.

PSM Quando percebemos foi uma fagulha, foi imediato. Como se houvesse uma premeditação num outro plano. Como se a Clarice estivesse fermentando surdamente debaixo da nossa consciência, e soprando esse mistério nos versos. Quando eu falo do "amor operário", ou da "vidente", aí já estou pensando no livro. Mas tem muitos outros lugares em que a Macabéa só se revela depois. Lugares que eram simplesmente essa investigação perene sobre o mistério que é o desejo da mulher. E o mistério que é a cidade, esse enorme animal metálico de um bilhão de patas, incidindo sobre o desejo.

EGL E essa canção é uma das que mais faz uso dos recursos eletrônicos.

TAMARA AMARAL O trabalho de som me faz lembrar de algumas descrições do livro.

PSM Interessante você perceber isso, Tamara.

AV Pedro, observamos que há uma relação muito bem elaborada e "conversativa" entre letra e instrumental, bem como a relação entre narradores. Por exemplo, o início, pelo que entendemos, remete a uma máquina de escrever, e a personagem, Macabéa, era datilógrafa. Logo depois, o som de um vidro quebrando ao trecho "verdade batendo de quina" e, então, o som ambiente metropolitano. Isso tem alguma intenção de ambientar o ouvinte?

PSM Ambientar e desambientar. Ao mesmo tempo.

AV Como assim? Tirar o ouvinte do plano em que ele está e o levar para o da música?

PSM Sim, tem um lado concreto, o vidro quebrando, o som de telégrafo (que também evoca a máquina de escrever), que podem, para o ouvinte atento, criar imagens. Como se fosse um aspecto cinematográfico do arranjo.

AV Ia perguntar se era mesmo máquina de escrever...

EGL É uma canção sonoplástica, digamos assim.

PSM Imagens sonoras sob as imagens mais claramente musicais ou cancionais. Isso, é um lado. Por outro lado, a gente buscou inserir estes sons entre outros, menos concretos. Tem ruídos de voz, de guitarra processada, de sintetizador. Sons revertidos, sons processados ao ponto de perderem sua imagem imediata. E no entanto, eles seguem criando uma espécie de campo sonoro, em que a canção está dentro da, e friccionada pela cidade.

Não a cidade concreta, mas uma cidade entrevista, uma cidade fragmentária, turva... uma cidade de sonho. E esse é um lugar em que, para mim, a canção busca encontrar o livro. O sonho. Porque, no livro – na narrativa da Clarice, de modo geral –, a consciência é invadida por um fluxo violento de percepções e reflexões, e é neles que o drama realmente acontece. Os "eventos exteriores" são muito menos importantes.

EGL E isso corresponderia à invasão dos sons na estrutura da canção, é isso? Do ambiente sonoro, digo.

PSM Sim, esse arranjo doido foi uma busca bem consciente (e meio onírica também – teve muita coisa ali que não foi premeditada e acabou funcionando) de provocar, de convidar para essa experiência. E também de oferecer ao ouvinte atento a possibilidade de se perder e se encontrar no labirinto de camadas que a canção tem para nós.

EGL Por exemplo, essa canção joga com contrastes: o *delay* na voz, a reverberação geral, e outros momentos opacos; ela alterna esses efeitos.

PSM A MPB tem alguns exemplos paradigmáticos, incríveis, disso ser feito com muito sucesso – usando os elementos musicais e poéticos disponíveis e interessantes na época, contrastes inclusive rítmicos. Quando a canção fica mais delirante, entra um bumbo reto de "dance music"... (risos)

EGL Sim, no final, com efeitos bem eletrônicos, e não mais eletroacústicos, um *techno*, e aqueles ataques bruscos.

PSM Ouvimos até Britney Spears para trabalhar a conclusão desse arranjo.

EGL Pergunta curiosa: quando você fala "Mas a vidente...", nessa seção, você distorce a voz? É que ela parece bem carregada de alguma coisa, ou talvez seja só uma impressão que aparece quando o campo sonoro volta a ficar limpo.

AV Não é por que é nessa parte que acontece a grande virada na história?

PSM As duas partes "B" – o "Pela Vidraça, toda a pressa da gente que passa..." e o "Mas a vidente..." – têm uma distorção na voz. Esse efeito é conseguido passando o som da voz por um amplificador de guitarra, ou por um pré-amplificador que distorça o som. Isso pode ser simulado, também, com bastante sucesso, com *softwares* apropriados. São dois momentos de crueza maior, de imagem em preto-e-branco.

EGL Sim, e o que diz a Amanda é que, nesse momento, na segunda parte B, a canção chega à vidente.

PSM O outro elemento que acontece nesse momento do arranjo é a estrutura dos ataques assimétricos.

EGL O baixo e a guitarra marcando o tempo, a bateria fazendo aquelas síncopes desorientadoras e os ataques bruscos, aqueles acordes eletrônicos, logo depois, a caixa da bateria faz as síncopes, também entra no tempo, mas, de qualquer forma, confunde a marcação.

PSM A estrutura da canção segue em 4/4, a bateria toca ataques que estão ainda dentro do maculelê 4/4 (que é a base da música), mas bastante espaçados e sincopados, o baixo (sintetizador) toca semínimas pontuadas e a guitarra faz ataques espaçados, mas assimétricos, mantendo a coerência harmônica, mas jogando a coerência rítmica para um nível quase abstrato.

EGL O disco inteiro tem uma estrutura rítmica complexa, cheia de jogos.

PSM O disco tem, sim, muitos jogos com o ritmo. Ele talvez busque fazer algo do que o Caetano lê na Bossa Nova: elimina o óbvio do ritmo, subverte a aparência, para extrair o atavismo pulsante nas entrelinhas... No fim das contas, é um maculelê.

EGL Que passou por mil transformações mas não perdeu sua base.

PSM E se mostra num jogo de som e silêncio, de revelação e ocultamento. Que foi um dos grandes nortes trazidos pelo Ivo Senra para a produção do disco.

EGL Pois é, fico pensando no fato de que a morte da Macabéa está na canção desde o início, enfim, o acidente é sugerido cedo. Mas no final a canção chega ao seu destino. É como se a Morte passasse do segundo plano para o primeiro.

AV Eu também pensei isso. Assim como no livro.

EGL No jogo de ocultamento e revelação da música com a letra.

AV Por isso fiz a relação entre o Pedro e o Rodrigo. Parecem a mesma pessoa narrando a história.

PSM Faz sentido. Embora ela só tenha aparecido para a gente mais tarde... Nesse jogo de espelhos... Pedro e João, que são Clarice, que é Rodrigo, que é, possivelmente, ele mesmo, Macabéa... O que está no fim fatalmente já está inscrito no início.

AV Foi em relação a esse jogo que construí o trabalho. É impressionante como tudo está ligado. Agora, sabendo que foi por acaso até certo ponto da música, é mais impressionante ainda. E, no final de tudo, todos são Clarice: Rodrigo, Pedro, João e Macabéa.

TA Então essa canção deu mais seres à Clarice... Heterônimos clariceanos! É algo bem próprio do ser moderno, ser todos apontando a pluralidade do Um.

EGL Sim, e falando dessa faixa já estamos falando de muita coisa do disco.

PSM Ela foi uma espécie de protótipo do disco. Chegamos no som do disco investigando esse arranjo. E ela foi a primeira música escolhida para o repertório também.

AV É marcante em seu disco uma presença contemporânea, um cenário atual. Porém, sabemos que a obra *A Hora da Estrela*, de Clarice Lispector, não se encaixa nesse contexto, pelo menos no que diz respeito à data. Cabe perguntar: o que o levou a incluir essa canção? Há uma relação afetiva com a autora?

PSM Amanda, essa pergunta abre um outro assunto que eu também acho bem importante. Que é a história do "atual". Do "contemporâneo". *A Hora da Estrela* foi publicada no fim dos anos 70, se não me engano.
AV 1977.
EGL O disco levanta o problema do "contemporâneo", e no geral parece bem crítico a ele. Especialmente na faixa 2, "Não quer que o mundo mude", que tematiza justamente o que herdamos e o que abandonamos do passado; e na faixa 5, "Pra nós", que é sobre o Tempo, o tempo cíclico, mas remete, no final, à questão da história da canção, "canções, canções e dúvidas". Mais uma canção que coloca esse problema do atual: o final de "Eunuco", última estrofe, que fala justamente das redes sociais.
TA "Nas farsas do face", "Cerzi Hashtags de raro interesse", "rei dos parasitas"...
PSM Deixa eu tentar responder à pergunta da Amanda e costurar com essa questão do contemporâneo. Quando o livro foi lançado, em 77, vários dos elementos musicais que a gente usou (narrativa de timbres e texturas, uso do gravador como instrumento, síntese eletrônica de sons etc.) já tinham mais de meio século de vida. Boa parte daquilo que soa muito contemporâneo no disco são visitações a recursos técnicos e artísticos que já têm mais de 100 anos. O "Além do Princípio..." está, sim, trazendo para o campo da canção brasileira uma série de elementos que ainda não tinham sido usados nela, ou, se tinham, o foram de modo esporádico. Mas a brusquidão, o choque, a busca por formas do belo que às vezes passam pelo seu oposto: isso é uma marca do moderno, o moderno de Baudelaire...
EGL O disco radicaliza esses recursos eletrônicos, e está em discussão com a questão de se o uso de tecnologia de ponta faz a canção ser mais atual ou não. Como você diz, o choque moderno vem de muito longe já. Da primeira metade do século XIX.
PSM Agora, esse lugar em que o choque não é mais entre o "hoje moderno" e o "ontem desatualizado", mas entre um lugar comum do hoje e as irrupções de sentido, as possibilidades de revelação que podem ser desencavadas de qualquer época, isso talvez seja a nossa forma de nos mantermos saudáveis na pós-modernidade. Eu não acredito que qualquer elemento técnico defina o que é mais ou menos interessante para a atualidade. Nem acredito que ser mais "atual" significa ser mais interessante para a atualidade. O hoje é um entrecruzamento de tempos possíveis. É possível que isso sempre tenha sido verdade... Mas hoje a gente tem a oportunidade de acessar milhares de tempos diferentes, produzidos em tempos diferentes. Talvez o mais interessante de hoje seja a nossa multiplicidade de "ontens" atualíssimos.
TA O seu álbum, de um modo geral, é uma crítica do que não é bom na atualidade: ou seja, grande parte de tudo. "Não é água" é um enigma revelado ao final: "água

limpa, destilada", "pinga mansa", "caxixi", "Aquela que apaga a tristeza", e, por fim, "aguardente". Christoph Türcke coloca a aguardente no mesmo patamar que a igreja e o cinema: os três são elementos de distração na vida atual. A respeito do termo "ópio do povo", que Marx cunhou, Türcke diz que, "quando as relações miseráveis fossem transformadas, ninguém teria necessidade de se drogar". Fica claro que a droga, de um modo geral, é uma espécie de fuga de determinada condição em que se encontra o homem moderno. É interessante como as formas de prazer se constituem em todo o álbum. Você seleciona muito bem o tipo de prazer alterado socialmente que ocupa lugar de satisfação. Você poderia falar mais sobre esse sentimento de prazer e de embriaguez presente nas personagens das canções?

EGL Ou seja, aí vamos entrar na questão do título, e da dialética que você propõe entre prazer e desprazer, pulsão de vida e de morte.

PSM Deixa eu tomar um golinho aqui pra responder...

EGL Se a canção está a serviço do prazer imposto pelo mercado, se é possível sair de prazeres impostos para prazeres mais livres...

PSM Essa música é a única não minha do disco inteiro. Mas eu sinto como se fosse minha, tomei para mim, é uma música que eu gostaria de ter feito. O Thiago Thiago de Melo, autor, curiosamente entrou num longo período abstêmio depois que a compôs.

A cachaça, aqui, para mim, é outra. É a língua. A língua portuguesa, sua plasticidade infinita, seu humor, seus regionalismos, suas concentrações semânticas... A palavra à toa, a palavra bêbada. É o momento mariodeandradino do disco. O enamoramento com a língua mastigada "na gostosura quente do amendoim" que ele tanto amava. Não é uma apologia ao álcool ou a qualquer outra coisa. *Além do Princípio do Prazer* não faz apologias. É, no máximo, uma investida contra as linhas retas, os sentidos dados, as zonas de conforto espirituais, físicas, intelectuais.

O título, *Além do Princípio do Prazer* – agora seguindo a deixa da fala do Eduardo –, também se desenvolveu de um modo um tanto orgânico e surpreendente, como "A hora da estrela". Há uns anos eu e meus companheiros de Coletivo Chama viemos nos encontrando para tentar entender o ambiente atual da música brasileira, da crítica, dos sistemas de valoração, e o que isso nos fala do estado da cultura brasileira, de modo mais amplo. A impressão que foi ficando cada vez mais clara era a de que existe uma série de metavalores, ou valores ocultos, ideológicos, que informam, influenciam, regem uma parte grande do mundo da música e da vida cultural brasileira de modo geral. E um desses metavalores é uma espécie de versão simplificada, facilitada, talvez empobrecida, do que foi a bandeira cultural do tropicalismo – e, através dele, de um determinado modernismo, particularmente o de Oswald de Andrade. A mirada irônica – desconstrutora, iconoclasta, corrosiva – para o passado; a valorização das misturas anti-hierárquicas; a crença neste quê de extraordinário que há em nosso destino nacional; o retorno do recalcado; "a alegria é a prova dos nove" – que é um aforisma de Oswald no "Manifesto Antropófago"... Tudo isso é muito poderoso e nos rendeu, em inúmeros momentos, grandes frutos artísticos. Por outro lado, isso tudo parece ter se coagulado em mandatos surdos, muito menos férteis. Existe uma exigência velada, particularmente no meio da música popular, por esta funcionalidade da alegria. Por este resultado imediato de identificação, de compreensão, de "assobialidade". A alegria, que foi conquistada a custos tão altos, que resultou de trabalhos tão árduos dos artistas do século XX, tornou-se uma demanda mercadológica introjetada até mesmo no processo de composição.

EGL Para ilustrar: "Nós temos o privilégio/ de servir aos corações/ as milhões de opções atuais.../ Não tem mais restrições sexuais/ Não tem mais versos bons ou banais", como todo o arranjo irônico por trás: a melodia ao mesmo tempo infantilizada e nostálgica, alongada; depois, por fim, aquele final triunfante, gesto de tourada espanhola...

PSM Hoje, parece que mesmo a música de crítica social precisa ter esse coeficiente imediato de prazer – prazer de se sentir representado, prazer de criticar os maus e se sentar ao lado dos bons, prazer de se indignar enquanto dança... desde que seja imediato, direto, sem bifurcações ou duplos sentidos.

Bom, eu já tinha estudado, há muitos anos, o artigo homônimo do Freud, mas achava que não estava tocando, do texto, mais do que o título. Aí fui reler o dito cujo – isso depois do conceito do disco desenvolvido, depois do repertório escolhido – e fui descobrindo que o disco, na verdade, também se relaciona de forma muito inesperada com os conceitos que o Freud desenvolve lá. Freud começa o artigo tentando lidar com uma descoberta dele, em anos de clínica, que o obriga a rever a sua conceituação do funcionamento do aparelho psíquico.

Até então, ele partia do princípio de que o ser humano se movia, basicamente, em busca da maximização do prazer e da minimização do desprazer. Que é o que ele chama de Princípio do Prazer. Só que ele foi descobrindo, em clínica, que não era bem assim que a banda tocava. Que as pessoas realizavam, repetidamente, ações que sabidamente provocavam desprazer. A tal da "Compulsão à repetição".

EGL *Traumatischer Wiederholungszwang.*

PSM Eduardo, tô rindo sozinho aqui com o seu aparte linguístico. Bom demais! E aí surge uma elaboração conceitual muito curiosa, que está em algum lugar entre a biologia, a literatura e o mito, que são estes conceitos de Pulsão de Vida e Pulsão de Morte. Um ímpeto na direção da manutenção do movimento e da diferenciação, e um ímpeto na direção da cessação do movimento, da não diferenciação. O lugar em que o disco se aproxima do Freud me parece ser justamente a questão da compulsão à repetição. Várias das canções são inspiradas pela compulsão à repetição. Quando, em "Alarido", o Thiago Amud fala, na letra, do perigo da "razão corriqueira interferir"... Na estrutura de repetições melódicas, tipo uma canção de roda de adultos infantilizados, celebrando que "não tem mais coronéis, não tem mais comissões paroquiais"... Na história toda de "Eunuco", uma alegoria do amor estéril pelos brilharecos da sociedade do espetáculo. Na própria cachaça de "Não é água"...

EGL Quer dizer, existe uma ligação intrínseca entre vício, compulsão à repetição e prazer vendida pela indústria cultural. E isso tudo serve ao predomínio da pulsão de morte.

PSM Mas essa relação eu só fui realmente perceber com o disco quase pronto.

TA Curioso. Pelo que vi, algumas coisas no disco foram evoluindo de maneira inconsciente, mas também foram coisas bem-vindas.

EGL E só depois do disco pronto a gente percebe o quanto seu disco está no *Zeitgeist* da obra do Türcke também.

PSM Eu não acredito em criação totalmente consciente. Por mais que eu sinta, na minha criação, necessidade de um tanto daquela premeditação que está na "Filosofia da Composição" do Edgar Allan Poe, ela certamente não explica tudo. Nunca vai explicar tudo.

O disco teve uma quantidade brutal de reflexão, de trabalho mental mesmo. Mas esse trabalho acaba, me parece, abrindo espaço para que questões mais profundas (e das quais a gente só fica sabendo mais tarde) fermentem, ganhem corpo, ganhem volume no interior.

A obra acaba sendo um encontro desses dois movimentos – como diz Ferreira Gullar: "Uma parte de mim é só vertigem; outra parte, linguagem."

TA Eu e o Eduardo, conversando sobre as canções, pensamos na possibilidade de "Ela Vertigem" metaforizar o mercado musical por conta da temática trágica, da sensação de vertigem... "busco em vão prêmios vis"...

EGL Digamos que poderia haver aí uma sugestão alegórica nesse sentido.

PSM Olha, confesso que nunca tinha pensado nisso. Mas não acho um absurdo não. Se pensarmos na indústria como metonímia para o mundo, esse lugar inóspito para quem tem vida interior... A canção é a mais antiga do disco. Escrevi essa letra para a música do Thomas Saboga tipo em 2001, 2002. Depois, quando resolvi gravá-la, mudei uns 60%... (risos), mas o sentido fundamental (e o nome) permaneceram.

EGL Ela coloca em jogo uma relação trágica, uma paixão aprisionante.

PSM Como "A Hora da Estrela", também é uma investigação do mistério eterno do desejo. Essa música, como a vejo hoje, é a minha aproximação da atmosfera dos filmes do Tarkovski. Sempre há um lodo e uma névoa. Sempre há a dinâmica de um desejo incontrolável e surdo (pelo desconhecido? pelo destino? pela terra natal?)

EGL Aqueles planos parados do Tarkovski...

PSM Sempre enevoados, sempre há uma umidade, algo de verde, musgoso... Como se fosse o crescimento incontrolável dessa vida que brota das frestas, que já estava aqui antes dos dinossauros e permanecerá aqui depois do Armagedom. E, sim, existe na música a esfinge da mulher – a "máscara amena" –, um eco da minha adolescência e pós-adolescência que continua me inspirando, ainda que, na vida adulta, as dinâmicas tenham se tornado (felizmente) outras.

EGL De qualquer forma, essa atmosfera lúgubre e decadente parece ser uma tônica do CD.

PSM Com suas exceções, tipo "Não é água", "Pra nós" ou "Salmo 23". Talvez seja mais uma biópsia, uma abertura de um corpo vivo, a extração de um câncer, a fé e a celebração da vida em meio aos aparelhos ruidosos e piscantes do hospital... mais do que lúgubre e decadente. Tem muito humor, muita ironia, que não cabem num enterro. Agora, que é uma cirurgia, isso é!

EGL Bem, então seria uma espécie de cirurgia pós-freudiana da alma social... Tristeza, mágoa, festa, alegria falsa e verdadeira.

PSM Isso. O do-in antropológico do ministro Gilberto Gil pode ter tido suas eficácias. Mas alguma faca e algum sangue me parecem, hoje mais do que nunca, necessários para uma celebração da vida que mereça esse nome.

Entrevista com Thiago Amud

COM EDUARDO GUERREIRO B. LOSSO E JULIANE RAMALHO

EDUARDO GUERREIRO B. LOSSO Queria começar dizendo que o *Sacradança* não foi um disco devidamente discutido; já o *De ponta a ponta*... tem sido, aos poucos.
THIAGO AMUD Sim. A mera ideia de discussão sobre um disco é hoje um tanto quanto estranha... (risos)
EGL O que chamou a atenção no segundo foi que você fez uma leitura integral da história do Brasil. O que eu gostaria de dizer, para início de conversa, é que o *Sacradança* contém a mesma proposta, mas talvez de forma não tão explícita.
TA Boa, Losso! Permita-me respirar aliviado. Alguém viu isso. Não há solução de continuidade entre eles. Dissolução de continuidade. Esse termo é curioso. Parece que quer dizer o oposto do que diz. Não há solução de continuidade entre eles quer dizer: há perfeita continuidade entre eles.
JULIANE RAMALHO "A marcha dos desacontecimentos" já inicia o que "A saga do grande líder" explicita, parece-me.
EGL Eu vejo como duas leituras paralelas talvez do mesmo objeto, dos mesmos problemas... Acho que a "dissolução" está, antes de mais nada, no próprio rumo do Brasil e os dois discos propõem uma leitura disso.
TA De antemão, eu preciso esclarecer que as vicissitudes, os rumos misturados da vida quase me fazem ouvir hoje estes dois discos como obras alheias. Preciso me esforçar para lembrar as motivações de algumas coisas.
EGL Por quê?
TA Porque talvez haja uma radical interposição de humores entre obra e autor. Posso ir falando sobre o assunto, mas é complexo para mim mesmo o enigma que propus em *Sacradança*. Hoje eu o escuto como um convite para que pessoas como vocês completem o seu sentido. É isso. Só coloquei isso porque é provável que eu titubeie mais do que o esperado.

EGL O disco é tão prenhe de enigmas, que o próprio autor não vai dar conta deles. Fenômeno que não deixa de ser semelhante ao de "Invenção de Orfeu". Isso te irmana ao Jorge de Lima.

TA Que eu vim a ler depois do *Sacradança*.

EGL Nesse caso, é uma estética "hermética" dentro da cultura brasileira, que tem pouca visibilidade.

JR E deixou sua herança no *De ponta a ponta tudo é Praia-palma*.

TA *Sacradança* vai por aí sim. Deixou sim, Juliane, isso é verdade. Creio que havia ali, na minha travessia até o *Sacradança*, uma fé na capacidade do sugestivo, do não-dito, uma crença numa mística poética.

JR Sendo a poesia a porta de entrada para essa experiência mística no *De ponta a ponta*?

EGL Que se introduz bem na linhagem simbolista e pós-simbolista de Orfeu, que há na literatura brasileira...

TA Eu acho que a porta de entrada para o *De ponta a ponta* foi o Jorge de Lima da *Invenção de Orfeu*, mas muito também o Jorge de Lima de *Mira-Celi* e de *A Túnica Inconsútil*. E a carta do Caminha, e o Villa-Lobos da "Sinfonia Ameríndia".

EGL Esses que você citou são livros do Lima com forte simbolismo católico.

TA Embora o catolicismo estivesse nele desde o princípio.

EGL Acho interessante explorarmos essa questão do elemento sugestivo. A relação do sugestivo com o invisível, com o inapreensível, por exemplo, em "Gnose song": "Meu olho em transe adivinha a fresta/ Só que não passa através". Em "Sal insípido": "Mal divisamos o nosso futuro". Em *Sacradança*, você parece estar lutando com a cegueira, uma cegueira de nossa própria época, e a fé em ver o que ninguém vê. É quase como uma oração em "Gnose": "Por mais que o mundo me deixe cego/ Eu sei que o Verbo me lê".

TA Sim, isso é muito verdadeiro, causa-me espécie que alguém tenha sentido isto, porque eu suspeitava que isso seria subsumido precisamente na cegueira geral. A cegueira que ressurge em profusão de cores, explosões de estímulos, como sonho de cego. Lembro de escrever os arranjos de modo vertiginoso, ia avançando de modo meio selvagem.

JR Quanto à cegueira, estava pensando no "Sol que aponta pro teu rosto e chumba os olhos".

TA Essas canções são muito fortes, nem sempre consigo cantá-las. E quando falo isso, não faço cena, é sério mesmo.

EGL Entrando mais no centro da questão do disco, eu observei que há um grande jogo de inversões nele. Isso fica já claro em "Gnose song" e seus palíndromos, as nações rezando ao revés... aqui a cegueira se opõe à revelação, mas também a espelha.

TA Sim, como em "Sal insípido" e em "A marcha dos desacontecimentos".

EGL Vejo essas três canções como o centro do mundo demoníaco que o disco apresenta, e de seu jogo de oposições e espelhamentos. Mas também nas outras canções isso aparece.
TA É verdade. Eu estava muito ligado na leitura de Baudelaire e no cristianismo às avessas embutido no "satanismo" dele.
EGL Por exemplo, em "Inteira, despedaçada", que a Ju citou.
TA Que é "a passante" do disco.
EGL O olhar bêbado do eu lírico confundindo a amada perdida com Nossa Senhora...
TA Essa canção eu fiz com 17 anos. Não, 19. Essa, "Enquanto existe carnaval" e "Regonguz". São canções desprendidas, eu acho que tem uma carga de desafio meio juvenil nelas, nas próprias curvas da melodia.
JR "Enquanto existe carnaval" apresenta aquela dualidade sagrado-profano, em certa medida; os oxímoros "Pagã santificada", "Cortesã imaculada".
TA É sim, uma espécie de limiar entre mundo pagão e mundo cristão. Que mais do que um limiar histórico, é um limiar da consciência do homem de todos os tempos. Desse limiar eu fiz *Sacradança*.
EGL Sim, pois sua leitura do Brasil é também uma leitura da história da humanidade, e, por extensão, da história universal.
TA Será que consegui algo assim mesmo? Não sei, às vezes acho que só consegui falar de mim, de mim e de mim.
JR Uma das coisas que percebo nos dois discos é a questão do carnaval.
TA É verdade. O carnaval como sinal de mistura do mundo.
JR Aproveitando o trecho de Graciliano: "Se a única coisa de que o homem terá certeza é a morte; a única certeza do brasileiro é o carnaval no próximo ano."
TA "O mundo é muito misturado", que nem falou o Riobaldo (estamos alternando os GRs literários, Juliane). Você no Graciliano Ramos e eu no Guimarães Rosa.
EGL Essa questão da relação do disco com a história me parece interessante, no sentido de apontar para uma visão do Brasil que não o isole das questões gerais da humanidade e da história do homem, pois isso mesmo se torna uma redução do Brasil.
TA É bom falar disso.
EGL O Ocidente sempre se viu ligado à Antiguidade e à Pré-história, e nós só nos vemos ligados à Europa e aos EUA. Para engrandecer um olhar ao Brasil, você olha para o Japão, a Mesopotâmia, os batuques de Elêusis... O carnaval é o ponto de convergência de todos.
TA Sim, parece que ainda vigora no campo da música brasileira certa lista negra de assuntos. Não pega bem ir muito longe do mito das três raças. Parece que, ao fazer isso, você já é um pouco arrogante. Mas eu compreendo: há um temor de que isso nos arraste para a dissolução da própria popularidade da palavra "popular" que está na sigla MPB. Só que essa palavra já está um pouco dissolvida; eu cheguei depois dessa dissolução ter sido consumada justamente pelos próprios cultores dela.

EGL Você é bastante destemido em palavras eruditas, referências distantes e, é claro, enigmas...

TA Palavras são palavras. Não creio em palavras populares ou eruditas. No Guimarães Rosa a entoação do monólogo de Riobaldo faz com que arcaísmos circulem entre regionalismos e neologismos. E o ouvido é o grande fiel da balança. As coisas comunicam, queiramos ou não.

JR São as palavras-palavras: o que Mário de Andrade faz um pouco em *Macunaíma*.

TA Sim, um livro que eu acho que é menos lido do que discutido, vocês não acham? Aliás, no Brasil as coisas são menos lidas do que discutidas.

EGL Por isso estamos "lendo" o seu disco aqui. Eu e a Juliane tínhamos pensado em te perguntar sobre essa questão da acessibilidade. Por exemplo, "Aquela ingrata", "Papoula brava", "A saga do grande líder"... Você tem uma lista de canções que poderiam tocar na rádio, mas é evidente que as outras são mais difíceis.

JR Como você pensa a recepção dessa sua palavra-palavra?

TA Tenho pensado muito nisso, e tendo a reconhecer que vou um pouco além do permitido. (risos) A recepção, Juliane, tem sido boa onde eu vou presencialmente dizê-las. Parece que as pessoas confiam mais. Vivenciam junto com as pausas, as intenções, os olhares, as respirações, os ofegos. Você mesmo, Losso, presenciou quando um amigo nosso me comunicou que ouviu que "Thiago Amud não toca nesta rádio", não é? (Não vou dizer a rádio.)

EGL Se não há mediação de rádios, gravadoras, grandes mídias...

TA A recepção tem sido atenta. Comecei a compor sem manuais, tentando seguir as regras da arte, o ouvido e o coração. Nunca senti que deveria regatear conhecimentos, acho que o homem é inteligente.

EGL Você não subestima o seu público.

TA E suspeito que não é a quantidade de informações o motivo pelo qual algumas pessoas ficam avessas à minha música, mas sim uma dificuldade emocional. Dificuldade de lidar com coisas meio barras-pesadas mesmo. *Sacradança* sugere, entre outras coisas, que o demônio é o príncipe deste mundo, e o faz em primeira pessoa. Eu acho que este é um ponto difícil, não para o católico, mas para o medianamente agnóstico.

EGL Especialmente em "A marcha dos desacontecimentos".

TA E em "Sal insípido".

JR Seria como se, através desse grande mal, o que há de bom no mundo ganhasse mais enfoque? O foco não seria o demônio em si, mas a necessidade de uma potência espiritual maior que ele, que nos permitisse a vida neste mundo caótico.

EGL Mas aí não há encontro com o bem sem atravessar integralmente o mundo demoníaco, inclusive assumindo-o na primeira pessoa.

TA É um pouco parecido com a Hilda Hilst explicando porque escreveu livros pornográficos. Para forçar, através do escândalo, a desejarmos a santidade.

JR Eduardo, isso vai ao encontro de São João da Cruz, quando, ao chamar o leitor para a purificação espiritual e a renúncia aos prazeres, vai seduzi-lo com uma linguagem erotizada?

TA A noite escura... É isso, o *Sacradança* é a noite escura rajada de pesadelos. Eu pensava nessa atmosfera plúmbea, eu a sentia, mover-me nela para mim ficou fácil.

JR Não há santidade sem o corpo.

TA E o Verbo se faz carne. Mas há um pequeno (e descomunal) detalhe.

EGL Vou fazer uma pergunta curiosa: isso não parece mais uma estratégia luterana do que da mística católica? Lutero é que era obcecado com o demônio.

TA A questão do demônio sim.

EGL Uma amiga minha muito católica foi num show seu junto comigo, e me disse que você está mais para o demônio do que para Jesus. E fiquei com a impressão que ela te compreendeu mais do que eu.

TA Esse é o detalhe.

EGL Ela sentiu o escândalo.

TA Quando se está obcecado pelo tema do Mal no mundo é muito difícil evitar que algo dele se pegue em nós. Mas eu arrenego o demônio, a sério e quantas vezes for preciso.

EGL Sim, porque a questão é que há uma luta pesada no disco...

TA Luta renhida, pesada, eu não queria que ele despertasse apenas o cômodo apoio da legião de satanistas que está em marcha. E que age fazendo-nos suspeitar que coisas como Bem, Virtude e Compaixão são palavras ocas. A experiência de fazer o *Sacradança* foi uma de alegria intensa. A arte é uma vitória contra o mal da acídia, da depressão insidiosa do cotidiano. Arrojar vigor contra algumas estruturas terríveis (entre elas, esse nominalismo hodierno geral) é tarefa também para quem crê.

EGL Sim, essa questão é bem interessante se pensarmos em como Adorno compara a indústria cultural, que vende belos discursos e finais felizes, e Beckett, que encara o nada e a morte com radicalidade. Para ele, demoníaco é a música fácil que fala de esperança, e aquilo que traz esperança e alegria de verdade é justamente Beckett, que revolve a linguagem e retira do mal a experiência do êxtase estético.

TA Não supus em nenhum momento (e não suponho) que alguém pensasse que sou afeito ao demônio. "Transtornei meu livre arbítrio num instinto de toupeira" e "Estamos na vanguarda da apatia" são versos suficientemente claros para qualquer um saber do que estou falando ali. Concordo com Adorno nessa matéria.

EGL É que essa minha amiga viu como o atravessamento do mal estava lá.

TA Claro. Veja bem: não estou investindo contra o que ela disse não. Essa questão atravessa mesmo muito do que faço, é uma marca, um *estigma*. Mas não pretendo com isso deflagrar a depressão das pessoas. NUNCA. Depressão é onde o demônio atua insidiosamente.

EGL Esse na verdade é um desafio que uma arte como a sua joga para o mundo, não é?

TA Sim, ela é incompleta.

EGL Acho que há aí uma operação dialética essencial. Retirar da franqueza uma força inusitada da resignação. Por exemplo, vejo "Sal insípido" como uma ode à resignação. É uma forma de exibir descaradamente essa resignação que ninguém vê claramente. E aí, toda essa fraqueza se transforma em força. É uma alquimia artística.

TA Creio que o que espanta é a primeira pessoa.

EGL É o "nós" aí. Eu vejo uma diferença em relação à "Marcha". A "Marcha" é um "eu", e esse eu é forte, poderoso, ele comanda a multidão, taca a vida na voragem, põe o mundo na linguagem. Ele não parece ser outro senão Lúcifer. Mas o nós de "Sal insípido" já é o "rancho" da marcha. E a multidão amorfa é levada pela força desse personagem sinistro, levada pela mecânica da roda, que está presente em toda a estrutura do arranjo, uma espécie de roda da fortuna.

TA Você diz isso com muito mais propriedade do que eu, mas senti de fato algo dessa natureza ao colocar uma após a outra.

JR "Desacontecer" é ser "sal insípido"?

TA Juliane, essa questão é uma coisa séria. Pensando o sal insípido como a metonímia da pessoa deprimida-eufórica, e pensando que a euforia-depressão é o melhor modo de ser dominado por qualquer FORÇA MUNDANA, a resposta é sim.

JR Tinha pensado no sal insípido como algo morno que, por isso, "desaconteceria".

TA E, Iosso... Pensando melhor aqui... Na "Marcha" e em "Sal insípido", a voz está sempre confessando, coisa que nunca fará. É como se houvesse um estetoscópio da Verdade, pelo qual passasse um discurso, digamos, progressivo, *prafrentex*, e saísse monstruoso.

JR "Porque és morno, nem frio nem quente, estou a ponto de vomitá-lo da minha boca..." Era nisso que havia pensado.

TA Tacar a vida na voragem é gastar a vida, ser "cadáver adiado que procria", como diz Pessoa.

EGL queria te pedir para falar dessa estrofe: "Pra glorificar minha vontade/ Eu desconstruí o mundo/ E pus o mundo na linguagem." Antes, você diz: "Eu tinha um plano de imanência". Você está se referindo, explicitamente, às terias pós-modernas, não?

TA Estou de fato apontando para duas das escolas mais influentes do pensamento contemporâneo. Que concebem as veredas sem o Grande Sertão, somente porque ninguém pode ver o Grande Sertão senão por uma luz outra, diversa da que examina as veredas. Diante do fato constitutivo do conhecer humano mesmo (a saber,

o fato de que, para a experiência, os princípios não se revelam senão por conhecimento analógico), deduzem que os princípios são meramente construções.
EGL Você, ou melhor, sua letra, esse eu demoníaco, coloca-se como senhor de uma operação que foi feita por toda a filosofia pós-metafísica, ainda que os termos se refiram a Deleuze e a Derrida. Nesse caso, há aí um conservadorismo metafísico seu? Essa é uma pergunta típica que universitários contemporâneos fariam a você, e eu estou curioso para saber como você responde a ela.
TA Conservadorismo metafísico que, com muito orgulho, compartilho com Dante, Shakespeare, Dostoievski e Jorge de Lima. (risos)
    Vejo aí uma depreciação da capacidade analógica do conhecimento humano, em favor de uma glorificação da lógica científica, que em última instância pode levar o homem até a patética autoglorificação. Se conservadorismo for entendido como defesa de um determinado ideário político, arrenego. Mas se for a busca por um conhecimento intuitivo que não pode ser construído e sim resgatado, digo sim. Resgatado da realidade, com a ajuda da história, quero dizer. Um conhecimento que está NA REALIDADE.
EGL Você está utilizando a palavra "conhecimento", e gnose é um tipo essencial de conhecimento da antiguidade tardia. É o conhecimento da salvação, da revelação. Busca partilhada pelos primeiros padres cristãos, por herméticos e gnósticos. Você se coloca nessa linhagem? Isto é, você assume mesmo essa palavra gnose? Fazer canção é buscar a salvação?
TA O doloroso é ter que reconhecer que eu ainda a assumo apenas como metáfora, mais do que como vivência. Ainda ponho demais o mundo na linguagem.
EGL Hmmm... Isso seria então um ideal? Ideal de vida?
TA Um ideal fortemente intuído, longamente cozinhado, constantemente adiado, constantemente realimentado.
JR Você concebe o seu momento de composição como uma ascese mística?
TA Juliane, não sei bem. Posso dizer que o estado de criação difere bastante do resto da vida. E que algumas vezes me sinto febril e nervoso. Mas não posso afirmar isso. O autoexame inibe muito a espontaneidade da manifestação do que intuo que seja a revelação. E eu estou ainda no estágio do radical autoexame. Vê-se isso pelo meu rosto. Às vezes vejo minha cara e reconheço nela a véspera de um desanuviar, que ainda não está. É curioso, acho que um homem como o Dorival Caymmi foi um iluminado. Intuitivamente, ele chegou nas mais fundas conclusões sobre as coisas que são. Olhem a cara do Caymmi. Taurino como eu.
EGL De fato, o rosto dele é semelhante ao de gurus indianos... a expressão...
TA Mansamente ele sorri, ele quando canta move os olhos, buliçoso, a voz é um alicerce. Pois é. Acho que isso é uma coisa muito profunda.
JR Por isso a melodia tão "doce"/ "singela" em "Outro Acalanto"? É uma das canções que mais me emocionam.

TA Obrigado. Quando ele morreu eu fui ao velório dele e vi que o caixão era o último barco. O conhecimento sobre essa questão da gnose e seus entroncamentos com a criação artística é tabu aqui no Brasil. Mas acho difícil compreender Guimarães Rosa, Clarice Lispector e Hilda Hilst sem ele. Se de fato isso procede, saber sobre o Brasil em grande medida passa por saber sobre isto.

EGL É por isso que eu sinto que tenho uma certa responsabilidade quanto tento tratar disso. E também sinto que estou engatinhando.

TA Mas é muito importante. você está enfrentando um tema que é central na compreensão artística. Qual é a força que preside os agenciamentos de mitologias pessoais de um livro como *Invenção de Orfeu*? (Acho que eu deveria é estar do lado de lá entrevistando vocês...) (risos) Perguntaria até coisas sobre minhas próprias músicas.

EGL Eu me identifico quando você diz que ainda não passou do primeiro estágio da gnose.

TA O autoexame radical. A gnose pressupõe uma objetividade radical, até agora essa objetividade radical está no meu trabalho pronto.

EGL Ou seja, você está mais para um Rimbaud, meio perdido na cidade, do que para um sábio Caymmi pescando no mar. Nesse caso, a calmaria das últimas canções de *Ponta*, que se referem a Caymmi, estão mais distantes de seu estado de espírito habitual do que as demoníacas de *Sacradança*...

TA Puxa, essa questão é a que mais me interessa. Olha, o Caymmi pescando é uma imagem que nos foi legada em grande medida pela indústria de massa, enquanto o barco bêbado é uma imagem que nos foi legada pela grande tradição literária, mas não vejo discrepância alguma entre a densidade das obras desses dois. Isso me leva a pensar, comparando esses dois *topoi* (a angústia de Rimbaud e a placidez de Caymmi), que pode haver alguma saúde na indústria cultural. Digo no sentido de que são dois absolutos gênios. As duas imagens divergem e são, nessa divergência, realmente horizontes meus. O Caymmi morrendo velho e consagrado é uma doce imagem. O Rimbaud morrendo novo e mutilado é uma imagem pavorosa. De fato, no *De ponta a ponta*, assistimos ao trânsito das coisas saindo do ambiente rimbaudiano do *Sacradança* e chegando no ambiente caymmiano.

EGL Suas mortes condizem com cada personalidade...

TA Mas já em *Sacradança* há um trânsito da *Fundação da Ilha* para o horror e deste para algo que concebi como uma imagem da gnose, em "Regonguz" e "Madrêmana". Sendo a fundação da ilha a "Pedra de iniciação", e o cume do horror, "Sal insípido".

EGL Acho que voltamos à ideia de dissolução da continuidade.

TA Tem uma coisa na minha vida que se chama Guimarães Rosa. Essa coisa é a expressão de uma alegria total. E "Regonguz" é isso.

EGL E é uma experiência de recriação da linguagem, que é a criação do mundo.

TA O que é o oposto de desconstruir o mundo e colocá-lo na linguagem. É recriar a linguagem para dar a ver o mundo não visto.

JR Guimarães realmente é o mundo de possibilidades estilísticas, linguísticas, semânticas. Uma fonte incessante e embriagante de linguagem.

TA E de mundo.

EGL Ser-tão

TA Para mim, ele é a prova de que a realidade é inesgotável e se dá em múltiplos planos simultâneos. E "Regonguz", ali, é uma respiração, que prepara "Madrêmana", o canto de regresso à terra, à pedra original, à Mãe. "Regonguz" é meu amuleto.

EGL "Prova de realidade" da transcendência... Muito legal esse seu esclarecimento do final de *Sacradança*.

TA É, eu sentia que precisava falar isso e que eu posso falar isso, porque não é um esgotamento, é uma chave. Deve haver outras portas que eu mesmo desconheço, porque a língua, o som, os *intervalos*, nada disso é meu.

JR E a calmaria seguida da tempestade? Acho que *Sacradança* também esboça um arco-íris.

TA Eu vejo um arco-íris em *Sacradança*. Um momento ali, no final de "Gnose song", a entrada dos violinos. "Eu sei que o Verbo me lê", entram violinos em outra tonalidade. Ali eu acho que é arco-íris.

JR Então podemos terminar o *Sacradança* com esse arco-íris, para eu ainda perguntar mais uma coisa do *De ponta a ponta*. Queria pensar "O mito é nada que é tudo" num contexto de povo brasileiro. Pois, em Portugal, temos essa construção da identidade e do ideário português, baseados nos mitos da glória portuguesa, o sebastianismo, mitos que não passam de criações, mas que são TUDO para formar a alma portuguesa. Como disse, a canção de Amud por si só retoma todos esses símbolos portugueses, sendo o fado em si um dos maiores símbolos, e retoma também muito *Mensagem*, onde Pessoa tenta reascender Portugal como potência espiritual. Considerando isso, como você pensa a memoria construída do brasileiro? A ideia de nação naufragou?

TA Estou pensando em, no próximo disco, seguir falando um pouco sobre isso. Há algumas canções em que o Brasil aparece novamente como tema central.

JR Sérgio Buarque fala muito sobre uma visão do paraíso, sobre o "gosto da maravilha e do mistério" numa primeira impressão da *terra brasilis*.

TA Sim, essa passagem dele é espetacular. Eu acho que nós, os artistas, nos movemos por intuições, aos saltos. Apegamo-nos a cenas. Talvez, ao longo de muitos anos insistentes, eu possa contribuir com alguma coisa mais do que meras cenas para este debate. Por agora, minha intuição diz que as maravilhas do Brasil nos exigem aprofundamento e insistência.

Outras reflexões

Estranhas delícias – Da literatura ao rock, da ética à estética[72]

EDUARDO GUERREIRO B. LOSSO

(dedicado a Marcelão de Sá e a Marlos Salustiano)

Durante a maior parte da história da literatura, uma obra estranha, com características insólitas, era considerada, na maioria das vezes, defeituosa, embora, ainda assim, tivesse existido alguma margem de manobra para tal. A estética clássica sempre dominou as normas literárias; demorou-se algum tempo para se revelar e estudar períodos como o barroco e o maneirismo, que saem dos modelos de clareza, proporção e perfeição.

No entanto, um dos fatores essenciais do que passou a se chamar de literatura moderna, com o mergulho nas possibilidades da linguagem e o consequente desmantelamento de modelos de composição tradicionais, tornou-se, justamente, a provocação de estranhamento no leitor médio. Ser estranho, escrever estranho, passou a ser sinônimo de ser um escritor avançado, profundo, radical. É claro que tal característica não pode se tornar um critério fácil para julgar a qualidade de uma obra. Fetichizar a estranheza é tão vão quanto se manter no abrigo da normalidade. De qualquer modo, o decadentismo, o pré-modernismo e o modernismo são movimentos que aliaram, nos seus melhores resultados, grande grau de elaboração e ousadia, de modo a criar um novo gosto: o gosto pelo insólito. Inclusive, a descoberta da materialidade da linguagem servia para, através dela, desbravar novos mundos espirituais: tratava-se de um verdadeiro espiritualismo da arte, que queria o contato com outras realidades, mesmo que elas estivessem no seio do real, de um real que pedia para ser visto abrindo-se as portas da percepção.

---

72 Primeiramente publicado em Polivox Revista digital, nov 2014. http://revistapolivox.com/estranhas-delicias-da-literatura-ao-rock-da-etica-a-estetica/

Ainda que, no modernismo, estranhamento e experimentação da linguagem sejam sinônimos, gostaria de trabalhar mais com a ideia de estranhamento por si mesma e não subordiná-la ao texto de gozo de Barthes (por mais indissociável que dele seja) e sua decorrente dificultação, ou divórcio com o público, porque não basta seguir a receita de uma linguagem dissonante para conseguir criar uma ambientação estética de fato capaz de se desligar da realidade mediana e adentrar em mundos outros. Além do mais, é possível se ater a formas não tão impenetráveis, sem muita dificuldade de apreensão, e criar uma forte sensação de estranhamento. Dependendo da obra e do artista estranho, ela pode tanto atrair quanto repelir. Também não é necessário que esteja no âmbito do gênero fantástico. O estranhamento estético a que me refiro é uma receita difícil que combina: poderosa construção, ousadia formal e sugestão fantástica ou surreal, mas que não se deixa reduzir a nenhuma dessas três características.

Tais valores, que advieram do melhor do modernismo, do início do século XX até a primeira metade dos anos 60, colidiam não só contra o conservadorismo de uma alta cultura engessada em modelos neoclássicos ou românticos, mas também contra a atratividade a todo custo da maior parte do que começou a se produzir na indústria cultural. Foi principalmente com a introdução do psicodelismo no rock, na segunda metade dos anos 60, e de sua consequência imediatamente posterior, o rock progressivo, que, efetivamente, a indústria musical, muito em especial, acolheu de braços abertos os atrevimentos modernistas. Foi nessa época que grandes bandas – como toda a segunda fase dos Beatles, de *Revolver* em diante, e, em seguida, o Pink Floyd e o Led Zeppelin – aliaram com impecável maestria a raríssima junção da atratividade pop com o estranhamento estético que, como eu já disse, combina construção, ousadia e sugestividade. (No Brasil, o tropicalismo alcançou façanha semelhante.) Essas três bandas, contudo, são ponto pacífico e não é preciso defendê-las: todos as adoram e cultuam, e há os mais diferentes argumentos para explicar sua conquista soberana de crítica e de público. Pretendo argumentar a favor de certos artistas que possuem um público consideravelmente menor, embora fiel, tais como Frank Zappa, Captain Beefheart (especialmente *Trout Mask Replica*, de 1969), King Crimson, Gentle Giant e Mr. Bungle, e, também, a favor dos casos em que o público é ainda mais modesto, entrando no nicho de bandas raras, conhecidas só por aficionados, caso do Gnidrolog, Thinking Plague (destaco *In extremis*, de 1998), Yezda Urfa, Present, Henry Cow, Magma e Ruins.

Se a literatura, desde o advento das novas mídias do século XX, deixou de ser um meio atraente, por isso mesmo tornou-se mais provável que uma obra estranha fosse mais aceita pelo público, pela crítica e até mesmo pelo mercado do que na música pop, como é o caso, para ficar no Brasil, de *Água viva*, de Clarice Lispector, *Tutaméia*, de Guimarães Rosa, *A luta corporal*, de Ferreira Gullar, *Galáxias*, de

Haroldo de Campos, *Paranóia*, de Roberto Piva, *Catatau*, de Paulo Leminski, *3X4*, de Armando Freitas Filho. Na verdade, o estranho se tornou quase um critério modernista que, por sua vez, foi solapado pelo pós-modernismo.

O rock teve sua idade de ouro de 67 a 78. Era de ouro precisamente porque havia espaço para o estranho no topo do sucesso, o que motivou muitos aventureiros a correrem atrás de sua singularidade. *Superstars* estranhos são evidentemente muito raros; porém, nessa época, havia permissão para isso; por conseguinte, surgiram um bom número de rocks raros positivamente singulares: são o ouro oculto, pacientemente garimpado pelos também grandes e raros ouvintes que procuram, no meio da multidão indiferenciada da mediania, algo que se destaca por si só. Geralmente, escritores bons e estranhos, ainda que demorem para adquirir reconhecimento, tendem a ser consagrados, mas rocks raros, especialmente depois da decadência do rock e da música pop em geral, tendem a não sair de seu nicho.

É consensual o pressuposto de que a música pop deve ser pop. O que é feito como se fosse pop, mas não é, que nem sequer pode se enquadrar a um determinado estilo, é uma contradição que causa profunda irritação nos juízes das causas já ganhas e da doxa predominante. É por isso que penso ser uma qualidade ética e genuinamente estética da crítica valorizar obras estranhas, independente do potencial de público, em vez de seguir, obedientemente, o que foi aceito pelo público por ter sido empurrado pelo mercado ou o que foi aceito pelo mercado pelo mero critério quantitativo do público.

Sem dúvida o rígido, e obviamente ideológico, critério de valor que só admite arte na suposta alta cultura estava completamente equivocado; o melhor da indústria cultural contém uma subversão legítima contra essa ideologia, e o pensamento tropicalista fez muito bem em defender o livre trânsito entre essas fronteiras. Eu estou aqui para louvar as conquistas artísticas desse campo, com ou sem grande público, com ou sem apelo. Porém, a maioria do que se produz no grande mercado musical, e que influencia de fato a quase totalidade do que se produz, continua sendo da pior espécie; logo, não se pode prescindir da crítica ao mercado cultural, muito pelo contrário. E o pop estranho é, justamente, aquele que contém o núcleo dessa crítica no plano mais formal e semiológico.

Nesse caso, dar atenção ao pop estranho é mais urgente, penso eu, do que abraçar a literatura deste tipo, bem como a música erudita, onde isso é quase regra, porque, justamente, tais obras violentam o espaço nobre da banalidade pop. Elas carregam a energia da subversão artística que foi retirada do espaço erudito, justamente porque hoje o conservadorismo erudito tornou-se tão inacessível e esotérico quanto o seu modernismo, mas o pop estranho ainda tem muito poder subversivo para gastar diante do império da banalidade pop, da padronização inconfessa mas evidente do *indie* e do populismo das minorias; todos, fenômenos próprios do pós-modernismo. A estratégia típica do pós-modernismo com pretensão artística é a de conciliação entre arte e mercado – que, ainda que produza bons resultados, na maioria das vezes redunda em uma espécie de mediania de bom gosto, aceita pela avidez do mercado e pelo conformismo da crítica. Ela é agravada pelo relativismo dos valores estéticos que, em geral, defende a bandeira das estéticas não reconhecidas, periféricas (e que ressalto ser muito importante e essencial), mas na prática faz pouco esforço para evitar sua consequência lógica e desastrosa: abrir a porta para a pura liberdade neoliberal do mercado se legitimar no campo da crítica, cuja função deveria ser, senão atacá-la, ao menos resistir à sua desabusada invasão. Assim, em vez de discutir um critério para valorizar o que há de bom no mercado cultural, relativiza-se o bom e o mau na arte para, por fim, se festejar alegremente o que dá muito dinheiro com toda a pose da teoria mais avançada.

Escrever um poema depois de Auschwitz pode não ser um ato bárbaro, pode ser na verdade a chance de resposta à barbárie, como Adorno mesmo já dialetizara outrora. Mas jogar fora o juízo estético é não só um ato bárbaro: é reconstruir Auschwitz exatamente no lugar mais apropriado para a batalha contra Auschwitz. Se não há mais sentido no exercício crítico no mundo selvagem do mercado, não há mais, digamos assim, estado de direito estético, e o estado de exceção do lazer miserável vira a verdadeira regra estética, embora seja supostamente legitimado pelo relativismo que pretende superá-lo. Ele contamina até o mundo resguardado da alta cultura, que é ideológico, mas sempre foi moldado pela crítica, que era institucionalmente forte, para o bem e para o mal, mas está ficando cada vez mais frágil. Os culturalistas festejam a sua recente tomada do poder, porém estão trocando o ambíguo instrumento de opressão e libertação de outrora, a alta cultura – que tem todo o potencial de ficar do lado da emancipação –, pelo opressor de sempre, que fica cada vez mais poderoso com cada novidade imprudente que aparece – o deus do capitalismo como religião. Quem imagina estar lutando contra vai descobrir muito tarde o quanto estava contribuindo para o inimigo. Os comunistas que precisaram esperar pela revelação dos horrores de Stalin para entender que estavam do lado errado ainda tiveram mais sorte do que os destruidores do valor estético de hoje.

A crítica só pode ser realmente ética se servir sempre, em primeiro lugar, à autonomia do juízo estético, e essas obras são as que, no mundo pop, melhor a representam. Por mais difícil que seja sustentar o espaço autônomo da crítica, por mais que ela deva ser questionada por mil ângulos, por mais que eu saiba muito bem que a palavra "autonomia" é um conceito problemático, tão problemático quanto qualquer outro, pulverizar a autonomia da arte no meio dos evidentes conflitos sociais, preferir que ela seja engolida pela voz das ideologias dominantes ou populistas, é jogar a arte no lixo do niilismo cotidiano, e perder o pouco que resta da grandeza humana ou pós-humana. É o único fenômeno da cultura que pode questionar a fundo o ponto falho de qualquer ideologia e, somente assim, contribuir mais para lutas sociais dignas do que qualquer canção que espelha a boa e bela ideologia da vez. Sim, tal contribuição é bem indireta, muito mediada, parece até vaga, mas, lamento, é a melhor que existe. Cabe à crítica lidar com a relação entre as esquisitices do pop estranho e as lutas sociais, imergindo no labirinto da mediação entre uma e outra e mostrando que a crítica social das grandes obras está no interior de suas relações formais e não no seu anúncio evidente. Quem acredita em virtudes imediatas, vindas da primeira natureza, é quem está mais iludido.

Nadando contra poderosas correntes (a banalidade, o populismo, as belas ideologias), tais obras insistem na singularidade irredutível ao campo previamente dado da aceitabilidade possível. Elas não fetichizam o estranho nem a dificuldade, mas podem se servir de ambos para não se entregar nem ao coro dos contentes nem mesmo à convicção ostensiva dos descontentes.

A oportuna coluna de Rogério Skylab sobre o *Menorme*, do Zumbi no Mato, banda que sempre teve seu público fiel e nunca saiu de um modesto status, comparando-o ao *Clara crocodilo*, do Arrigo Barnabé, que foi desde o início extensamente mais reconhecido, motivou-me a apresentar aqui um elenco nacional (rápido e resumido) de discos "pop estranhos".

Por vezes lembrado, por vezes esquecido, é preciso citar *Ou não* (1973), de Walter Franco; o *Não fale com paredes* (1970), da banda Módulo 1000, muito ouvido lá fora, mas por aqui somente nos modestos círculos de rock progressivo, verdadeira obra prima do rock brasileiro, que eu considero uma das melhores coisas que o Brasil já produziu; *Clara Crocodilo* (1980) e *Tubarões voadores* (1984), do Arrigo Barnabé; Itamar Assumpção; *Menorme* (1998) e *Pesadelo na Discoteca* (2000), do Zumbi do Mato.

Atualmente, não deixa de ser estranho o fato de que filhos da MPB que não querem ser pós-tropicalistas estejam se ombreando aos *freaks* do rock, e ao próprio tropicalismo, como é o caso de *Vulgar e sublime* (2008), de Armando Lôbo; *Sacradança* (2010), de Thiago Amud, e de *Além do princípio do prazer* (2014), de Pedro Sá Moraes. Sinal de que o vigor do estranho ainda tem muitas aventuras para viver, somando-se às suas muitas histórias para contar, nas quais a crítica ainda tem muito o que trabalhar.

Narcisismo, ambição artística e mercado[73]

EDUARDO GUERREIRO B. LOSSO

A música é, de todas as artes, aquela que mais parece se apartar do mundo concreto. O cinema nos transporta para um mundo de ilusões, simulando a realidade, confundindo-se com ela. Sua capacidade de simular o real é a condição para nos fazer sair dele. A música pop, ao contrário, transporta-nos para um mundo que pretende ser diferente da realidade, feito de notas e de ruídos estetizados, de timbres saídos de instrumentos específicos e sofisticadas manipulações feitas em estúdio, de um ritmo preparado especialmente para embalar o corpo e a imaginação e, por fim, de uma letra que é feita de elementos poéticos aplicados ao canto. A beleza da música quer ser outra coisa bem diferente do vivido no dia a dia. Nas canções de amor, que dominam a grande maioria do que se produz, a maioria das letras, na voz de um semideus, o *popstar*, dizem as coisas que o ouvinte mais queria ouvir. Na música pop, quer-se sair da realidade criando-se uma espécie de paraíso sonoro, feito para que o ouvinte identifique suas emoções mais reprimidas àquele som que, de maneira mais certa e certeira, toca o seu coração. Se a realidade é feita de sons desorganizados e imagens que situam nosso corpo em relação ao ambiente e aos objetos, a música pop quer construir um paraíso sonoro suspendendo o mundo das imagens utilitárias. Mesmo manipulando, obrigatoriamente, a imagem do *popstar*, dos músicos, do palco ou do videoclipe, o visual que acompanha a música serve ao mesmo propósito: as roupas devem ser extraordinárias, brilhantes, extravagantes; o *popstar* deve dançar, encarnar um ser miraculoso, cheio de carisma e sedução; o vídeo deve superpor imagens incoerentes, com o mínimo de narrativa e o má-

---

73 Primeiramente publicado em Polivox Revista digital, abr 2014. http://revistapolivox.com/narcisismo-ambicao-artistica-e-mercado/3/

ximo de sugestão. A música pop é o lugar privilegiado da lírica no mundo de hoje: uma linguagem movida pelo afeto, ditada pelo princípio do prazer.

Para que um *popstar* dê ao público esse espetáculo carismático de si, ele precisa (como imperativo profissional), ele quer (na ânsia pela errância) e ele consegue, de fato, como ninguém, mergulhar no mundo do gozo. Porém, ao contrário da passividade do mero fã, ele só conquista tal invejada posição e extraordinária permissão por meio de uma ascese das habilidades artísticas e das estratégias de promoção social. Ele realiza aquilo que supostamente todos os indivíduos desejam: ser incondicionalmente querido e desejado, ter o maior capital simbólico social possível, influência política e também muito capital concreto. Nesse lugar de pura transgressão e considerável poder, a celebridade tem permissão para drogar-se à vontade, bem como pode dispor de muitos corpos, almas e aprovações entusiásticas de qualquer posicionamento. Para os seus empresários é muito vantajosa a sua entrega às drogas e ao sexo com os fãs, pois são ingredientes indispensáveis para alimentar o imaginário de sua soberania (ele está acima da lei) e o imaginário de participação do fã em seu mundo divino, isto é, de poder, milagrosamente, ser visto, entrar em contato com um deus. Tanto o conteúdo da canção romântica quanto toda a máquina de promoção do *star* não param de alimentar o sonho do fã de ter o privilégio de ser visto, de ser amigo ou de ser seu amante. O *popstar* geralmente é o mediador dos encontros amorosos: namorados cantam canções um para o outro. Porém, para aqueles que não constroem relações reais e se projetam em fantasmas, o desejo é o de que o mediador vire o fim e, no fundo, o *star* só pode mediar por representar o ideal inalcançável.

Até agora, falei basicamente da relação projetiva entre o *popstar* e o público; porém, de um ponto de vista materialista e sociológico, é necessário ressaltar que a mídia faz de tudo para dar a impressão de que ele trabalhou tudo sozinho. A numerosa multidão que trabalha nas rádios, nos shows, nos meios de divulgação e nas gravadoras são obliteradas. Todo um proletariado e alguns agentes empresariais são fundamentais na construção dos canais entre o músico e o público. Os presidentes das gravadoras, desde a ascensão da indústria fonográfica até a sua recente queda, tiveram um papel essencial na escolha, na subvenção e no acompanhamento do artista. São os empreendedores do negócio; detiveram o lucro, sem dúvida; porém, antes de mais nada, são eles que fornecem as condições concretas para o surgimento de um produto cultural e para que este seja consumido no mundo capitalista; logo, para que exista na sociedade. Por isso, alguns deles, ao lado de poucos produtores e empresários, são os grandes responsáveis por uma obra de qualidade artística ganhar a oportunidade de competir com a estrutural maioria das mercadorias banais da indústria cultural. O principal presidente de gravadora da época áurea da MPB, que praticou com excelência a complicada mágica de aliar bom negócio com qualidade artística sem, contudo, recusar os fracassos, por amor à arte e com visão a longo prazo, foi André Midani.

Segundo história relatada em seu livro *Música, ídolos e poder*, de 2008, quando um *popstar* americano vinha ao Brasil, ele era ordenado pelos seus agentes a prevê-los de certos caprichos. No caso da vinda de Rod Stewart ao Brasil, por exemplo, no auge de seu sucesso, vendendo milhões para a Warner Music mundial, Midani precisou comprar cocaína para a sumidade e aconselhá-lo a ser discreto com ela, como todo viciado infrator deve ser, ouvindo a seguinte resposta: "Sou Rod Stewart. Ninguém vai se meter comigo!" Ao visitar a boate Regine's, Rod resolveu consumir a droga na mesa à vista de todos. O próprio Midani precisou ordenar sua saída da boate. Rod exigiu a expulsão de Midani da Warner. Para amansar o sujeito, seu empresário, num encontro reconciliatório de Rod com Midani, convidou para o encontro ninguém menos que Pelé, outro *star*, ídolo de Rod. Em outro episódio, com Prince e seu empresário, o cantor folheou a *Playboy* brasileira e perguntou se Midani conhecia a menina. Depois de ouvir a resposta negativa, pediu, com insistência, o telefone dela. Embora Midani tenha sido alertado para dar ao *star* americano a maior privacidade possível – supostamente esse era o seu desejo –, Prince saiu vestido como Prince e logo foi reconhecido pela mídia. O caso dá a impressão de ser uma falsa discrição, feita para reforçar a espetacularização de sua visita à terra tropical.

Essas duas circunstâncias ilustram o quanto alimentar o narcisismo desmedido do artista pop faz parte do negócio empresarial. A falta de princípio de realidade vem do fato mesmo de o artista pop ser amado e reconhecido a todo o instante. A realidade vira um parque de diversões. Porém, para sustentar essa ilusão, é preciso seguranças, agentes, empresários e muito dinheiro. A relação do artista com o empresário é a de duas pessoas que se aliam para ganhar muito pelo que fazem, mas com funções inteiramente diferentes: o *popstar* faz a mágica de suprir a fantasia da massa tornando sua vida mesma uma eterna festa; o empresário e o presidente da gravadora são aqueles que trabalham duro para dar as condições concretas de exibição e satisfação da "extraordinariedade" do *star*. Eles são os arquitetos e os engenheiros da máquina que constrói o altar onde ele vai brilhar, e também os papais que sustentam os desejos despropositados desse bebê adulto.

Os empresários, no entanto, sabem que não podem ignorar esses caprichos. O carisma do artista só existe porque ele soube tornar-se uma mistura de bebê e imperador querido de todos, uma autoridade do gosto comum que mima o ouvinte (com toda a mediação mercadológica) e é mimado pela sociedade (imediatamente, por cada fã), e só assim todos se projetam nele. No entanto, de fato, ninguém é como o artista, ninguém pode agir como ele age; ele é o recurso social da massa para erigir o imaginário ilusório da soberania de cada um. Logo, o *popstar* é o ídolo pós-moderno por excelência: ele é o rei fetichizado do sistema individualista, que sustenta o imaginário narcísico de cada indivíduo. A impotência real de todos precisa projetar-se numa exceção; logo, necessita imperiosamente da onipotência de um só. Quem produz a engenharia que faz funcionar a projeção da massa e o reinado do *popstar*, por fim, foram, durante muito tempo, os empresários e os presidentes das gravadoras; hoje a situação é mais complexa, mas, de qualquer forma, continua necessitando de intermediários. Eles enriquecem como o *star*, mas, ao contrário dele, lidam mais com as vicissitudes da realidade.

De qualquer forma, não é só do ponto de vista de uma mera propagação do individualismo de massa que o artista é protagonista. Se ele não está somente sendo um joguete do mercado, se ele é o raro alquimista que une qualidade artística ao sucesso comercial, tanto o seu narcisismo quanto a busca de lucro dos empresários são elementos inevitáveis em prol de um princípio maior que, na falta de uma sociedade utópica, em parte os compensa: a educação estética da população. Todos sabem que não se vive no melhor dos mundos, muito pelo contrário. Sendo assim, deve-se fazer o possível para melhorar o mundo em que se está, com os recursos disponíveis e enfrentando as contradições inevitáveis. Nem os puristas, que só creem na alta cultura, nem a direita resignada, que iguala a lógica do mercado ao "destino", muito menos a esquerda carnavalesca, que festeja a invariável multiplicidade da mesma mediocridade, cabem aqui.

Há um problema ainda pouco pensado no debate entre os defensores da obra de arte genial e os defensores de uma visão abrangente de todas as manifestações culturais. Os grandes nomes e obras do cânone literário (Homero, Goethe, Dostoievski etc.) não deveriam ser considerados (nem estudados como) gênios ou obras primas e, por mais que esses conceitos tenham sido desconstruídos, na prática sempre alimentamos a ideia de que estudar sua obra é entrar em contato com a essência da grande arte, o que é um empobrecimento da própria ideia de arte. Os culturalistas, por outro lado, jogam fora a ideia do valor estético junto com a idolatria da grande obra. O grande erro dessa falsa solução é ignorar que somente o valor estético pode se destacar da pura e simples transmissão ideológica de um produto cultural, isto é, por mais que um autor e uma obra estejam carregados de conteúdos ideológicos, aquilo que pode tornar a obra algo mais do que isso é o seu valor estético. Isso significa que, se a cultura é algo mais do que a arena de uma eterna luta entre interesses ideológicos, é porque ela contém uma experiência estética que, nas suas origens, não difere muito de um transe xamânico. A experiência estética é herdeira direta da experiência extática, dionisíaca, e esta última é aquela que justifica a existência, por ser o contato com o divino, por ser a maior realização individual e coletiva possível. Em outras palavras: o papel que a experiência estética tem no mundo moderno e laico é existencialmente essencial. E se a gravidade de uma experiência dessas é reduzida a uma bandeira política, o plano existencial será reduzido à mera luta por reconhecimento, espaço, poder; estará, em suma, submetido à lógica do ressentimento, para falar nietzscheanamente. Daí a necessidade de uma "educação estética", hoje, que não se restrinja à dimensão moral, ética e científica, mas prepare o jovem para um contato mais fecundo com aquela dimensão que une conhecimento e prazer, esclarecimento e arrebatamento.

Falta pensar melhor como seria possível uma cultura que promova formas de aprendizado, socialização, leitura, escrita, crítica e discussão que levem o valor estético a ser priorizado. Sófocles e Platão são resultados de uma civilização que teve êxito nessa empreitada, feita de discussões constantes na *polis*. O renascimento europeu introduziu todo o seu esforço de imitar a cultura greco-romana, inventar línguas nacionais literárias a partir dos dialetos do latim vulgar, praticar mecenato, encontros literários em salões e criação de universidades. Esse conjunto de práticas simultâneas reconstituiu paradigmas clássicos, reinventando-os em tempos modernos, alcançando, ademais, um salto paradigmático de difusão do conhecimento com a invenção da prensa móvel de Gutenberg.

Antonio Candido demonstrou o desejo de os escritores brasileiros fundarem a sua própria literatura, enfrentando todas as dificuldades contraditórias da inevitável reprodução de movimentos europeus e da necessidade de caracterização das particularidades locais. O trabalho em torno dessa aporia preparou-os para o desafio de introduzir uma ruptura entre as realizações estéticas brasileiras e as europeias de modo a, em seguida, permitir a emergência de artistas singulares e autônomos, capazes de dar expressão à sua realidade e interesse específico. Não poucos teóricos da MPB atuais observaram que ruptura semelhante foi obtida pela canção brasileira a partir da bossa-nova e do tropicalismo, no meio de uma intensa e calorosa série de acontecimentos e discussões do final dos anos 50 ao início dos anos 70, de modo que a imagem da cultura brasileira passou a estar intrinsecamente ligada à sua produção de música de massa.

Desde os anos 50, ou até mesmo antes, em grande parte do mundo modernizado, é comum que os primeiros contatos de um jovem com a esfera cultural artística se dêem através da música de rádio e do cinema, levando em conta que a música está ainda mais presente no dia a dia da população do que o cinema (e mesmo a novela e o seriado). É inevitável que não só as primeiras experiências com a obra de arte, mas também o desenvolvimento e a perpetuação das bases iniciais do gosto pessoal elaborem-se na escuta da música pop. Para ser claro: gosto e crítica começaram, nas gerações passadas, com a escuta de rádio, discos, *singles*; hoje com vídeos, faixas de mp3, arquivos baixados e, no passado como no presente, em shows. Logo, se não quisermos manter uma visão conservadora da formação, devemos encarar seriamente a ideia de que a base da experiência estética atual ocorre no adolescente com os ícones da música. E, da mesma forma que os "gênios" da literatura foram fruto de todo um processo de investimento e socialização para a depuração estética, os alquimistas do sucesso comercial e da qualidade artística nascem também de um manancial sócio-histórico privilegiado. Ele depende de uma série de agentes de aprendizado, divulgação, discussão e promoção da qualidade. Algumas dessas atividades foram executadas pelos mecenas, outrora, e pelos bons empresários do passado recente.

Midani começou sua brilhante carreira observando que não havia, no Brasil, um mercado direcionado para a juventude, e reconheceu na bossa nova a oportunidade de suprir a falta desse mercado. Se se levar em consideração que a rebelião contra valores tradicionais artísticos e morais de Baudelaire, de Rimbaud e do modernismo começou a ganhar uma maior repercussão precisamente com os *beatniks* e a contracultura, alguns empresários foram já, nesse momento, facilitadores (involuntários ou não) da associação entre vanguarda e música popular. Depois do período passado no México, onde desempenhou papel semelhante, o retorno de Midani ao Brasil se deu precisamente no surgimento dos festivais. A partir desse momento, topou o lançamento dos discos dos Mutantes, do *Araçá Azul* (1972) de Caetano, de *A Tábua de Esmeralda* (1974), de Jorge Ben, entre muitos outros, que não deram lucro imediato mas marcaram a maior parte do melhor experimentalismo pop no Brasil. Depois, pela Warner, gravou Hermeto Pascoal, Raul Seixas, entre outros. Entre discos de ótima qualidade e vendagem e outros de péssima vendagem, Midani fez sempre suas gravadoras crescerem sem deixar de apostar nos riscos e de trabalhar com uma visão de longo prazo. Além disso, ele foi aquele que praticamente mais resistiu ao "jabá", denunciando a prática e prestando depoimentos públicos de sua história, e não só dessa história. Sua autobiografia ainda nos diz muito mais.

No final dos anos 80, iniciou-se a fusão da Warner Communications com a editora Time Inc., com a subsequente saída da presidência de Steve Ross e a entrada de Jerry Levin, "um tecnocrata vindo da Time Inc., de fala suave e de alma que se revelaria posteriormente demoníaca"[74]. Em seguida, a política de inserção das gravadoras nas ações de Wall Street permitiu aos tecnocratas pressionar os dirigentes a darem retorno de lucro em prazos cada vez mais curtos. Se nos anos 70 os prazos eram anuais, foram encurtando de semestrais a mensais. Os líderes criativos foram rapidamente substituídos por gente que nada sabia do conteúdo do negócio e só visava a subida das bolsas, "E os atritos surgiram com alguns dos artistas mais importantes". O atrito mais gritante foi com Prince, evidentemente não mais por seu capricho, pelo contrário. Ao enviar à gravadora o material de um disco excelente, seu trabalho foi recusado; como resposta, mandaram produzir outros sucessos como "Purple Rain". Prince se sentiu lesado e explodiu na imprensa.

---

74 MIDANI, A. Música, Ídolos e Poder. Editado pelo autor. P. 134

Trocando em miúdos: os tecnocratas podem realizar os caprichos do *star*, contanto que ele faça um *single* de maior sucesso possível. Entre o narcisismo do *star* e a ganância dos *businessmen*, não há lugar para a arte. No entanto, os verdadeiros artistas (e Prince é um deles) podem (e num certo sentido até devem) carregar seu enorme narcisismo o quanto quiserem, mas não o colocar na frente da arte. É a conquista da qualidade que sustenta o seu culto ao eu. A inevitável mania de grandeza que podemos considerar procedente não depende do dinheiro e da fama: faz parte da necessária aspiração do artista de produzir algo de fato especial. A ambição de grandeza artística é fundamentalmente contrária à mera aquisição de poder e prestígio: a primeira tem toda ética e sentido emancipatório social, a segunda é a base da opressão do homem pelo homem.

Prince, no momento em que denunciou essa defraudação, demonstrou o quanto sua identidade artística estava acima de seus eventuais delírios. Ele aliou legítima indignação com irreverência. Porém, o estrago já tinha se apoderado do território e reações como esta fracassaram.

Esse escândalo é essencial para se compreender a raiz do mal. A partir de 1978, devido à crise mundial, a indústria fonográfica passou a fechar as portas para a associação entre vanguarda e cultura de massa, que foi livremente permitida entre 1967 e 1977. Nos anos 80, a vitória da mentalidade neoliberal se espelhou claramente numa censura estética que eliminou qualquer chance de se lançar discos como *Araçá Azul*, *A Divina Comédia* ou *Ando Meio Desligado* e *Ou não*. Não por acaso, *Clara Crocodilo*, de Arrigo Barnabé, de 1980, já era produção independente – um claro sintoma dos novos tempos.

Ainda foi possível inserir no mercado grupos como Barão Vermelho, Titãs, Lulu Santos, Ira!. Embora diminuindo consideravelmente a qualidade frente aos anos 70, principalmente no plano instrumental, ainda havia algo a se salvar e a marcar uma diferença. No entanto, a mentalidade tecnocrática foi se estendendo a tal ponto que, em meados dos anos 90, o espaço que ainda restava para letras como as de Renato Russo e Cazuza foi integralmente suplantado por cantores e bandas produzidos artificialmente pelas gravadoras, feitos sob medida para o máximo sucesso.

O que ninguém previa é que o mercado das gravadoras fosse, no mesmo momento, bombardeado pela pirataria da internet. Desde então, a maior parte dos artistas antigos e novos choramingam o mercado perdido. Mas o que não se vê formulado com clareza é que o problema maior começou de 78 em diante. Se não existisse internet, estaríamos numa situação infinitamente mais grave, pois o processo de concentração da mediocridade na mídia central não diminuiria e simplesmente não teríamos a facilidade de conhecer a cena independente simplesmente se deixando levar pela curiosidade no youtube.

Os músicos que trabalham duro para sobreviver e ao mesmo tempo marcar alguma diferença tem toda a tecnologia caseira à disposição para a produção, divulgação e promoção, mas perdem muito tempo naquilo que, em comparação com a época da indústria fonográfica, outros profissionais faziam por ele. O resultado é que o bom músico sofre de falta de tempo para trabalhar. É natural, então, que haja uma maioria de trabalhos insignificantes e poucos mais interessantes nos becos da internet. Os melhores artistas, hoje, não são mais os alquimistas do carisma com a poesia, são multiprofissionais superatarefados que precisam dar conta de leituras, estudos, mercado, novas tecnologias de gravação e estratégias digitais de promoção. Os alquimistas do passado ganharam o respaldo da sua "corte" e do povo, já os atuais perderam a credibilidade de sua arte para a exatidão química da racionalidade nos negócios que, assim como um experimento de laboratório comprovado, não podem nem devem dar errado. Os bons cancionistas da atualidade precisam conquistar um voto de confiança impossível dos intermediários, ao passo que, nas décadas anteriores, surpresas e extravagâncias da vanguarda (e não da mera apelação) despertavam a curiosidade dos produtores. Dá para imaginar, hoje, a existência de um empresário que, inclusive, contribua diretamente para a composição da banda, da obra ou do movimento, como foi o caso do Led Zeppelin, como foi o caso do tropicalismo?

Como os trabalhos de qualidade encontram dificuldades monumentais de repercussão, os artistas não dispõem de profissionais para cada uma dessas etapas da produção e, o mais terrível: os obstáculos são muitos e variados. Primeiro: a grande mídia mal permite a entrada de trabalhos que são mais ou menos cuidadosos e têm apelo comercial, por isso nunca vai considerar algo mais ambicioso. Segundo: a crítica musical, espalhada pela imprensa e pela universidade, desfocou, diluiu ou negou o problema da qualidade estética com uma traiçoeira mistura de relativizações culturalistas e simpatia cínica pelos vencedores do mercado. Terceiro: faz tempo que os artistas de qualidade e sucesso do passado se adaptaram às novas circunstâncias e não estão dispostos a nadar contra uma corrente tão forte. Preferem manter sua celebridade aliando-se aos sucessos atuais; não devemos culpá-los por isso, pois essa ainda é uma maneira de eles não serem esquecidos pelas gerações atuais e futuras. Quarto: muitos artistas interessantes que poderiam lutar mais pelo seu reconhecimento se tornam paulatinamente desmotivados até virarem músicos de estúdio, estudantes tardios de pós-graduação, candidatos a concursos públicos etc. Eles mesmos esquecem que, durante toda a sua juventude, fomentaram um sonho que, depois, passou a ser visto como bobo, ingênuo e vão. Ainda assim, observa-se por aí não poucos persistentes.

Concluindo: se, no passado, ainda havia espaço para o verdadeiro artista *popstar*, cheio de reconhecimento legítimo, sucesso, narcisismo e soberania, hoje os verdadeiros artistas foram postos no seu devido lugar: num nicho bem modesto. Boa parte dos *popstars* hoje, ao contrário, mal sabem o que é música: cantam e dançam vulgaridades, seduzem e sorriem como garotos de propaganda.

Embora os críticos mais coniventes com a situação ignorem a diferença entre quem se preocupa com arte e quem só pensa em dinheiro, é curioso constatar que o mercado sabe jogar cada um em seu setor. Os músicos que tentam usar o princípio pós-moderno de mistura de alta e baixa cultura a favor da qualidade são imediatamente reconhecidos como produto de pouca vendagem. Se tanto na crítica literária quanto no mercado editorial esta diferença está muito bem estabelecida e só é confundida pela salada acadêmica pós-moderna, parece que a indústria fonográfica e as rádios toleraram uma mistura de papéis inédita que, dos anos 80 para cá, foi inevitavelmente proibida pela lógica implacável do mercado. A canção de qualidade hoje está mais próxima de segmentos como o jazz instrumental do que dos de sucesso comercial.

Não foram só os bons artistas e os tecnocratas decadentes que saíram no prejuízo: o principal perdedor é a massa, que deixou de ter a chance de sair de sua menoridade culpada ouvindo "Ouro de tolo", "Outras palavras" ou "Balada do louco".

Conversa com Fabio Akcelrud Durão

EDUARDO GUERREIRO B. LOSSO E THIAGO AMUD

THIAGO AMUD Em primeiro lugar, quero, em nome do Coletivo Chama, agradecer imensamente por você ter topado estar nessa conosco, Fabio.
FABIO AKCELRUD DURÃO Eu é que agradeço. Fiquei bem contente com a possibilidade dessa conversa. Muitas vezes me ocorre que vivemos num momento cultural estranho. Se por um lado eventos de todos os tipos multiplicam-se, por outro, junto com toda essa efervescência, parece haver um isolamento maior do que antes. A imagem que me vem à cabeça é quase cômica: como se cada um só quisesse falar para um público que na realidade não existe, porque é feito de pessoas que não estão a fim de ouvir. Como se fosse uma feira sem fregueses. Talvez esse fosse até um bom ponto para começar: como a interlocução em torno da cultura foi dificultada pela lógica da propaganda – neste caso, a propaganda de si –, cada pessoa é como uma nanoempresa de si mesmo.
TA Então está posta a questão. Afinal, parece que um debate sobre a cultura hoje é desacreditado por parecer que "cultura" é algo restrito ao domínio do "gosto", no sentido do "juízo de prazer", não é?
FAD Isso. E é interessante refletir sobre as *funções* que essa postura gera e o contexto no qual está inserida. A cultura como âmbito restrito ao gosto é algo que se associa, primeiramente, à esfera privada, e, em seguida, ao universo do prazer fácil. Muitas vezes o recurso ao gosto é um gesto defensivo diante de algo diferente ou estranho. Como quando você está analisando um poema na sala de aula, e o aluno diz: "Cada um tem a sua interpretação." Ao falar isso, ele provavelmente quer dizer: "Isso que você está discutindo me incomoda." Por outro lado, o "juízo de prazer" pressupõe que a cultura é algo a ser consumido como uma mercadoria que se oferece a você. É muito mais interessante pensar a cultura como algo que desloca

a ideia de dificuldade, que está ligada ao sofrimento. Os textos que valem a pena, quase que por definição, dão trabalho e, ao mesmo tempo, são prazerosos – dão prazer também porque dão trabalho. Mas isso tudo está inserido em um horizonte mais amplo de transformação do conceito de cultura, que não mais é vista como algo do outro mundo, como uma promessa de transcendência – por mais falsa que possa ser –, pois a cultura converteu-se em uma forma de comportamento.

EDUARDO GUERREIRO B. LOSSO E, como você diz num texto, Fabio, o conceito de cultura virou uma nova espécie de mediação universal. Não há algo que não seja cultura, e há cultura de tudo.

FAD Exatamente. É a transformação de um conceito, digamos, quase metafísico, para um antropológico. Cada grupo tem a sua cultura própria e aí fica difícil pensar o "outro" da cultura. Tradicionalmente, ele era a barbárie, que se opunha à civilização. Mas hoje não parece mais estar disponível como conceito.

EGL Cultura sem seu oposto serve à propaganda perfeitamente.

FAD Sem dúvida. Tenho duas observações em relação a isso. Em primeiro lugar, é importante perceber que a cultura como transcendência tem culpa pelo seu desaparecimento, pois o que prometia era falso. A cultura não é apenas vítima. Por outro lado, é exasperante perceber como a crítica está cada vez mais próxima da propaganda. Como tudo hoje existe sob a forma de mercadoria (incluindo afetos e imagens, linhas melódicas e pensamentos), quando você só fica louvando um artefato, por mais interessante que ele seja, quando não há momento algum de negatividade, você vai se aproximar da propaganda. Uma objeção que se pode fazer aos estudos culturais é que, ao trazer a análise para objetos da cultura de massa (o universo da Disney, ou da Barbie), eles acabam contribuindo para as campanhas publicitárias desses produtos. Depois de ler certos artigos acadêmicos sobre literatura, tenho vontade de dizer para o autor: "Por que você não vai trabalhar na seção de marketing da editora que publicou esse livro?" Imagino que muitas vezes já o fazem...

TA É possível pensar o outro da cultura como algo "substancializável", como, por exemplo, a Arte? Ou não se trata disso? Hoje em dia, em diversos meios, sobretudo nas intercessões que tenho na academia, Arte soa como um palavrão, como algo que é tabu, por parecer impor um limite às pretensões homogeneizadoras da cultura.

EGL Cultura se tornou o todo, o que está em toda parte e se encaixa na ideia de convivência de vozes diferentes; a arte, por sua vez, se tornou o opressor. Isto é, arte = cânone.

FAD Esse é um ponto importante. A oposição entre "Arte" e "cultura de massa" me parece totalmente equivocada, porque a forma como os conceitos estão dispostos *já corresponde ao funcionamento da indústria cultural*. É uma lógica de rótulos, como se "Arte" e "cultura de massa" estivessem em uma locadora, do lado de "romance", "comédia" ou "aventura". Nem a "Arte" nem a "cultura de massa" têm a ver com isso. Em vez de categorias estanques, são *processos* que necessitam de interpretação. Só consigo dizer que algo é "literatura" *a posteriori*, a partir dos efeitos que gera.

Uma tarefa que me parece urgente para a crítica da cultura hoje é investigar como o vocabulário de que dispomos é espúrio. Há vários termos que por si sós já trazem um conteúdo que torna difícil o pensamento. Seria interessante fazer um glossário desses termos. "Clássico", por exemplo, significa: aquilo que, seja por ser bom, seja por ser ruim, eu não vou interpretar, não vou adentrar. Já o "canônico" implica em construir uma imagem opressora da arte que no fundo é inexistente.

EGL Esses termos agindo em conjunto são, em si, uma rede aracnídea que prende o pensamento...

TA Rede aracnídea me lembrou o mito de Aracne, do clássico, canônico, de Ovídio *As Metamorfoses*... Ops! E o "sucesso"?

FAD "Sucesso" deveria significar: "esse artefato foi submetido à apreciação de muitos e foi aprovado", mas na verdade quer dizer: "é melhor você se acostumar a gostar disso, do contrário você vai ficar excluído". Mas essa rede de ofuscação, além de funcionar como uma língua franca, também tem as suas ramificações nos diversos setores da cultura. E aí os termos das artes plásticas diferem dos da música. Eu arriscaria dizer que, quanto mais próximo do mercado, quanto mais dinheiro estiver envolvido, mas tenazes serão esses termos.

TA Que papel desempenha especificamente o termo "clássico" na dinâmica econômica das trocas culturais?

FAD "Clássico", quando não usado em um sentido técnico, como se referindo a um período ou estilo, significa: esse objeto está em uma prateleira, uma estante com porta de vidro, e vai ficar lá. Esse "ficar-na-estante-com-porta-de-vidro" pode ter um sentido positivo ou negativo. Pode ser positivo: "mirem as maravilhas da civilização ocidental!"; pode ser negativo: "vejam essas velharias todas".

EGL Para os conservadores, positivo; para os multiculturalistas, negativo?

FAD Isso. Mas em ambos os casos, por definição, você não entra no objeto. Acho que o próprio uso da palavra já ocasiona isso. "Tradicional" também funciona mais ou menos assim, embora (interessante isso!) esteja caindo em desuso. As pessoas estão substituindo, sem notar, "tradicional" por "canônico".

TA Você já observou um fenômeno meio *indie* que consiste em atribuir o termo "clássico" a fatos culturais de evidente pobreza ou (com o perdão da palavra) "tosqueza"? Uma espécie de *hype* neo-cafona que parece se pretender à construção de uma memória geracional? O "sucesso" dos anos 80 é o "clássico"?

EGL Isso me parece um fenômeno próprio do universo da música pop.

TA Louvar, subentendendo que são objetos toscos e que essa tosquice "nos representa", contra quaisquer pretensões de alta cultura, ou de seriedade.

EGL *Embalos de sábado à noite* como um clássico.

FAD Bom, arriscando um pouco, eu diria que há aí uma mistura do "clássico" com uma lógica *camp*, porque a pessoa que diz que *Embalos de sábado à noite* é um clássico muito provavelmente está querendo chocar e não está se importando com a qualidade do filme. Há, aqui, possivelmente, um tal grau de imersão na indústria cultural, que a ideia do *camp*, do bom gosto sobre o mau gosto, torna-se praticamente inevitável.

EGL De qualquer forma, o que o Thiago parece colocar é que aí o clássico tosco quer combater o clássico refinado. É uma estratégia de reformulação do cânone.

FAD Exatamente. A dinâmica *camp* é justamente essa. "Sei que isso é o suprassumo do ruim, mas gosto disso justamente porque é o suprassumo do ruim." Eu tive um aluno uma vez que escreveu uma dissertação sobre isso.[75] Uma das conclusões dele foi a de que haveria uma diferença muito grande entre o *camp* americano e o brega brasileiro. No primeiro caso, já haveria algo de problemático em crer que obras como *Pink Flamingos* são uma forma de transgressão, pois aquilo que pareceria ser um gesto de liberdade – a desfuncionalização por parte do receptor transformando o ruim em bom – rapidamente é incorporado ao próprio processo de produção, quando objetos são confeccionados para serem recebidos como *camp*. No Brasil, o *camp* apresenta um caráter de classe mais acentuado. Basta imaginar o público de um show do cantor Wando, onde podem se misturar espectadores imbuídos de genuína admiração e outros que gozam com a imagem de si mesmos vendo aquilo, ao acreditar que estão entre o seleto grupo que sabe que, na verdade, aquilo é ruim. Há algo bastante elitista aqui.

EGL Há aqui um impulso para a cultura de massa do passado, que a mitifica positivamente.

TA Eles entram *nesses* objetos e lá se refugiam.

EGL Entram no sentido de que os "cultuam".

TA Legitimam seu não-crescimento tornando "clássico" aquilo que não demanda nenhum esforço, mas apenas uma adesão emocional.

FAD É interessante perceber que, nesse processo, há o simulacro de uma atividade do sujeito, como se ele estivesse, a partir do seu gosto (como falávamos antes), exercendo algum tipo de liberdade, quando de fato o que faz é eleger um item de um conjunto pré-fornecido. E essa lógica vale tanto para a cultura "erudita" quan-

---

75 Pedro Leite. *Adorno e Horkheimer contra Batman e Robin; ou, da estética camp como possibilidade de superação de alguma coisa*. Dissertação de mestrado defendida no Programa de Teoria e História Literária da Unicamp em 2011.

to para a "de massa". Não importa se você escolhe o Batman ou o Bartók; se você só se relaciona com as coisas de fora, sem penetrar nelas, seguindo apenas a lógica da imagem que elas têm – e consequentemente da imagem que você tem de si –, não importa o objeto, pois a dinâmica é a mesma.

EGL E o objeto de culto tem valor moral, pois ele nos liberta da exigência opressora do clássico refinado. Assim como o funk nos liberta do peso da música clássica... O funk, hoje, nos liberta, assim como a *new wave* nos anos 80, e assim por diante.

FAD Pensando bem, o trabalho subjetivo concebido como a escolha de um objeto diferente é um fenômeno interessante, que está presente também na universidade. As pessoas passam a competir para escolher objetos que os outros não escolheram ainda. Pode ser o funk ou o abjeto, a pichação ou o testemunho, o objeto elegido permanece sempre extrínseco ao sujeito. Ele pode ser substituído a seu bel-prazer, mas não pode haver nada de ruim nele: não há espaço algum para a negatividade.

EGL Sim, mas há um dado a mais aí, acho. Ele tem um caráter moral libertador do domínio da cultura aristocrática do homem branco europeu ao longo dos séculos.

FAD Sem dúvida, mas isso não deixa de ser uma projeção da cultura aristocrática do homem branco no presente. 1. Porque quem vai estar enunciando possivelmente vai ser branco; 2. porque, como o negativo dessa cultura branca etc., ele a traz dentro de si; 3. porque o individualismo competitivo, que está na base dessa busca do outro da cultura branca etc., é resultado dessa própria cultura. Os termos todos vêm dela.

Para negar de fato a cultura branca, você teria que desenvolver alguma espécie de politeísmo e ter uma outra noção de subjetividade; sem contar que não poderia ir ao cinema, nem ver futebol etc. No fundo, a crítica ao ocidente baseia-se em uma divisão de trabalho: critico quando escrevo, dou palestras etc., mas reclamo da Dilma e me queixo do salário como todo mundo.

TA Essa cultura branca estaria então lastreada em tudo aquilo que se identifica com uma tradição de cunho monoteísta, socrático-platônico? Ou tão somente com o protestantismo e o capitalismo? Não entendo bem, porque essa enunciação "cultura branca" me parece ser vaga o suficiente para endossar uma porção de truques.

FAD Concordo.

TA Shakespeare é o representante dessa cultura branca?

FAD Shakespeare é um caso interessante. Eu tenho uma hipótese: a de que ele não existe mais. Se você contrasta sua representação social e aquilo que acontece quando lemos seus textos, surge um abismo. As adaptações contribuem muito para isso. Quase sempre o que fazem é se aproveitar dos enredos, *que Shakespeare não escreveu*, pois ele os tomava de histórias já existentes, para lucrar com o nome do autor.

TA Pois é, porque em matéria de "multiplicidade" (estou citando de propósito), você não consegue encontrar um enunciador monolítico nos textos dele.

FAD Há várias razões históricas para isso, que incluem a consolidação do inglês culto e a formação da Inglaterra como nação, bem como o teatro elisabetano, que era frequentado por todas as classes sociais urbanas. Agora, o outro lado da multiplicidade é a imagem do bardo como uma figura digna da maior reverência, que é una. Quantas vezes vocês já ouviram alguém dizer que *odeia* Shakespeare?

TA Uma prova da multiplicidade shakespeariana é que hoje ele é disputado por todas as correntes interpretativas.

FAD Sim, sem dúvida! E isso inclui aqueles que veem nele nada mais do que um instrumento do Império Inglês do século XIX e que agora teria sido apropriado pelos EUA. Pensando bem, essa abordagem não seria tão desinteressante se ela não envolvesse sempre o louvor de alguma forma de alteridade, seja a literatura das minorias, dos excluídos, ou dos sujeitos pós-coloniais. Porque se você faz essa abstração absurda do Shakespeare para simples veículo de poder e ao mesmo tempo sustenta que *tudo* é uma porcaria, que nada se salva, até que fica interessante.

TA Mas aí seria difícil alguém permanecer no âmbito da cultura fazendo isso, não?

FAD Talvez não...

TA Seria mais provável que fosse uma mirada cosmológica, mística.

FAD Acho que é possível destruir a cultura de dentro, de maneira que ela fique mais interessante. Veja, por exemplo, o ódio que as vanguardas têm à arte. Talvez o que salve a cultura seja a sua capacidade de odiar a si mesma.

TA Sim, claro! Deixe-me explicar: eu tinha compreendido mal o modo como você usou o termo "interessante". Onde você escreveu "interessante, eu li como "verdadeiro". Incontinências morais de um essencialista incorrigível, perdão...

FAD Sem problema! Mas uma coisa que de qualquer modo pode ser observada aqui é a ausência, na crítica cultural hoje, da rabugice e da raiva. Tudo é maravilhoso e lindo. Os críticos estão sempre de bom humor; os escritores também.

TA Chegou-se a dizer que somos a geração "pós-rancor". Todo mundo é bom.

FAD Isso. Um jeito de dizer a mesma coisa é chamar a atenção para como a contradição foi substituída pela diferença. E, no entanto, a raiva é um afeto bastante produtivo.

EGL Que o digam Marx e Adorno...

FAD Diferentemente do ódio, a raiva não subjetiva o sujeito, não está acima dele. Ela tem que ser específica: você tem raiva de "algo", e aí já há uma semente analítica. Por outro lado, ela implicitamente lida com um horizonte normativo, ou seja, que as coisas não deviam ser do jeito que são.

TA Identificou-se raiva à inveja e à inação.

FAD Acho que há diferenças. A inveja é um reconhecimento de impotência, e quase que por definição estéril; a raiva é um afeto que pode ser estilizado. É como se fosse um princípio composicional. Sempre penso nisso quando leio o Robert Hullot-Kentor, que, ao mesmo tempo, é bem engraçado.
TA "É carregar bagagem alheia estando vazio."
EGL Quem tem raiva hoje, é visto como rancoroso. Incapaz de aceitar a positividade absoluta da multiplicidade... as maravilhas da atualidade.
FAD Precisamente. O rancor é um afeto que vem com a derrota. De novo, acho que a raiva pode ser produtiva por ser específica e determinada. Talvez ela seja o jeito mais certeiro de se chegar à determinação dos objetos em um mundo regido pelo princípio de troca.
EGL Isso que você está dizendo é perfeitamente ilustrado pela forma de escrever e pensar de Marx e de Adorno...
FAD Sim, sem dúvida! (Embora não seja possível dizer isso, diante da indústria do Marx e do Adorno.)
TA Você observa um ardil nesse deslocamento que insidiosamente se fez do sentido da raiva ao se colocá-la como sinônimo de rancor?
FAD Não sei se ardil, porque o ardil pressupõe intenção e inteligência, ao passo que a raiva não deixa de ser um modo de fazer o mundo ficar mais suportável. Mas, seja como for, trata-se de uma estratégia de neutralização. Agora, dando uma volta no parafuso, é interessante perceber que a imagem do crítico mal-humorado e irado é absolutamente tradicional. Ele não é uma figura de vanguarda; pelo contrário, é típica, quase folclórica, e no entanto não existe mais.
TA Não sei se não existe mais ou se ela se tornou absolutamente obscena.
FAD Para repetir: o crítico que só caracteriza positivamente aquilo que comenta acaba fazendo propaganda do objeto. Pessoas que não têm vergonha de dizer "isso não presta", como a Bárbara Heliodora ou o Alcir Pécora, estão desaparecendo. A não ser, talvez, na direita radical... Em certo sentido, a direita se apropriou da revolta na crítica da cultura.
TA Eu queria fazer uma pergunta sobre isso. Como este livro deve primar pela conversa franca e pela democracia, não vou me esquivar a fazer uma pergunta, que não tenho como provocativa, mas que talvez tenha certo teor de nitroglicerina. Um dos modos de operação do marketing partidário nas sociedades de massas tem sido, independentemente das tendências ideológicas que se revezam (ou não) no poder, divulgar o aumento quantitativo do consumo de bens culturais como índice de avanço cultural propriamente dito. Sabemos, no entanto, que conceitos intrínsecos à vida cultural (aprofundamento, concentração etc.) não são mensuráveis em estatísticas. Tendo isso em vista, será que ainda pode causar perplexidade que certos pensadores de matriz mais progressista e outros de matriz mais con-

servadora possam chegar, por vias diferentes, a conclusões muito semelhantes sobre o que, na falta de melhor termo, poderíamos chamar de "decadência cultural"?

FAD Você tem toda a razão. Não é surpreendente que haja contato entre um pensamento conservador sério e um progressista. "Decadência" é um termo complicado, porque traz à mente os *good old days*, que na realidade nunca existiram, mas a insatisfação em relação à cultura pode ser bem parecida em seus sintomas, embora com motivações diferentes. O conservador sério está insatisfeito com a cultura diante daquilo que ele acha que ela foi. Por isso ele pode falar, sim, de decadência cultural, de quando você podia ouvir um concerto com calma, sem os celulares tocarem, e podia tomar um champanhe no intervalo vendido por um empregado negro. Para o progressista, creio, o desespero em relação à cultura reside no vislumbre daquilo que ela é em comparação com o que ela poderia ser, não como algo normativo, mas a partir do que já está imanentemente presente nela.

TA Mas se damos por subentendido que no conservadorismo está subentendido o racismo e o farisaísmo, porque não podemos também subentender que no progressismo está subentendido o cinismo igualitarista e o hedonismo vazio? Falo isso apenas por me sentir constantemente disputado por ideias progressistas e outras conservadoras.

FAD O cinismo igualitarista e o hedonismo desenfreado e vazio não são progressistas, porque são o ar que respiramos. Eles são aquilo que acontece quando não fazemos nada. São uma espécie de gravidade cultural. Eles são aquilo que se dá quando (de novo!) o crítico louva simplesmente os objetos. Existe um tipo de crítica bem intencionada que é tão ou mais nociva que a dos conservadores – que, nesse sentido, não querem conservar nada, mas voltar ao passado, que quase sempre idealizam. A crítica bem intencionada e boazinha – ela que é conservadora, porque deixa tudo como está. Quer um exemplo? Toda a crítica à ditadura militar que lida com ela sem traçar nenhuma linha de continuidade com o presente. Ou a crítica ao nazismo e a Auschwitz, que lida com eles sem traçar nenhuma linha de continuidade com o presente e o capitalismo. A lógica subjacente seria a seguinte: 1. você demonstra como o passado era terrível (e aqui você pode mobilizar todo o seu poder de *scholar* e pesquisar o quanto quiser); 2. você aparece como uma pessoa moralmente boa, um crítico que é contra a tortura e a favor da igualdade etc.; 3. mas como você não fala nada da tortura que está acontecendo hoje, como você não toma partido e não nomeia ninguém, você reforça o *status quo*, porque parece, performativamente, que o mundo está ótimo.

EGL Eu sempre tive essa impressão dos estudos sobre holocausto.

TA Apenas acrescentaria que uma crítica "bem intencionada" análoga a essa também pode se desenvolver no seio de uma esquerda que identifica e reconhece os males do totalitarismo stalinista ou maoísta, por exemplo, mas permanece esposando um ideário que foi o mesmo que nutriu aqueles genocídios.

FAD Não sei se é uma questão do ideário, porque, se você for ver, os ideários são bem próximos, por exemplo, entre o marxismo e o cristianismo – como é bem conhecido. Mas eu concordo que o equivalente dessa lógica no âmbito do marxismo acontece na falta de uma crítica aprofundada de como a União Soviética virou o que virou. Há, sem dúvida, muitos marxistas que arrumam desculpas, que não querem ver o que aconteceu, embora já desde os anos 30 tenha havido uma dissidência anti-stalinista entre os marxistas que custou muitas vidas. (Tem um depoimento muito bonito do meu avô sobre isso.[76])

EGL Ao longo de sua produção, tenho percebido que você explora bastante os problemas da construção de um senso comum universitário. E não é um campo fácil de pensar, porque ora parece que o alvo são os grandes teóricos, mas não são; ora parece que são os alunos, que estão em processo de aprendizagem, digo, alunos de graduação e pós-graduação... Mas não é uma coisa nem outra.

FAD É verdade. Eu tento fazer as duas coisas: por um lado, acho que é importante criticar os grandes críticos, embora isso seja uma coisa difícil. O que quase todos nós fazemos é comentar, explicar esses grandes pensadores. O exemplo mais extremo disso ocorreu quando vi um filósofo brasileiro comentando o livro do Vilém Flusser sobre o Brasil como se estivesse interpretando Kant. Ou seja, o fato de ser brasileiro, de estar numa posição de aparente superioridade, não serviu de nada. Por outro lado, tento criticar o senso comum da área, o que não é uma coisa fácil, porque ela é bem difusa, mas então a própria condição de possibilidade do difuso deve ser pensada.

EGL É difícil delimitar a constituição e as fronteiras desse "campo", do campo desse objeto.

FAD O discurso da multiplicidade me pareceu uma chave para isso.[77]

EGL Você observa como as pessoas não entram no objeto, e faz dessa indiferença inconsciente ao objeto o seu próprio objeto, não é?

FAD Você formulou melhor do que está no texto.

EGL Você examina como os conceitos saem da teoria e entram nesse lugar difuso.

FAD Há conceitos que se prestam mais a isso. Os do Bakhtin são um exemplo perfeito. Costumo dizer que a definição de texto monológico é: "aquele que *não* estou analisando no momento"...

---

76   Ricardo de Azevedo e Flamarion Maués (orgs.) *Rememória: entrevistas sobre o Brasil do século XX*. São Paulo: Editora Perseu Abramo, 1997, pp. 281-298.
77   "Para uma crítica da multiplicidade nos Estudos Literários". *Via Atlântica* (USP), v. 23, 2013, pp. 75-83.

EGL Aí aparecem conceitos como multiplicidade, cultura, cânone, texto etc. O que conversamos até aqui, contudo, foi como o uso dessas categorias, ou da ideologia que as atravessa em geral, contamina meios exteriores à universidade. Quer dizer, trata-se de observar como a universidade influencia ou é influenciada pelo seu fora, ou como há uma rica interação entre o senso comum universitário e o senso comum dos meios culturais e políticos. Bem, você delimita sua análise à esfera da universidade, interna aos campi. Mas você não acha que seu diagnóstico ajuda a entender a própria influência que a universidade exerce na sociedade, especialmente em meios culturais e políticos? E que, nesse caso, os efeitos perniciosos que você aponta levam a consequências ainda maiores que as que se veem no âmbito acadêmico? Acho que exploramos já alguma coisa disso aqui. Mas queria que desenvolvesse melhor esse fator estrutural.

TA Essa espécie de inter-relação entre senso comum universitário e um caldo cultural mais amplo me leva a fazer uma pergunta que eu queria que fosse a primeira a ser lançada ao Fabio. Acho que seria interessante se ele narrasse o que veio antes em seu percurso intelectual: a percepção de que a pulverização da cultura em nichos camufla uma descomunal padronização; ou a análoga percepção, em campo universitário, de que certos conceitos mal definidos intelectualmente (como multiplicidade e pluralidade) estavam sendo adotados como simulacros de valores epistemológicos?

FAD A formulação da pergunta está ótima, o que só faz com que seja mais difícil de responder. Acho que vou sair pela tangente aqui e dizer que as duas coisas estão bastante ligadas. A lógica da compartimentalização da cultura também está presente na universidade, por exemplo, no modo como ensinamos teoria literária, com cada "escola" ou "movimento" separado em uma gaveta própria, estruturalismo, semiótica, psicanálise, feminismo, desconstrução, estudos pós-coloniais etc. Por outro lado, a multiplicidade e a pluralidade (mas também a democracia!) como conceitos-gelatina, termos que acabam não significando nada, também estão presentes na vida social em sentido amplo – é prestar atenção nas campanhas eleitorais. A mesma poluição que faz o trabalho intelectual ficar tão difícil afeta igualmente os partidos políticos que realmente têm, em seu horizonte, a igualdade. Uma conclusão curiosa dessa nossa conversa toda é a de que, ao contrário do que geralmente pensamos, a universidade não é essa torre de marfim, não está tão isolada do mundo que a cerca – o que não é necessariamente bom...

Indústria cultural e déficit de atenção

ENTREVISTA COM CHRISTOPH TÜRCKE, POR EDUARDO GUERREIRO B. LOSSO

EDUARDO GUERREIRO B. LOSSO Em tempos de déficit de atenção e novas mídias, o que ocorre com o valor da arte? Como a arte reage, ou deveria reagir, a tal estado de coisas?

CHRISTOPH TÜRCKE Sem dúvida a arte é afetada pela cultura do déficit de atenção. A arte e sua recepção. As duas se tornam cada vez mais fugazes. Essa fugacidade começa do lado da recepção, a saber, qualquer arte, também a arte tradicional, vai ser recebida em cada vez menos tempo. Por falta de atenção, incapacidade de permanecer com alguma coisa, é claro que as pessoas ficam muito menos tempo em frente de um quadro num museu, com um disco inteiro, com uma peça ampla, com um romance, poemas, tudo isso é óbvio. E como a arte não seria arte senão reagindo às correntes dominantes da sua época, ela deve mudar por causa disso. Ela não apenas muda, mas ela deve mudar. A mudança pode acontecer em escala muito diferente. Exagerar a fugacidade é um modo de dar um "espelho" da situação para o público. Outra possibilidade é tranquilizar, retardar, trabalhar com o retardamento, câmera lenta. A arte tem que reagir e reage. Isso comporta um grande problema: quanto mais fugaz, tanto menos capacidade de entrar numa coisa. Por isso, a situação da arte na cultura do déficit de atenção se dificulta. A arte que merece esse título, a arte que insiste no potencial de resistência, deve cada vez mais pensar no "freio de emergência" de Benjamin, inventando novas formas daquele freio que Benjamin considerou a verdadeira alavanca revolucionária. O trabalho inventivo, no manejo dessa alavanca, de certa maneira seria o projeto de uma arte avançada, consciente das correntes dominantes da nossa época.

EL Essa problemática se localiza na relação entre a arte e a recepção. É, em primeiro lugar, um tipo de recepção que está afetando a percepção das pessoas; em segundo lugar, observa-se como a arte reage. Nesse caso, o que a arte pode fazer enquanto freio de emergência, enquanto uma de suas modalidades, seria uma reação pensada, trabalhada...

CT O que não exclui que essa reação tenha um lado espontâneo.

EGL Sim, sem dúvida. Acho que precisamos percorrer aqui um caminho até chegar a um ponto em que eu pensei quando formulei a questão, que é o papel da crítica, e como ela deve repensar o valor estético da arte. Em tempos de novas mídias, novos meios de distração, impõe-se a renovação da sempre difícil questão de como avaliar as obras, que mudança de valor ocorre, como o valor mesmo se transforma diante dessas mudanças, como a questão do valor reflete a situação. Mas não precisamos ter pressa de chegar a tal ponto. Para nos encaminharmos, vamos antes examinar um elemento que já apareceu numa outra entrevista nossa, já publicada, de forma eventual, e que podemos tentar aqui desenvolver, que é a relação da teoria crítica com a indústria cultural. Naquela entrevista, você fez uma constatação: Adorno não trabalhou dialeticamente com a indústria cultural. Ele não tinha no seu horizonte uma prática artística que tivesse uma reflexão sobre seu próprio meio, conteúdo crítico, uma elaboração formal, e obviamente que isso existe na indústria cultural. E como você mesmo disse, não há arte hoje sem indústria cultural. De qualquer forma, permanece a separação entre arte e indústria cultural.

CT Sim, ela continua.

EGL E a maior parte do que aparece na indústria cultural não é arte, e não tem valor estético. Só que, quando produzimos afirmações desse teor, caímos no seguinte problema. Aqueles que não suportam o pensamento de Adorno sobre a indústria cultural ficam muito irritados com a ideia de que ele não viu um fator emancipatório nela. Quando ela oferece um tipo de produto que lida com a cultura de minorias, dos negros, das mulheres etc. – caso principalmente do jazz –, dizem que a indústria cultural abre um espaço para as minorias que a Europa nunca tinha oferecido antes, e nesse caso há aí um fator libertário, por ser uma possibilidade de expressão, e essa expressão (especialmente no caso do jazz) é legítima, é arte, e disso ele não entendia. O problema é que, a partir daí, há uma recusa do conceito de indústria cultural, para dizer que o mercado pós-moderno é democrático, libertador etc. A questão posta então é: a indústria cultural tem potencial emancipatório, de libertação de culturas que são menosprezadas, mas ao mesmo tempo, ela não filtraria essas culturas a seu favor, e a despeito da arte?

CT Bom, eu diria quase o mesmo de outra maneira. A indústria cultural se tornou a base de qualquer domínio (Herrschaft), e de qualquer potencial de libertação; não dá mais para regredir a um estado sem indústria cultural. Todos nós estamos dentro dela. Mas o exemplo do jazz já é muito interessante, porque ele não dependeu da indústria cultural. Não foi a indústria cultural que criou o jazz, ela o divulgou, como também divulgou a música clássica europeia. O movimento das mulheres não foi criado pela indústria cultural. Surgiu no séc. XIX, chegou a um desenvolvimento sob os padrões da indústria cultural, claro, mas não é cria dela. Então esses dois exemplos não acertam o ponto. A indústria cultural, como disse Adorno, força tudo a se assemelhar (*schlägt alles mit* Ähnlichkeit), "bate" (*schlägt*), quer dizer, iguala tudo violentamente. É um grande nivelador. Nivelar sempre implica igualdade. Esse aspecto tem lados positivos; por exemplo, o fim de certos privilégios não merecidos. A força niveladora da indústria cultural, no entanto, custa caro. É verdade que, no caso do jazz, Adorno argumentou abaixo do seu próprio nível crítico. Normalmente, como dialético, ele leva em conta a gênese de um fenômeno e seus momentos intrínsecos de verdade, mesmo que o fenômeno deixe muito a desejar e esteja longe de representar o estado mais avançado da sua área, seja em termos sociais, científicos ou estéticos. No caso do jazz, Adorno não procedeu dessa maneira. Ele não se referiu, nunca, à gênese. Localizou, antes, o jazz de antemão no ambiente da indústria cultural como uma massa pseudocrítica cujas síncopes, por exemplo, não passariam de uma bossa que satisfaria os costumes do consumidor de músicas repetitivas. Depois ele compara a rítmica do jazz com aquela da música clássica de Debussy e Ravel, mostrando o quanto esta é mais desenvolvida, ou seja, menos esquemática, menos inclinada ao esquematismo típico da indústria cultural. Bom, em relação ao material analisado, ele tem razão. Quem supervaloriza o jazz enquanto fenômeno artístico que faz ruir os padrões da música burguesa e marca um novo nível da arte ou da expressão livre, vai errar. Mas não dá para negar que Adorno só percebeu o jazz enquanto adaptado à indústria cultural. Ele não teve em vista o fenômeno inteiro. Ele não faz justiça ao jazz. Ele não o trata de modo dialético. Isso é muito claro hoje em dia. Mas esse não é um argumento a favor da indústria cultural; pelo contrário, é um argumento a favor das raízes não industriais do jazz, e contra o ponto cego do próprio Adorno.

EGL É que, quando se coloca que Debussy é muito superior, sua harmonia, estrutura da composição, contraponto, quando se compara tudo isso à estrutura repetitiva do jazz, esse tipo de argumento hoje em dia é visto como muito preconceituoso e ultrapassado, porque não leva em consideração como o suingue do jazz, por exemplo, tem especificidades que não cabem num olhar analítico baseado na música europeia clássica. Dizer, por exemplo, que o jazz é repetitivo – enquanto, por sua vez, Debussy teria todo um pensamento da estrutura composicional – não leva em consideração como o jazz trabalha o suingue, que é uma categoria que não comparece na música ocidental, e a improvisação, naturalmente. Esse tipo de coisa irrita muito quem quer repudiar completamente o conceito de indústria cultural...

CT Ora, a improvisação pertence, sim, à música europeia. Na época barroca, por exemplo, ela acompanhava e circundava, de maneira múltipla, as frases musicais fixas, particularmente em movimentos de dança. Adorno destacou isso várias vezes. Atribuiu à improvisação o papel importante de afrouxar estruturas fixas. No entanto, ela só funciona, a seu ver, como algo relativo, que se refere a um apego, a uma base. Como coisa absoluta, coisa em si, ela está sobrecarregada. Ninguém é capaz de manter criatividade continua ao improvisar livremente. A improvisação totalmente livre não vai levar à liberdade superior, pelo contrário, vai regredir a sequências e repetições meio primitivas e esquemáticas. Tais tendências de regressão Adorno descobriu no jazz da indústria do entretenimento. Não criticou este tipo do jazz por ser improvisação, senão por ser improvisação regressiva. E nisso ele tinha razão. O problema central, no entanto, é outro. A meu ver, Adorno subestimou a indústria cultural e não a superestimou porque ainda nutriu a esperança de manter espaços artísticos fora dela. Schönberg, ao seu ver, estava fora; Beckett estava fora. Mas era deveras assim? Duvido. A música de Schönberg reage a um ambiente que era já o da indústria cultural no seu estado de formação. A linguagem de Beckett faz algo semelhante. Os dois antecipam, negativamente, essa indústria cultural e, justamente por isso, não são a última fortaleza do lado de fora, como a última aldeia fora do império romano foi a de Asterix e Obelix.

EGL (risos) Quer dizer que a reação deles já se torna parte dela.

CT A meu ver, sim. Claro que é uma retrospectiva a partir dos anos 2000, onde se tornou ainda mais óbvio que nenhuma arte está mais do lado de fora. Engraçado, na *Dialética negativa*, no famoso capítulo em que Adorno trabalha a insuficiência do conceito, ele argumenta de modo diferente. Ele diz que o conceito não é capaz de nomear a coisa individual. O indivíduo continua inefável (segundo a sentença medieval: *individuum est ineffabile*). O conceito pretende expressar o indivíduo, mas de fato só o subsume, só o encaixa em suas gavetas. Eis o momento enganador no próprio conceito, o momento inevitável de falsidade nele. Ninguém escapa disso. Quem fala usa conceitos, então faz parte deste engano. Ainda assim, é possível ir além do conceito. Mas não fora do conceito, só através de uma autorreflexão da insuficiência do conceito com meios conceituais.

Isso é uma grande figura no pensamento adorniano, e a minha pergunta é: por que ele não aplica isso à indústria cultural? Por que ele nunca admitiu a possibilidade de uma arte que vira os meios da indústria cultural contra a indústria cultural? Será que ele supôs clandestinamente que o esquematismo da indústria cultural não joga na mesma divisão que o esquematismo conceitual? De qualquer forma, Adorno não se explicou a respeito. Igualmente, nos anos 50 e 60, nos encontros em torno da música contemporânea em Darmstadt, ele desiste de desenvolver o significado dos compositores mais avançados –como Stockhausen, Boulez, Nono – em relação à indústria cultural. Ela não passa aí de um pano de fundo da análise musical. Todavia, ela continua presente como contraponto latente. Adorno nunca abriu mão da convicção de que a arte não vive autenticamente senão fora da indústria cultural. Obras que caem nos padrões dela, perdem bastante de seu valor. Até a grande música de Bach ou Beethoven é afetada pelas performances, pelos auditórios, pelas técnicas reprodutivas da indústria cultural. Por outro lado, nos anos 60, Adorno apostou numa recepção ampla da música contemporânea através das emissoras de rádio na Alemanha. Ele se empenhou muito para possibilitar isso. Estava bem presente na mídia contemporânea. De certa maneira, ele era uma das suas estrelas. Assim, ele estava de fato dentro e fora da indústria cultural ao mesmo tempo. Para si mesmo ele reclamou, sim, o que não concedeu à arte contemporânea. Ou seja, Adorno mobilizou os meios da indústria cultural para proporcionar, à sua crítica, a devida repercussão.

Não obstante, a fineza dialética inteira que Adorno desenvolve tem um certo ponto de partida, que é a alta arte da burguesia moderna. Nos seus padrões, Adorno passou a infância e a juventude. Ninguém se livra totalmente dos esquemas que cunharam sua infância. Isso pertence aos defeitos de parto de qualquer experiência, da experiência estética inclusive. Sem dúvida, isso implica algumas restrições – no caso de Adorno, um certo ar de eurocentrismo. Subentende-se que ninguém está obrigado a andar nos trilhos da arte europeia. Latinos, africanos, asiáticos podem chegar a expressões autênticas sem qualquer referência a ela. Ainda assim, as conquistas da arte burguesa marcam um nível estético que não pode ser desconsiderado totalmente. Expressão autêntica é um ato qualitativo. Qualidade, por sua vez, implica uma certa altura de desenvolvimento sensorial e intelectual. E como a arte burguesa europeia chegou a obras modelares em escala mundial, ela permanece em jogo, não como medida dogmática, mas, sim, como indicador. Não se escapa negando tal indicador, alegando que toda expressão subjetiva seria uma coisa própria do mesmo valor. Quem nega, desta maneira, qualquer medida de qualidade, qualquer diferença entre níveis mais altos e mais baixos, não pode mais distinguir entre lixo e coisas sofisticadas, bem feitas, satisfatórias. E quem não mais distingue essas coisas não pode mais falar em arte. Arte tem a ver com o artificial, o bem feito, o sofisticado. Um artista que não se distingue de um produtor de lixo faz com que sua atividade não tenha mais sentido. Ele pode fazer *trash art*, isso sim. Mas aí ele não produz mero lixo; ele trabalha com o lixo de maneira artística. Então não está errado quem percebe uma dimensão eurocêntrica na estética de Adorno. No entanto, a solução não é negar o *standard* de qualidade. Não se ignora, sem prejuízo, as conquistas da arte europeia.

EGL O que geralmente me parece a dificuldade na discussão é que não é possível negar o fato de que teóricos como Adorno, que pensam o valor com base na tradição europeia, não sejam capazes de lidar com obras que vêm de um panorama global, como hoje. Desde o pós-modernismo, essa perspectiva global se impôs. A tradição europeia não pode ser a base para a avaliação de coisas que não vêm dela. Por outro lado, não temos outro tipo de reflexão crítica e estética senão a que se originou dentro da tradição europeia.

CT Uma observação muito importante. A tradição europeia é de fato a única que leva a um autodistanciamento de si mesma, por suas capacidades reflexivas. Tais capacidades possibilitam um terceiro entre arbitrariedade e dogmatismo. Expressão enquanto tal, fora do contexto dela, ou parece arbitrária ou a única possível. Ela permanece, de certo modo, em um nível infantil, como uma criança que não conhece senão sua família, considerando o seu modo de viver o único possível. Eis a fase da coincidência entre arbitrariedade e dogmatismo. Ao longo do tempo, no entanto, a criança percebe outras possibilidades de vida e de expressão. Ela cai na dúvida, perde sua segurança e seus critérios infantis. Isso acontece na puberdade. Como se ultrapassa a fase difícil da puberdade? Essa questão se impõe também em termos estéticos. Parece um paradoxo, mas justamente as forças reflexivas da tradição europeia podem ajudar a superar tanto o eurocentrismo quanto o seu negativo, que é a rejeição bruta de qualquer influência europeia. Tal rejeição não é senão um ato de negação abstrata, ou seja, de recalque, e vai acabar punido pela lei do retorno do recalcado, que é uma das poucas leis psicológicas de alcance global.

EGL Isso são coisas sobre as quais a gente concorda e muita gente discorda. O interessante é o seguinte: diferentes culturas, que, digamos, não tinham contato com a colonização, com a cultura europeia, desenvolvem seus critérios de valor independentes. E quando a indústria cultural se apropria de uma manifestação que seria vista como fora dela – até porque a indústria cultural tem uma predileção pelo que está fora da cultura europeia (as danças europeias não foram interessantes para ela; ao contrário, uma certa manifestação da cultura africana, a afro-americana, foi muito interessante para ela) –, bem, o que me parece curioso é que a indústria cultural, quando se apropria dessas outras culturas (como você disse), já tem uma perspectiva de nivelação e padronização. Por causa disso, aquela promessa que ela carregava de uma igualdade, no sentido democrático, de uma libertação de um regime, de uma estrutura global de exploração, parece ser libertadora. Só que ela impõe que se pague o preço da padronização e a perspectiva que parecia conduzir à liberdade se revela falsa.

CT Ela se revela até como colonialismo potencializado, na medida em que engole as outras culturas. Os interesses dela de se apropriar de ritmos africanos, máscaras asiáticas etc., consiste em absorver um sangue fresco para se manter viva. Esse tipo de vampirismo é um colonialismo transformado, não mais o colonialismo militar que sujeitou povos indígenas, mas um colonialismo midiático, refinado, até sedutor e muito mais eficaz do que o antigo. Ele mal permite que uma cultura indígena se mantenha fora dele. O conjunto global, multicultural de hoje já é um fru-

to dele, já se constrói sob as condições da indústria cultural e não valoriza as culturas não europeias como expressões iguais à cultura europeia, mas as submete a seus padrões. Isso é o que força tudo a se assemelhar (*schlägt alles mit Ähnlichkeit*). Quer dizer, igualização enquanto submissão, um processo violento, mas de uma violência abstrata. Não dói fisicamente. As pessoas que não conhecem senão os padrões da indústria cultural, não a percebem como colonialismo. Confundem-na com o reino livre da igualdade democrática. E os seus críticos, com advogados do elitismo. Que inversão! O rock, o pop, o rap são criaturas da indústria cultural. O jazz não...
EGL O blues...
CT Também não, o samba também não...
EGL Ainda que o blues e o samba sejam criaturas do capitalismo, as pessoas geralmente ignoram isso.
CT Do capitalismo, sim! Igual à música clássica do séc. XIX. Sem dúvida, as óperas de Wagner respiram e ecoam a revolução industrial capitalista. A orquestra grande reflete o barulho das máquinas, mas o reflete de uma maneira musical. O jazz, o samba, o tango refletem um capitalismo mais avançado. São músicas populares, mas vêm da periferia, de um povo que ainda não era totalmente penetrado pelos padrões da grande indústria. O rock e o rap, no entanto, decorreram dos próprios centros da indústria cultural. Seu impulso básico é um baixo maquinal. Hesito em chamá-los de 'música'. Mas é possível que pessoas inventivas os transformem em música digna do nome. No momento em que o ruído se torna som, a reiteração maquinal se torna ritmo humano, podemos até viver um certo retorno da origem da música no ápice da tecnologia. Deve ser um momento primitivo, mas de grande intensidade. No entanto, não é fácil impelir o rap a este nível.
EGL Agora a gente está desenhando uma certa leitura desse campo de forças que aparece a partir da indústria cultural em comparação com a arte burguesa, e a de vanguarda... E aí a questão do valor estético não pode ser ignorada. Muitas teorias, discursos, aparecem aí tentando abandonar, desprezar a questão do valor, e até do conceito de arte, daí você ter dito que não existe arte sem algum tipo de distinção. Geralmente os argumentos são de que não existe um critério absoluto.
CT Por isso falei em indicadores.
EGL Mas, também, embora não exista critério absoluto, não significa que não devamos abandonar qualquer critério. A questão que aparece é: geralmente o critério que foi desenvolvido filosoficamente, esteticamente, criticamente foi o da tradição europeia, da arte aristocrática, burguesa, e mesmo a crítica que a vanguarda fez dessa tradição permanece ligada a ela. Esse não é o critério, mas também não é algo a se jogar fora, e a partir dele qualquer exploração de hipóteses de critério não pode se abster de lidar com essa tradição. Aí aparece a questão do vampiris-

mo da indústria cultural, o que ela faz das outras culturas... O objetivo da indústria cultural é sempre econômico, esse vampirismo sempre tem um propósito econômico, uma colonização econômica.

CT Tudo isso em favor de um *fast food* estético. *Fast food* não exige esforço para ser consumido, mas, por outro lado, não proporciona um gozo considerável. Em termos estéticos: todo mundo pode participar de tudo na hora, sem qualquer empenho laborioso, sem paciência, concentração, disciplina. Tudo faz questão de se oferecer de graça. Mas tal consumo gratuito custa caro. Ele é punido na hora pela perda de gozo. Por isso o termo *fast food* é muito significativo. Indica o estado atual de diversificação e unificação. Existem milhares de fenômenos estéticos, mas quase todos são *fast food*. Como McDonald's tem centenas de produtos, mas todos são McDonald's. Isso dá uma certa bússola em termos estéticos. Pessoas que não conhecem senão comida de McDonald's perdem o gosto para todas as outras opções. Conhecem, sim, um mundo altissimamente diversificado, mas não passa de um mundo de McDonald's.

EGL Tudo foi padronizado. Pode vir de várias partes do mundo, mas foi tudo nivelado no mesmo patamar.

CT Sim, tudo foi moído, picado. Não é mais preciso mastigar, só engolir. O resultado é um gosto nivelado, que se torna cada vez mais hostil a fenômenos que não conhece. Em outras palavras, ao se globalizar, a indústria cultural produz sua própria xenofobia.

EGL Ou seja, a abertura que ela parece dar, em comparação com o eurocentrismo, é falsa.

CT Sim. Mera aparência. As tentativas de dar um passo além da indústria cultural com os meios dela se tornam cada vez mais laboriosas (*anstrengend*), cansativas. Por um lado, porque o público perde a disponibilidade de acompanhar essas tentativas laboriosas; por outro, porque as entidades culturais de hoje se igualam ao gosto do público que eles mesmos produziram. Arte de alta qualidade, arte que merece esse título pertence ao que há de mais precário hoje. Não faltam exceções. Há casos felizes que conseguem ser percebidos e recebidos. As ações de Christo e Jeanne-Claude foram debatidas em escala mundial. As intervenções de Hans Haacke continuam a irritar um público amplo. Mas são exceções. A exceção confirma a regra.

EGL Uma coisa que é muito debatida no Brasil – e que não vejo sendo tão debatida aqui, talvez por desconhecimento meu – é a seguinte questão: ao longo da história da indústria cultural, história curta mas que já tem algumas décadas, houve momentos de maior abertura e outros mais implacáveis. Por exemplo, como aconteceu entre meados dos anos 60 aos 70, com o rock. Houve um momento feliz que, curiosamente, foi eliminado muito rapidamente nos anos 80, e isso aconteceu também com a MPB.

CT Sim.

EGL Houve um momento de ascensão, em que a indústria cultural recebeu bem as exceções; momento que, depois, ela mesma interrompeu.

CT Parece-me que isso tem a ver com um fenômeno que os gregos antigos chamaram de *kairós*. *Kairós*, literalmente traduzido, significa o instante certo, ou seja, o momento histórico e irrepetível em que uma coisa desenvolve sua particularidade. A MPB teve seu *kairós*, na época da ditadura, nos anos 60, e conseguiu algo que não se deixou conservar, que é a unificação de crítica e leveza popular. Aí a leveza não era *fast food*. Era outra coisa. Era força inspiradora e assunção de um sentimento ou de uma capacidade sensorial especificamente brasileira. Mas esses momentos históricos não se mantêm à força. Também na época dos Beatles e dos Rolling Stones o rock, nos seus primeiros momentos, uniu-se com uma certa "revolução cultural", conhecendo impulsos para além do mero rock. O rock era mais do que ele mesmo. (risos)

EGL Diga-se de passagem, isso foi feito também com uma grande apropriação da cultura europeia, o que é muito significativo.

CT Sim.

EGL Assim como a MPB também produziu apropriações da mesma.

CT Mas a gente não tem escolha, e tem de viver na época em que se vive. Aí é que a articulação estética tem que ter lugar. Expressão autêntica sempre tem a ver com pressão e necessidade. Compulsão e pressão é que levam a expressões imprevistas. E expressão autêntica nunca é planejável. Sempre tem o lado da surpresa. Não adianta, então, evocar momentos felizes do passado ou sonhar com um futuro melhor. Estamos aqui. Novos momentos excepcionais acontecem ou não aqui e agora.

EGL Estamos terminando, então gostaria de fazer mais uma observação final. Esses bons tempos que a indústria cultural teve, no caso do rock, da MPB, foram os mais significativos, mas há esperança de que eles não tenham se esgotado. Por exemplo, alguns estão dizendo que isso está ocorrendo no âmbito do seriado americano. As séries americanas. Os filmes americanos estão há muito tempo dominados por produtores, dificilmente é possível escrever roteiros interessantes, mas as séries estão abrindo espaço para roteiros mais sofisticados, e algum nível de ousadia.

CT Bom, não tenho conhecimento suficiente a respeito, mas acho bem plausível que o mero espaço que se abre para uma série, um espaço a ser bem preenchido para o público que continua acompanhando a série, força os cineastas a experimentarem coisas que levam a níveis inesperados de expressão. Então nem a indústria cultural atual para totalmente de surpreender a gente.

EGL Só citei esse fenômeno para sinalizar que, talvez, em algum setor, um novo *kairós* esteja ocorrendo hoje. Ao longo da indústria cultural, vemos o quanto ela padroniza, mas, curiosamente, a própria indústria cultural não é sempre igual, nos seus diversos momentos da história. Ainda que ela seja semelhante globalmente, ou ainda que ela faça, por todo o globo, um processo de igualização (e geralmente os resultados são muito semelhantes em lugares do mundo muito distantes), ela tem oscilações, e em momentos diferentes da história ela permite certas coisas que em outros momentos ela não permite.

CT Continuamos, então, atentos para os raros momentos, nos quais a indústria cultural vai além de si mesma.

EGL Muito obrigado por mais uma entrevista!

Dados Internacionais de Catalogação na Publicação (CIP)
(Câmara Brasileira do Livro – SP, Brasil)

Música Chama / Eduardo Guerreiro B. Losso,
Pedro Sá Moraes [orgs.]
Rio de Janeiro: Editora Circuito, 2016.

Apoio: FAPERJ. ISBN 978-85-64022-86-7

1. Música brasileira 2. Música contemporânea brasileira
3. Coletivo Chama

16-09285   CDD-709.81

Índices para catálogo sistemático:
1. Música contemporânea brasileira 709.81